BASTEI
LÜBBE

Michele Slung (Hg.)

Stille mein Verlangen

Erotische Phantasien von Frauen

BASTEI LÜBBE

BASTEI-LÜBBE-TASCHENBUCH
Band 13 666

Erste Auflage:
Juli 1995

Deutsche Lizenzausgabe 1995
by Bastei-Verlag Gustav H. Lübbe
GmbH & Co., Bergisch Gladbach
Originaltitel: Fever
Quellennachweis am Ende
der Anthologie
Übersetzernachweis am Ende der
einzelnen Geschichten
Lektorat: Iris Schmidt
Titelbild: Bruno Bruni, Nach
Boucher, 1980, Original-
Lithographie in Farben,
Werk-Nr. 236
Mit freundlicher Genehmigung der
Edition Volker Huber, Offenbach
am Main, die das graphische Werk
des Künstlers betreut.
Umschlaggestaltung:
Klaus Blumenberg
Satz: KCS GmbH,
Buchholz/Hamburg
Druck und Verarbeitung:
Brodard & Taupin, La Flèche,
Frankreich
Printed in France

ISBN 3-404-13666-7

Der Preis dieses Bandes
versteht sich einschließlich der
gesetzlichen Mehrwertsteuer.

Für Mary Peacock

Inhalt

Vorwort

Sex begegnet uns überall. Mal ist er reizvolle Verlockung, mal geht von ihm jene faszinierende Macht aus, die immer wieder unsere Aufmerksamkeit erregt und uns in ihren Bann zieht. Auf Werbeplakaten und in Zeitschriften, in Radioübertragungen und in den flimmernden Nacht-Shows im Fernsehen, überall gehört Sex wie selbstverständlich dazu. Oft wird er aggressiv eingesetzt, zumindest ist er jedoch für alle offensichtlich. Doch was der eine als billig und geschmacklos empfindet, mag für den anderen genau das richtige sein. Ob es uns nun gefällt oder nicht: Die unendlich vielen Varianten der menschlichen Sexualität werden sich nie in ein ›normales‹ Standardmuster pressen lassen.

Das wirkliche Problem ist vielmehr folgendes: Vieles von dem, was uns als Sex angeboten wird, entspricht nicht unbedingt dem, was wir als sexy empfinden. Bei genauerem Hinsehen entpuppen sich manche Romanfiguren als unendlich kaltherzig, auch wenn sie in Szenen vermeintlich heißer Leidenschaft auftauchen. Mit *Wie Juwelen auf deiner Haut* und diesem zweiten Sammelband, *Stille mein Verlangen,* die beide neue erotische Erzählungen von Frauen beinhalten, wollte ich das hinzufügen, was meiner Meinung nach fehlte: Erotik in Verbindung mit Intelligenz, Eleganz, Frische, Verwirrung, Witz und vor allem Überraschung.

Ob *Stille mein Verlangen* es nun schafft oder nicht, uns bekannte oder phantastische Gemütszustände vorzuführen, die Absicht ist ganz klar: Die Geschichten sollen Reaktionen hervorrufen, sei es nun Neugierde oder Zustimmung. Sie sollen uns zur Bestätigung und als Anregung dienen und uns ebenso an das erinnern, was hinter uns liegt, als auch an das, was wir noch erleben wollen und werden.

In den einzelnen Erzählungen treffen wir sowohl auf Gefühle wie Bedauern, Ekstase oder Lust als auch auf Erfahrungen oder Ereignisse wie Wiedersehen, Flirt, Ausprobieren, Intimität, Perversion oder Verlust. Die Handlungen spielen sich im privaten Bereich ab oder in der Öffentlichkeit, neben bewußter und geplanter Verführung gibt es auch spontane Zusammentreffen, neben Geilheit ebenso verhaltene Lust. Die geneigte Leserin wird manchmal sogar auf Zurückhaltung stoßen (so z. B. in *Ganz ohne Hintergedanken* von Marion Callen – eine wundervoll geschriebene Erzählung, in der Sex und Erotik zwar von zentraler Bedeutung sind, die aber ohne allzuviel Direktheit auskommt).

Abgesehen davon, daß alle achtzehn Geschichten ein gemeinsames Thema – die Erotik – haben, unterscheiden sie sich doch völlig im Hinblick auf ihre Sprache und Atmosphäre.

Gleichzeitig erfüllt es mich mit Freude zu sehen, daß sie sich zusammengenommen so gut ergänzen, wie ich es vorher nie für möglich gehalten hätte. Es hat mir wirklich großen Spaß gemacht, diese Geschichten zusammenzustellen, und auch die Autorinnen berichteten mir, daß sie in diesen Erzählungen mit wahrem Genuß ihrer Phantasie freien Lauf gelassen haben. Dieses beiderseitige Vergnügen spricht wohl schon für sich. Aber jedes Mal, wenn ich eine dieser Erzählungen lese, so z. B. *Claraminda Griselda*, jene ausgelassene, manchmal etwas rauhe Geschichte von Jenny Diski, oder die unterhaltsame Story *Bonnie und Clara im Wunderland* von Nancy Holder, entdecke ich kleine Dinge, die mir vorher entgangen waren. Und ich glaube nicht, daß ich die Geschichten nur deshalb immer wieder gerne lese, weil ich stolz auf diese Sammlung bin.

Alle Beziehungen unterscheiden sich voneinander, und ihre jeweilige Entwicklung ist nicht vorhersehbar. Dementsprechend wird sich zwischen den einzelnen Geschichten und dem jeweiligen Leser eine besondere Beziehung herausbilden. Für manche Geschichten werden Sie sofort schwärmen, andere dagegen nicht mögen, und für einige werden Sie sich erst nach einer gewissen Zeit erwärmen können. Vielleicht ist diese Sammlung erotischer Geschichten ja das erste Buch dieser Art, in das Sie einen Blick werfen, vielleicht ist es aber auch nur eines unter vielen. Auf jeden Fall hoffe ich, daß Sie etwas von der Wärme spüren können, mit der die Autorinnen zu Werke gegangen sind.

Ins Deutsche übertragen von Christopher Gehrmann

TOBY VALLANCE

Intermezzo

Sie war im Frühling gestorben. Niemand von uns hatte damit gerechnet. Wir wußten, daß sie krank war, daß sie litt und all das, aber sterben? Beattie konnte nicht sterben. Niemals. Sehen Sie, das tat man in diesem Alter nicht, man tat es einfach nicht. Sogar der Vikar war überrascht. Bei all seiner pausbäckigen Würde war er ein Mann des Weltlichen, unser Vikar; er hatte Trauer gesehen und Erleichterung und Aufregung und Kraft und die besondere Art von Habgier und Forderungen und Anspruchserhebungen, wie sie oft nach einem Todesfall auftreten, aber er hatte nie (er schwor es) Menschen gesehen, die so erschüttert waren, so, wie hatte er sich ausgedrückt, so voller Liebe. Wir waren alle jung, das mußte es gewesen sein, und man erwartete von uns nicht, daß wir starben, noch nicht. Und hier waren alle versammelt, die sich cool und hip nannten, die Leidenschaftslosen, all die Auserwählten der Londoner Bohème warfen sich plötzlich auf den schlammigen Boden von Norfolk: Roland, den man nie zuvor auch nur lächeln gesehen hatte, brach völlig zusammen und schluchzte haltlos, ließ sich nicht einmal von seiner früheren Freundin Fanny trösten, die die Arme um seine steifen Schultern legte; die robuste und stets freimütige Prue fiel in Ohnmacht und wurde von Joanna fortgeführt, ihrer langjährigen Rivalin; und Peter schien dem glänzenden Sarg nachfolgen zu wollen, als dieser ins Grab hinabgelassen wurde, weinte seine Tränen auf das gnadenlose Holz. Beatties Eltern, die schon ganz anderes im Leben mitgemacht hatten, verfolgten fassungslos das Geschehen rund um das Grab ihrer Tochter (und wischten sich mit behandschuhten Händen den Staub von den Wangen). Leute, die ich nicht kannte, und solche, die mir gleichgültig waren, legten mir die Arme um die Schultern. Sie zogen mich hierhin und dorthin, hielten mich in unerwünschten Umklammerungen, während ein Teil von mir davonging und Erde auf das Holz klatschte.

Und immer folgt auf den Tod eine ganz eigene Art von Hoch im Leben Hinterbliebener: Es gibt jede Menge Dinge zu erledigen, Leute zu benachrichtigen, man muß mit einigen reden, mit anderen diskutieren. Man ist plötzlich wichtig. Roland lud mich in sein Studio ein, um dort ein paar Drinks mit mir allein zu nehmen; Peter rief mich zwei Wochen lang täglich an, um sich zu erkundigen, wie es mir ginge, und weinte, sobald er meine Stimme hörte. Prue brachte mir Lebensmittel aus ihrem Laden mit, deren Verfallsdatum gerade überschritten war. Und Fanny, die sich bemüßigt fühlte, etwas anderes als das übliche Schwarz zu tragen, nahm mich zum Einkaufen mit, weil sie der Meinung war, ich brauche mal einen Tapetenwechsel oder doch zumindest einen Kleiderwechsel. Sie schwor mir unter Tränen, daß sie sich keine von uns beiden, weder Beattie noch mich, je ohne die andere hätte vorstellen können. Um ihrem Wunsch gerecht zu werden, mich wahrnehmbar verändert zu sehen, oder vielleicht auch einfach nur, damit sie mich endlich allein ließ, ließ ich mir die Ohren durchstechen; drei Löcher in jedes Ohrläppchen. Morgens und abends bewegte ich die goldenen Stecker, drehte sie hin und her, bis die Löcher bluteten, um sie dann mit einer beißenden Desinfektionslösung zu betupfen, bis das Blut versiegte.

Aber was mache ich, wenn es mir richtig schlecht geht? Weder fange ich an zu trinken, noch rede ich mit anderen darüber, ich stopfe auch keine Unmengen an Essen in mich rein, bekomme keinen Kaufrausch und beschließe auch nicht, mich von Grund auf zu ändern. Beattie pflegte so was zu tun, diesen Frauenkram eben. Ich dagegen ergriff für gewöhnlich erst mal die Flucht. So auch diesmal.

In der Wohnung, die wir seit der Collegezeit geteilt hatten, packte ich alles zusammen, gab meinen Nachbarn die Schlüssel, sagte im Büro Bescheid, daß ich Erholungsurlaub brauchte, brachte Sofy ins Tierheim, schloß ab und ging. Ich ging, um mich treiben zu lassen, das rote Tuch um den Hals gebunden, bis alles vorbei sein würde. Dadurch, daß ich alles hinter mir zurückließ. Ich meine, Beattie war mein Zuhause gewesen, und sie hatte mich verlassen und war gestorben.

Bevor ich aufbrach, ging ich zum Friedhof von Norfolk. Ungefähr dort, wo ihr schöner Kopf lag, war ein schnurgerader Einschnitt im Gras zu sehen und von unseren Füßen plattgetretene Erdklumpen. Graugrün sprießende Gänseblümchen und Scilla und Krokusknospen in dunklerem Grün drängten durch das Gras und hoben die Erdklumpen ein wenig an. Und endlich weinte ich; nicht so sehr aus Trauer, denke ich, sondern eher ob der schockierenden, unerhörten Unschicklichkeit des Ganzen.

Borophus. Insel des Frühlings, der Schönheit. Persephones Insel. Gelegen im azurblauen Meer, der einzige Ort im Mittelmeer, wo man im April schwimmen kann. Unten am Meeressaum entsteigt den schmutzigen Farben der Erde, den Ocker-, Terracotta- und Olivtönen, eine Art Schimmer, wie eine verschwommene, flackernde Bewegung, ähnlich einem Hitzeflimmern.

»Oder liegt das an meinen Augen?« fragte sich die Frau mit dem großen schwarzen Hut.

Im Inneren der Insel wucherten Unmengen tiefdunklen, tropischen Grüns aus versteckten Mineralquellen empor und ergießen sich über Berge und Täler; beständige Fruchtbarkeit strömt aus verborgenen Ursprüngen. Es ist ein Ort ohne Jahreszeiten, eine Insel ewiger Jugend.

Schon länger, als sie zugeben würde, kam sie jedes Jahr dreimal hierher. Immer brachte sie Bücher mit, die auf den Bestsellerlisten des Frühlings, des Herbstes und des Sommers standen, und jedesmal auch einen Mann.

Aber sie werden immer jünger, dachte sie, während sie sein Gesicht betrachtete, das selbst mit dem verdrießlichen Stirnrunzeln noch wie gemeißelt wirkte. Sie hatte einfach den Telefonhörer aufgenommen; es hatte die üblichen Bestechungsgelder gegeben, die üblichen Androhungen, dann waren sie sich einig geworden; und er tat, was sein Agent ihm sagte. Jetzt war er hier, rekelte sich hübsch in der Sonne, gab vor, in dem Buch zu lesen, das sie für ihn ausgewählt hatte, und wackelte nervös mit den Zehen. Die Frau sah auf ihn herab, elegant und eindrucksvoll mit ihrem Hut, und lächelte:

»Das schönste an mir ist mein Lächeln. Alle sagen das.«

»Sie ist größer als ich. Ich meine, sie ist lang. Sie ist riesig. Sie reicht bis in den Himmel. Sie nimmt mir das Licht, das ist es, was ich meine«, sagte der zartgliedrige Jüngling zu sich selbst. Mit sorgfältig einstudierter Gelassenheit stützte er sich auf einen Ellbogen und hob den Kopf von dem Zeichenblock. Ich muß nicht hier sein, erinnerte er sich; er konnte jederzeit in die Stadt zurückkehren, in die Welt, zu seinen Freunden, und sich bewundern lassen.

»Ich hasse sie«, dachte er und zeichnete wütend eine Linie.

»Ich muß sie bumsen und bumsen, und ich hasse sie« (noch ein energischer Strich) – »Und es ist das Bumsen und das Hassen, was mir Vergnügen bereitet. Mit ihrem Hut, den langen weißen Beinen, diesem riesigen Mund, diesen Augen. Ich meine, sie bezahlt mich. Ich errege sie. Und dann muß ich sie bumsen und hassen und bumsen und hassen. Sieh mich an, ich kann sie nicht einmal anschauen; das Sonnenlicht kriecht in jeden Winkel ihres Gipsgesichts. Aber dann blickt sie mich an mit ihren durstigen Augen.« Das Haar auf seinem Körper war weich wie der zarte Flaum eines noch nicht ausgewachsenen Tieres. Er fühlte jedes einzelne davon, als er den Block beiseite schob und statt dessen nach dem Buch griff, auf seine geschwollene Unterlippe biß und dachte: »Ich muß sie heute abend bumsen.«

Ich hatte einen entsetzlichen Fehler gemacht. Alle hier waren guter Dinge, fett und braun und ölig und grinsend. Sie lümmelten sich in den ersten Sonnenstrahlen des Jahres, als ob sie alle Zeit der Welt hätten. Dumm von mir: Jeder nimmt seinen eigenen Müll stets mit. Mir entging nicht, daß es nett und hübsch hier war: das Meer, die warme, sanfte Sonne, die mir nicht warm genug sein konnte (Ich will nicht zu hart sein, was diese Insel betrifft), und das Essen und das Schwimmen und all die guten Dinge. Meine Ohren waren allmählich verheilt. Nur die Leute störten. Diese reiche Familie, die in das Boot stieg, mit Körben voller Essen und Sonnenschirmen und Bikinis und Decken und einem Transistorradio. Das ältere Paar dort drüben, er, der Öl auf ihrem zerklüfteten Rücken verteilte. Diese Kinder, die himmlischen Zwillinge, völlig gleich angezogen und so niedlich, wie sie nur niedlich sein können, die mit Förmchen und Schippen Sand und Salz auf die Sachen ihres Kindermädchens schaufelten. Ich schürfte mir die Hand an einem spitzen Felsen auf, als ich zum erstenmal schwimmen ging; für mich war einfach alles falsch. Um mich herum herrschte ein reges Treiben, Leute planschten im Wasser und *lächelten*, und manche starrten mich auch an. Das Paar zum Beispiel, sie mit dem großen Hut, der ihr Gesicht verbirgt, und der schlanke Mann bei ihr – sehr viel jünger als sie –, der mich genau jetzt anstarrt. Ein feingliedriger Mann mit einem weichen, engelhaften Gesicht. Er lächelte mir zu, als würde er mich kennen, und ich ertappte mich dabei, wie ich zurücklächelte. Der Hut beugte sich über ihn, und ich verlor ihn aus den Augen. Dann war er wieder da, wie die Sonne über dem Horizont, und strahlte mich an. Ich biß fest auf meine verletzte Hand, um die Wunde zu reinigen, und wandte den Blick ab.

In dem Buch, das sie ihm gegeben hatte, stand, daß diese Insel einst nicht zu Griechenland gehört hatte. Unter den Verkaufsständen, den Sonnenschirmen, den Läden, in denen Körbe verkauft wurden, den Plätzen, den Boutiquen, unter den Hotels, den kleinen Pensionen und Trattorias lag eine Zivilisation, eine Stadt begraben: Der rechteckige Platz war die Agora, die Kirche ein Tempel Apollos, die Wege waren nicht willkürlich angelegt, sondern folgten dem alten Muster. Der junge Mann blickte von seinem Platz am Strand aus in Richtung Stadt, er kniff die Augen zusammen, bis sein Blick verschwamm und die grell gekleideten Touristen sich in heidnische Griechen verwandelten, als – »Ein Freund, sehe ich denn keinen Freund? Oder wenigstens eine Möglichkeit, von hier fort zu kommen?« Dort war ein Mädchen, gerade angekommen und blaß wie eine Bibliothekarin. Sie ging weg, war auf Distanz bedacht, ganz in ihren Gedanken versunken, ein wenig schlaksig, aber auch abenteuerlustig, wie ihm das alberne Zigeunertuch verriet, das sie um den Hals trug. »Ein neues Spiel für mich? Ja, ich sehe tatsächlich eine Freundin, eine Freundin in Not.«

War sie in diesem Jahr nicht aller Dinge ein wenig überdrüssig? Sie streckte die schlanken Beine aus, bog den Rücken wie eine Katze, genoß träge die Sonne, und alle Welt konnte es sehen. Sie stellte sich zur Schau. Warum nur wollte sich diesmal nicht die bekannte Erregung einstellen, beim Anblick dieses aufbegehrenden jungen Mannes, der die Anmut einer Statue besaß?

»Genausogut könnte er mit einer Kette an mich geschmiedet sein, von mir geführt – geh dorthin, komm zurück, hol mir einen Drink, meine Handtasche, *öl* mich ein« – das war das Spiel, das sie spielten, ihm Leine geben, ihn kurzhalten; er zog in die eine, in die andere Richtung, doch niemals so stark, daß es weh getan hatte. Sie gängelte ihn, führte ihn vor, sagte ihm immer wieder, daß sie an ihn glaubte, und er, wie mochte man es nennen, er leistete ihr Gesellschaft? Sie dachte daran, wie gehorsam und ermüdend er nachts war, und gähnte. Als sie auf ihn hinabsah, rekelte er sich wieder und blinzelte in die Sonne, sah über ihre Schulter hinweg zu irgend etwas hin. Und endlich empfand sie doch ein Gefühl der Zufriedenheit. Er war wütender denn je, während er sich so süß von ihr fort sehnte. Er langweilte sie nicht länger, sondern erregte sie schließlich doch noch. Er hatte sie nie *interessiert*. Einige seiner Arbeiten vielleicht – jene drei mit Akribie gefertigten Stilleben.

»Hätte ich ihn fortschicken sollen? Meinen schlanken Finger krümmen und ihn zurückwinken sollen? Irgend etwas tun sollen?« fragte sie sich, als sie plötzlich das Mädchen bemerkte, das schnell an ihnen vorüberging, unsicher, mit steifem Nacken.

»Jung genug, um meine Tochter zu sein«, dachte die Frau, »wenn ich mich nicht so gut gehalten hätte.«

Von der Küste aus konnte man nichts anderes erkennen als fette grüne Hügel. Aber als ich über die staubigen Straßen ins Innere wanderte, löste das Grün sich in einzelne, feste Bestandteile auf. Der Geruch der See, das Geschwätz und die frische Brise wichen zurück, machten einem schweren, tropischen Schweigen Platz. Ich folgte einem Pfad in den Dschungel, wie ein Tunnel umschlossen von scharfen, glänzenden Blattwedeln und fast verborgen vor dem Himmel. Die Luft war unangenehm feucht, und der Boden unter meinen Füßen auf unheimliche Weise weich. Feuchte, spitze Blätter streiften mein Gesicht und meine Arme; man hörte das Geräusch tropfenden Wassers, im Unterholz raschelte es, als ich vorbeiging. Ich rannte zurück ans Licht, hinunter zum Strand, um die frische Seeluft zu genießen.

Noch tagelang danach rührte ich mich nicht von der Stelle. Die Sonne gewinnt schließlich immer, man kann nichts dagegen tun. Du nimmst das erste Bad, legst dich an den Strand, läßt dich aufwärmen, hast den Sand auf deinen Beinen, deinem Rücken und deinen Ellbogen und hältst die Augen geschlossen und siehst diesen eigentümlichen dunklen Schimmer unter deinen Lidern. Der Lärm um dich herum – Kinder, die rufen, Leute, die vorbeigehen, Arme, die im Wasser spritzen – läßt dich in herrlicher Isolation. Dann schwimmst du wieder, legst dich wieder an den Strand, machst all das von neuem. Es liegt ein bestimmter Rhythmus darin. Ich hielt meine Arme gerade, streckte mich der Sonne entgegen, spreizte meine Hände gegen das Licht und blickte durch meine gespreizten Finger nach oben zu –

»Ihr Tuch«, sagte der engelhafte junge Mann und hielt mir das Tuch mit den roten Tupfen hin. Dann, als hätte seine eigene Kühnheit ihn verlegen gemacht: »Es wäre fast weggeweht worden.«

Ich stützte mich auf die Ellbogen, lächelte ihn beruhigend an, dankte ihm, und mir fiel nichts ein, was ich noch hätte sagen können. Einerseits war ich froh, daß er sich mir genähert hatte, andererseits wünschte ich, es wäre vorbei, so daß ich mich wieder treiben lassen und träumen und nirgendwo sein könnte. Er versuchte, mich auf festen Boden zu ziehen.

»Sie tragen es doch die ganze Zeit«, sagte er beharrlich, und dann, als hätte er sich selbst ertappt: »Außer wenn Sie schwimmen.« Er endete mit einem schüchternen Lachen.

Wie hatte ich nur das Tuch vergessen können, fragte ich mich, während ich es schnell um meinen Hals band. Es war doch erst wenige Wochen her – wie also konnte ich nur?

»War es ein Geschenk?« fragte er und kauerte sich auf seine Fersen. »Von einem – von einem Er?« Er lächelte mich gewinnend an.

»Von einer Freundin«, erwiderte ich unbestimmt und drückte das Tuch an meine Kehle.

»Ah.« Doch er war immer noch unsicher. Ich hatte ihn verbessert; kein Liebhaber, kein Er. Nach seinem Sprachverständnis sollte das heißen, daß ich verfügbar war. »Ah, eine Freundin«, wiederholte er dümmlich. Ich schaute fort.

An die Bar gelehnt, die schlanken weißen Beine an den Knöcheln gekreuzt, stand die Frau mit dem großen schwarzen Hut. Als ich hinsah, wandte sie sich um – und hob das Gesicht. Ich schnappte nach Luft. Denn es war Beattie. Beatties Mund, Beattie, die mit ihrem vertrauten zynischen Lächeln auf den Lippen in meine Richtung schaute.

»Vielleicht würden Sie gern ...«, fuhr er fort, doch dann entdeckte er in sich selbst ein fast vergessenes Taktgefühl, »allein gelassen werden?«

Ich kehrte in die Wirklichkeit zurück und entschuldigte mich bei ihm, denn ich war meilenweit fortgewesen, an einem vollkommen anderen Ort. Dann dankte ich ihm, endlich froh über seine Gesellschaft.

Unter dem Rand ihres großen schwarzen Huts beobachtete sie sie – den statuengleichen, hingerissenen jungen Mann und dieses junge Mädchen, das er aufgelesen hatte. Sie wußte, was er da tat. Aber es war das Mädchen, das ihre Aufmerksamkeit fesselte, das sich abschottete, das ihm nicht im geringsten entgegenkam, sondern sich an einen ganz privaten Ort zurückgezogen hatte, mit viel Raum um sich herum, wie man es tat, wie sie selbst es tat, wenn sie sich inmitten einer unliebsamen Menschenansammlung befand. Dieses Mädchen, sein kleines Spielzeug, hatte mehr Fleisch auf den Knochen, war biegsamer in ihrer Jugend, strahlte Frische aus, aber sie hatte das gleiche glatte Haar, die gleichen Farben, den gleichen Abstand zu anderen Menschen – scharf zog die Frau den Atem ein. Dann legte sie den Kopf zurück und lächelte der Sonne entgegen, nur für den Fall, daß ihr die Tränen kamen.

Manchmal passiert es, daß ein seltsamer Ort einem Menschen erlaubt, sich selbst zu finden. Der Bootsmann grüßte mich jeden Morgen, derselbe Kellner wies mir beim Essen den Tisch zu, und nun gab es auch noch diesen überaus freundlichen jungen Mann. Vertrautheit umzingelte mich. Ich würde bald fortgehen müssen.

Ich schwamm unterhalb der Kaimauer. Das türkisfarbene Wasser trug mich, aber die klaren Tiefen verführten mich, in sie einzutauchen. Ich glitt nach unten und ließ mich von dem Meer aufnehmen. Durch brennende Augen sah ich die üppige Pracht des Meeresbodens, Pflanzenfinger winkten mich herab. Meine Lungen begannen zu stechen, meine Brust schmerzte, meine Ohren summten, mein Kopf wollte platzen. Etwas Hartes streifte mich. Schließlich tauchte ich an die Oberfläche, brach mit einem Keuchen durch die Wasseroberfläche und sog gierig die klare Luft in meine Lungen.

»Gott sei Dank«, sagte eine Stimme über mir. »Ich hatte mir schon Sorgen gemacht.«

Eine Gestalt, die sich dunkel von der Sonne abhob, hatte mich angesprochen; ich war geblendet und konnte nur die Umrisse erkennen, die langen weißen Beine, die Stimme mit dem leichten Akzent. Die Stimme, die ich kannte.

»Ja, ich dachte wirklich, Sie würden nie mehr nach oben kommen.« Ein Lachen schwang nun in ihrer Stimme mit. Ich tauchte unter ihren Beinen weg. Sie waren lang und fest, und allmählich gelang es mir, sie gegen das Licht der Sonne in eine konkrete Form zu bringen. Eine bleiche Hand massierte Öl in die Haut ein, den ganzen langen Schenkel entlang, streichelte erst den einen, dann den anderen, hinauf und hinunter und hinauf und hinunter.

Ich schluckte Wasser, würgte den klaren salzigen Geschmack der See hinunter. Die Hand bewegte sich weiter, auf und ab, das Öl gab dem festen Bein einen weichen Glanz. Die Hand verweilte, spielte, neckte – ich legte meine auf die Mauer und konnte die Wärme der Steine unter mir fühlen, die Wärme ihres nackten Fußes neben mir. Ihr Fuß bewegte sich auf meine Hand zu, ein Zeh berührte meinen Finger, ganz leicht.

»Sie bluten wieder«, sagte die Stimme. Ich sah hinauf in die Sonne, geblendet von dem Licht, sah an den glänzenden, langen bleichen Beinen entlang.

Er hatte wieder begonnen zu zeichnen. Es war eine seiner gewissenhaftesten Arbeiten, ein Liebesdienst; es war ein Plan, der die kühle, harmonische Ordnung darstellte, die er nun unter dem gewaltigen Blattwerk und dem billigen Tand der Insel erkennen konnte. Als er einen Moment lang aufschaute, sah er, wie die Frau das Mädchen aus dem Wasser zog, so mühelos, als wäre sie ein Kind. Sie tat das nur, um ihm eins auszuwischen, dessen war er sich sicher, um seine Kette straffer zu ziehen. Ärgerlich wandte er sich wieder seiner Stadt zu, die unter dem Terrakotta und den Blättern aufzuragen begann. Als er wieder hinschaute, saßen sie in dem Café. Sie hatte für das Mädchen Saft bestellt und bunte Süßigkeiten, und das Mädchen aß und trank mit einer Art atemloser Gier, wie ein Kind. Das Tuch hatte sie um ein Handgelenk geschlungen. Die Frau nahm nichts zu sich, sie blickte nur unverwandt das Mädchen an, während ihre weiße Hand an ihrem Glas auf und ab glitt, es streichelte.

Als er wieder auf die Linien seiner verborgenen Stadt hinabblickte, stellte er plotzlich fest, daß sein Zorn und seine Gehässigkeit verflogen waren, und statt dessen empfand er eine Art Verlangen, eine köstliche und sanfte Einsamkeit. Er spannte seine Bauchmuskeln an, streckte die Beine und grub sich tiefer in den Sand, aber sein Körper blieb dennoch erregt.

Ich hatte nicht wirklich geglaubt, daß ich tot wäre. Nur eine Minute lang. Weil sie so aussah, weil sie wirklich so aussah wie Beattie. Sie stand über mir, hieß mich willkommen, half mir heraus –

»Ich befürchtete, daß sie ertrunken wäre. Ich dachte, daß ich sie verloren hätte, diese junge Fremde. Ich geriet in Panik. Ich ging – nein, ich rannte dorthin, suchte das Wasser ab, stand dort bis – und ich zählte, Gott, ich zählte die Minuten, bis sie wieder auftauchte. Als sie nach Luft schnappte, tat ich es auch. Ich hatte wirklich geglaubt, ich hätte sie verloren. Ich brachte sie ins Café, das so hell und klar und beruhigend ist, und dann war unser Moment der Verbundenheit auch schon vorbei. Aber sie starrte mich an – ich ertappte sie dabei, als sie glaubte, daß ich es nicht bemerken würde. Vielleicht habe ich irgendwo ein Haar, wo keins sein sollte, vielleicht war das irgendwo ein Schmutzfleck, ein Mal – vielleicht habe ich aber auch nur schrecklich oder alt ausgesehen.«

Seine Besessenheit wuchs und füllte die wenigen verbleibenden Tage aus. An den Nachmittagen, nachdem sie ihn mit Rosinen und Datteln und dem süßen Sirup der Inseln gefüttert hatte, ging er an den Strand, um zu zeichnen. Seine Stadt wimmelte nun von Menschen, alle jung, leidenschaftlich, unberührt, und Männer wie Frauen hatten glattes Haar und strahlten Jugend aus. Wenn es später wurde, pflegte er barfuß wie einer seiner Heiden in die Stadt zu gehen. Er ließ sich in die Kühle des Apollotempels fallen oder saß stundenlang im Schatten der Agora, während die Menge um ihn herum undeutlich wurde.

An den Abenden aßen sie zusammen, sie in steifer schwarzer Eleganz. Mit lackierten Fingernägeln klopfte sie auf den Tisch, damit die Kellner Schüsseln mit würzigen, cremigen Dips brachten, Schalen mit zartem Obst von der Insel, geschält und aufgeschnitten. Sie pflegte ihm dabei zu erzählen, welche anderen Bücher er noch lesen, welche Orte er besuchen, welche Bilder er sich anschauen und welche er malen sollte, und die ganze Zeit über hielt sie ihn mit ihren unersättlichen schwarzen Augen gefangen. Wenn er ihr gegenübersaß, gebannt von ihrem Blick, versuchte er das Gewicht zu verlagern, so daß er das Mädchen in der Ecke sehen konnte. Dabei lächelte er die Lady an, erfüllt von einer geheimen Freiheit. Und dann gab es noch die Nächte.

An ihrem letzten Abend bestellte sie französischen Champagner. Die Kellner in den braunen Anzügen grinsten, als sie ihn brachten. Als sie sein Glas füllte und wieder von neuem füllte (sie selbst trank nichts), wanderte ihre Hand an ihrem eigenen leeren Glas auf und ab, und sie fixierte ihn wieder mit diesen brennenden schwarzen Augen. Der junge Mann schaute weg, hin zu der Ecke nahe der Tür. Doch das Mädchen saß an diesem Abend nicht an seinem Tisch. Die Frau war seinem Blick gefolgt, und nun sah sie hinunter auf ihre lackierten Fingernägel, die sich in den Saum des Tischtuchs krallten. Diese Geste, ein Anzeichen von so etwas wie Scham, ließ sie jünger wirken, viel jünger, als das all ihre Schminke je vermocht hatte. Er nahm ihr die Flasche ab und ließ es zu, daß ihre Hände sich berührten, als er ihr leeres Glas füllte. Ihre Blickte huschten nun über die leere Ecke, und ihre Lippen preßten sich zu einer schmalen Linie der Resignation zusammen, die blutrote Farbe hinterließ kleine, mitleiderregende Linien in den Mundwinkeln. Wieder senkte sie den Blick. Während die Kellner neben ihr bereit standen, studierte er die Frau: ihr Gesicht, härter, weißer denn je, die Falten und Runzeln des Alters, die schwarzumrandeten Augen mit dem Lidstrich, der in den äußeren Winkeln etwas breiter wurde; der Hut, der unvermeidliche Hut, ein wenig schräg aufgesetzt, so daß das glatte, dichte Haar darunter hervorlugte. Die Kellner waren leiser geworden und bildeten einen murmelnden Kreis um die letzten Gäste des Abends.

Die Nacht schmiegte sich an mich wie eine Katze. Ich saß auf dem Balkon, mein Morgenmantel stand halb offen. Der Wind hatte sich ein wenig gelegt, der Mond hing anschwellend am indigoblauen Himmel. Die Luft war stickig, balsamisch und von stetig pulsierender Hitze. Musik klang herauf von dem Platz, vermischt mit den Stimmen und dem Gelächter aus dem Restaurant, verblaßte zu einer einzelnen Violine, während die Hitze sich verdichtete und die Nacht um mich herum zitterte. Zum ersten Mal seit Wochen – Oder waren es Monate? Konnten es Monate sein? – hatte ich nicht daran gedacht, hatte ich nicht zurückgedacht. Ich war berauscht. Die Berührung des Fremden hatte bewirkt, daß ich mich high fühlte. Die Luft leckte an meinen gebräunten, ausgestreckten Gliedmaßen; meine Arme hingen locker herunter, meine nackten Füße tanzten auf den warmen, rosa Fliesen. Das träge Klatschen der Wellen, das Murmeln in den Bäumen, das Rauschen – sanfte Laute erfüllten die Luft, meine Kehle, meine Sinne. »Wo bin ich?«

Er brachte sie in den Raum, den sie nie geteilt hatten. Sie sagte nichts, erzählte ihm nichts. Er führte sie hinein, setzte sie auf das Bett. Dann nahm er ihr den großen schwarzen Hut vom Kopf, so daß ihr Haar steif über ihre weißen Wangen fiel. Er sah sie an, als ob er sie nie zuvor gesehen hätte, biß sich auf die volle Unterlippe, schaute sie so intensiv an, daß sie seinem Blick nicht standhalten konnte. Dann, ohne ein Wort, ergriff er ihre Hand und zog sie auf die Füße. Er brachte sie in das Bad mit dem unbarmherzig hellen Licht und stellte sie vor den Spiegel; er stand hinter ihr, die Hände auf ihren Schultern. Dann ließ er das Wasser laufen und machte einen Waschlappen naß. Er schaute sie im Spiegel an, als er anfing, ihr sanft das Gesicht abzuwischen. Als erstes drückte er den warmen Lappen auf ihren Mund, wischte all das Rot weg, es verschmierte auf ihrem Kinn und ihren Wangen, dann war es fort, und es erschien ein geschundenes, blutleeres Weiß. Danach entfernte er die weißen Puderschichten von ihren Wangen, bis sie rosig und bloß in dem grellen Licht des Badezimmers war. Und schließlich, so sanft, daß sie es kaum spürte, wusch er das Schwarz von ihren Augen. Die Frau hielt die Augen geschlossen; sie konnte nicht zuschauen, wie dieser schöne junge Mann, dem sie so oft alles genommen hatte, sie ihrer Schönheit beraubte. Zum Schluß hob er ihr blasses Kinn an, hielt ihr nacktes Gesicht vor den Spiegel und befahl ihr, sich anzusehen.

All mein Zorn war von mir gewichen. Ich legte mich neben sie, fühlte die Hitze ihres Körpers, der nur ein paar Zentimeter von mir entfernt war. Sie keuchte, als ich ihre Hand nahm. Ihre Augen waren so fest geschlossen wie die eines Kindes, das nicht gesehen werden will. Ich studierte ihr nacktes Gesicht. Das Gesicht, gegen das ich so gewütet und das ich so verachtet hatte. Das Gesicht, das mich gefesselt hatte, war nun vor meinem gierigen Blick entblößt, zeigte kein falsches Weiß mehr, keine schwarzen Augen, keine rote Farbe. Blind tastete ihre Hand nach mir, legte sich flach auf meinen Bauch. Ich begann, ihr Gesicht mit Küssen zu überschütten, während Tränen unter ihren geröteten Lidern hervorquollen.

Laute flohen aus unseren Mündern, unterdrückt und voller Angst. Sie schrie auf, als ich ihre schmale Hüfte unter dem seidenen Rock berührte. Ich berührte ihr bleiches, geschundenes Gesicht und begann dann, sie von den schwarzen Hüllen zu befreien. Ich öffnete die hautwarmen Seidensachen und hob sie hoch, drückte sie an mein Gesicht, um den Duft einzuatmen, der in ihren leeren Kleidern hing, bevor ich sie fallen ließ. Unbeholfen ergriff sie meine Hand und legte sie auf ihre Brust, zog meinen Kopf herunter, bis mein Mund ihre dunkle Brustwarze bedeckte, und hielt meinen Kopf dort fest. Ich vergrub mich in ihrem Busen, umschloß mich damit, verlor mich in seiner Schwere. Zuerst schmeckte ich kühle dunkle Sahne, dann fühlte ich eine Veränderung unter meiner eifrigen Zunge und meinen feuchten Lippen, als sie für mich steif wurde.

»Oh!« rief sie leise, und die Tränen liefen ihr nun ungehemmt über die geschrubbten Wangen.

»Oh!« rief ich wie ein Echo, mein Mund keuchte, erstickte, trank von ihren freigebigen Brüsten.

Zwischen den Geräuschen der Nacht, den sich brechenden Wellen, der in der Ferne verklingenden Musik, dem Murmeln der Bäume, hörte ich ein »Oh!«, hörte ich, wie jemand nach Luft schnappte, so nah an meinem Ohr, daß ich mich umdrehte und erwartete, daß jemand neben mir stand. Ich wandte mich dem Balkon des Nachbarzimmers zu und blickte in die Dunkelheit hinein, denn die Tür war nicht ganz geschlossen.

»Oh!« hörte ich noch einmal, es war die Stimme eines Mannes, vollklingend, halb erstickt. »O Gott!«

Es waren die Laute der Liebe: Die leisen, unsinnigen Schreie, die meine Ohren erfüllten, meine Nase, meinen Mund. Er schrie auf, und ich erstickte fast, ich atmete in seinem Schrei. Ihre Schluchzer, die nun kamen, hoben und senkten meine Brust. Dann kam eine an den Nerven zerrende Pause, bis endlich ein Seufzer zu hören war, so tief und schrecklich, als ob das Leben den Körper verließe, die Seele hinauf zum Himmel fliegen würde. Ich hielt meinen Atem an, meine Nerven waren zum Zerreißen gespannt, und die Wärme spielte immer noch wie ein Instrument mit meinem Körper.

Sie ist dort draußen. Er ergoß sich in mir, selbstvergessen, als ich mich ihm öffnete. Mein willkommen heißender Mund. Tränen strömten über mein Gesicht, während er sich in mir verströmte, und niemals, niemals zuvor, hatte ich ein solches Ziehen gespürt, dieses plötzliche Umklammern, dieses schnelle innere Pressen – und ich will nicht, nein, hör auf, ich will nicht so nackt und so verloren sein, wie er es ist, o Gott, wie er. Aber da ist sein heftiges Atmen, der Schweiß, der von ihm herabtropft, seine gequälten Schreie und meine Tränen und mein großer feuchter Mund – und ich kann einfach nichts dagegen tun. Das Klammern und Packen geht mir jetzt durch und durch, tut mir weh, packt mich am Genick, als ob ich ein Bündel Lumpen wäre, schüttelt mich.

Er hatte sich neben mich fallen lassen, wir waren miteinander verschlungen in dem salzigen Geruch unserer Nacht. Unsere Finger waren genauso verschlungen wie unsere Beine. Ich höre das Schweigen und unseren erstaunten Atem. Und dann höre ich sie atmen – sie muß draußen sein, ist mir aber trotzdem so nah wie er, gerade als wir zum Ende kommen, höre ich plötzlich, wie scharf die Luft eingezogen wird, höre ich ein schockiertes Keuchen. Ich *weiß*, daß sie es ist.

Wir beide haben es gehört. Daran, wie er sich neben mir versteift, spüre ich, daß auch er horcht. Der Rhythmus unseres Atems wechselt, wird regelmäßiger, ruhiger, lauschend. Die Laute auf dem Balkon verändern sich, auch sie werden leiser, und plötzlich ist da ein leises Tappen, kaum zu hören, von Füßen, die sich näher schleichen. Sie möchte uns hören, sie will es. Unsere Hände bewegen sich zum ersten Mal gleichzeitig, schließen sich fest eine um die andere. Er schiebt sein Bein etwas weiter über meins.

Dann kommt ein anderes Geräusch von draußen, ein Stuhl wird leise verschoben, Atem wird verlegen angehalten, und dann, gegen ihren Willen, wird er trotzdem heftiger. Einen Moment lang spannt er sich neben mir an. Draußen auf dem Balkon ist das Atmen jetzt regelmäßiger, schwerer und tiefer.

Dann wieder ein Laut, kaum wahrnehmbar, ein Gefühl, als ob sich etwas an der Luft reiben würde, das Rascheln von Stoff, der sich leicht und rhythmisch in der Luft bewegt. Die Stuhlbeine kratzen leise über die Fliesen. Aber am eindringlichsten ist das Geräusch des Atmens, es ändert sich, die Luft wird angehalten, ausgestoßen, der Atem geht schnell.

Auch sein Atmen ändert sich, greift den Rhythmus auf. Er läßt uns alle lebendig sein, die Nacht ist angefüllt mit unseren diskreten Atemzügen. Er schaut in der Dunkelheit auf mich herab und liest ganz und gar meine Gedanken. Meine Augen haben sich geweitet, zeigen Einwilligung. Vorsichtig zieht er die Vorhänge zurück, die das große Fenster verdeckt hatten, und öffnet leise die Tür. Zusammen betrachten wir die Gestalt in dem reflektierenden Glas – eine Frau, die ein Instrument spielt, versunken und verloren für alles außer ihrer Musik – ihr Kopf ist zurückgeworfen, das glatte Haar fällt offen herab, der Morgenmantel ist geöffnet und fließend, die Beine gespreizt, und die Hände, beide Hände wandern über den angespannten Körper – sind beschäftigt, eifrig, spielen heftig und wild.

Er ist zurück. Wir erhitzen uns aneinander, liegen Seite an Seite, erhitzter Schenkel an erhitztem Schenkel, jeder Nerv brennt lichterloh. Die Gestalt bewegt sich, spielt für uns, schneller und wilder, fieberhaft, den Kopf weit nach hinten geworfen. Wir schließen die Augen, hören die Seufzer, das unterdrückte Keuchen von dort draußen. Seine Hände beginnen an meiner Seite zu spielen, an meiner weißen Flanke, meine Hand bedeckt seine, bedeckt ihn. Den festen Bauch, die weichen Seiten, die kurzen Haare, weicher geworden durch seinen Schweiß, meine Zunge.

Ich hatte den Stuhl zurückgelehnt, meine Füße lagen auf dem Geländer. Ich war vollkommen von der Nacht aufgenommen, von der stickigen, feuchten Luft, während ich hineinsank und hineintauchte. Ich teilte mich, den Kopf zurückgelehnt, die

Augen vor dem Nachthimmel verschlossen, meine Ohren begierig nach den Antwortlauten lauschend, die von nebenan kamen. Ich *mußte* das tun, ich mußte ihnen dieses Schauspiel bieten.

Ich glaubte schon, daß ich fiele, daß ich wieder ertrank und daß ich von freundlichen, starken Händen hinaufgehoben wurde, von Händen, die sich auf eine harte, warme Stelle legten. Ich hielt den Kopf nach hinten geneigt, die Augen geschlossen; die Hände, so warm und freundlich, ersetzten meine in dem fieberhaften Spiel, sanfte Finger öffneten mich und hielten meine Finger fest. Mein Mund wurde aufgedrückt, von dem Tuch befreit, auf das ich gebissen hatte, und ein anderer Mund preßte sich auf meine Lippen, hielt ihn auf; ein Mund legte sich auf meinen anderen Mund, zog die See aus mir heraus, brachte mich wieder ins Leben. Eine weiche Zunge erforschte mich, bevor sie schließlich in mich eindrang. Ich wurde in Besitz genommen. Und während der ganzen Zeit hielten die freundlichen Hände mich fest, und andere Münder tauchten mit ihren festen Küssen in mich ein, mit ihrem eigenen Salz, und ich trank ihre heißen Tränen.

Die Sonne stand schon hoch am Himmel. Der Platz war voller Menschen – Leute, die Brot kauften, Leute, die Blumen verkauften, Leute, die über ihre Aufgaben plauderten. »Peter«, schrieb ich. »Komm mich holen. Nimm Sofy mit und komm mich holen. Bring mich nach Hause.«

Ich sah, wie das Paar das Hotel verließ, die große Frau, der schlanke junge Mann. Er trug einen kleinen Diplomatenkoffer und ihren Hut, er öffnete ihr die Wagentür und hielt ihren Ellbogen, damit sie besser einsteigen konnte. Er sagte etwas zu ihr, und dann glitt er geschmeidig auf den Fahrersitz. Ohne eine Sekunde zu zögern, als wären wir mit einem unsichtbaren Band verbunden, wandte sie sich um und schaute mir direkt in die Augen. Ihr Blick hielt mich fest, bis sie hinter ihm einstieg, und ich konnte ihre beiden Köpfe sehen, der eine glatt und dunkel, der andere weich und hell, als sie mit dem Wagen von dem Platz fuhren. Ich würde noch ein paar Minuten auf dem Balkon sitzen bleiben, bevor ich meine Sachen packte und auch das Hotel verließ; mein Tuch, zu einem Ball zusammengeknüllt, war durch das Geländer auf den benachbarten Balkon gefallen. Ich faßte an meine nackte Kehle.

»Später«, dachte ich. »Später.«

Meine Geschichte erzählt von einem Verlust und der Erholung davon. Sie beschreibt eine Reise, die von Kummer und anderen Fallen hinführt zur Befreiung und einem Fest der Sinne. Ich hoffe, daß es irgendwo eine Insel wie Borophus gibt.

Originaltitel: The break
Ins Deutsche übertragen von Katharina Woicke und Beate Stefer

SUSAN ST. AUBIN

Marians Geheimnis

Als Joe Turner zu Hal ins Büro kam und anfing, sich über seine Ohren zu beklagen, sah Hal nur Marians Ohren vor sich, klein und rosig wie Muscheln, oben ein wenig spitz zulaufend wie die Ohren von Elfen, so völlig verschieden von Joes fleischigen, haarigen Auswüchsen. Joe steckte den kleinen Finger in ein Ohr und wackelte darin herum.

»Zu«, sagte er, »total zu. Was denkst du?«

Hal dachte an Marians rosige Muscheln. »Geh zum Arzt«, schlug er vor, während er sich achselzuckend wieder seinem Computer zuwandte, um das Menu weiter durchzublättern.

Joe verschwand aus Hals Blickfeld, und seine Stimme verklang zu einem schwachen Gemurmel.

Marian war die einzige Frau ohne Löcher in den Ohren, die Hal kannte. Selbst seine Mutter hatte sich eines Samstag nachmittags in einem Laden kleine Goldstecker durch ihre Ohrläppchen stechen lassen. Seine Frau, Evelyn, hatte sogar drei Löcher in jedem Ohr, zwei unten im Ohrläppchen und jeweils eins an der Seite, in denen sie merkwürdig vom Kopf abstehende Goldringe trug.

Hal hatte Marians Geheimnis zum ersten Mal entdeckt, als er sie eines Sonntags nach dem Abendessen berührte, während sie an dem kleinen Tisch saßen, der am Fußende des Betts genau in der Mitte ihres Einzimmer-Apartments stand. Über den Tisch hinweg hatte er sie mit beiden Händen sanft von den Spitzen der Ohren bis hinunter zu der Stelle gestreichelt, wo sie am Kopf festgewachsen waren statt wie bei den meisten Leuten frei geschwungen zu sein.

Ein Schauer durchlief sie, ihre Hände flogen nach oben, als ob sie ihn wegschieben wollte. Doch dann hielt sie in der Bewegung inne und atmete tief durch, als seine Fingerspitzen über die Ohrläppchen zu ihren Wangen hinunter wanderten. Er hatte noch nie eine solche Reaktion erlebt, und so ließ er seine Finger wieder zurück zu ihren Ohren gleiten.

»Nein«, sagte sie und legte ihre Hände auf seine.

Später, im Bett, war alles ganz anders als bisher. Statt sie zwischen ihren Beinen zu streicheln, krochen seine Finger hinauf zu ihren Ohren. Marian schaltete die Lampe neben dem Bett aus und ließ ihn die Ränder ihrer Ohren streicheln, die fast fleischlosen Ohrläppchen, die zart geschwungenen Spitzen. Mit seiner Zunge erforschte er die Öffnung eines ihrer Ohren und versuchte dabei, sich an die Namen der inneren Teile zu erinnern. Labyrinth. Schnecke. Hammer. Amboß.

Unter ihm stöhnte Marian, ihre Ohren fühlten sich heiß an. Er hätte wetten können, daß sie ganz rot waren, so rot, wie sie stets wurden, wenn er sie in Verlegenheit oder zum Lachen brachte. Als er das Licht anmachte, setzte sie sich auf, schrie »Nein!« und bedeckte die Ohren sofort mit den Händen.

»Du weißt genau, daß ich es nicht mag, wenn das Licht brennt!« Ihr Gesicht war gerötet. Als er ihr die Hände von den Ohren nahm, fiel ihr Haar darüber. Sie atmete heftig, und auf ihrer Stirn standen Schweißperlen. Er strich ihr das Haar weg, aber ihre schnellen Hände waren auf ihren Ohren, bevor er auch nur das geringste sehen konnte. Also küßte er sie auf den Mund, schaltete das Licht wieder aus und zog sie zurück aufs Bett. Sie seufzte, als er den äußeren Rand ihres rechten Ohrs nachfuhr, diesmal mit seiner Zunge, als er kleine Kreise zog und immer tiefer in die Öffnung eindrang, während er ihr anderes Ohr mit den Fingern streichelte. Sie atmete tiefer und schneller, im gleichen Rhythmus wie die Bewegungen seiner Zunge und seiner Finger. Er steckte die kleinen Finger in beide Ohren und kitzelte die verborgenen Haare darin, und sie schnappte nach Luft und schauderte, bis sie schließlich schluchzte: »Wage es ja nicht, irgend jemandem davon zu erzählen; ich könnte es nicht ertragen, wenn die Leute davon wüßten.«

Er hielt inne. »Wenn sie was wüßten?« fragte er, als wäre ihm nicht das geringste aufgefallen.

In seinem Schreibtisch im Büro versteckte er medizinische Bücher über das menschliche Ohr, die er verstohlen herausholte, wenn gerade niemand hinschaute. In den Ohrläppchen gibt es nur wenige Nervenenden, las er. Darum entnahmen die Ärzte den Kindern auch Blutproben aus den Ohren, weil sie es da nicht spürten. Ha, dachte er, genauso wie kleine Jungs nichts spüren, wenn ihnen die Vorhaut beschnitten wird! Als er seine eigenen Ohren berührte, stellte er fest, daß sie im Vergleich zu seinem Gesicht seltsam empfindungslos waren.

Sie ist eine heimliche Perverse, dachte er. Darum erregt mich dieses kühle und puppenhafte Mädchen ja auch so. Jeder hat einen Knopf, auf den man nur zu drücken braucht, um bestimmte sexuelle Vorlieben freizusetzen, und ich habe ihren gefunden.

Zu Hause im Bett mit Evelyn las Hal über Ohren, während sie die französischen Kochbücher studierte, die ihr der Chefkoch im Chovette empfohlen hatte, dessen Schülerin sie war. Sie fuhr sich genießerisch mit der Zunge über die Lippen, während sie las. Aber diese vollen, rosigen Lippen hatten vorübergehend ihren Reiz für ihn verloren. Er wandte sich wieder seinem eigenen Buch zu und las, daß es die unterschiedlichsten Theorien über Ohren gab. So hatte man beispielsweise faltendurchzogene Ohrläppchen lange Zeit für ein Anzeichen von Herz- und Kreislaufproblemen gehalten, wenngleich Falten im Alter genauso normal und häufig sind wie die verschiedenen Probleme mit dem Herzen.

Unwillkürlich griff Hal sich an seine Ohrläppchen, die sich glatt und geschmeidig anfühlten. Obwohl nach Aussage des Buches Ursache und Wirkung nicht unbedingt in direktem Zusammenhang zueinander standen, beschloß er, sich seine Ohren doch einmal genauer im Spiegel zu betrachten – wenn Evelyn nicht in der Nähe war und ihn auslachen konnte. Angewachsene Ohrläppchen, las er, waren eine rezessive Eigenschaft, bei der die Ohrläppchen, wie bei Marian, fest mit dem Kopf verbunden waren, statt lose gerundet zu sein. Er fragte sich, ob ein Ohr-Orgasmus wohl auch eine rezessive Vorliebe sein könnte, aber in dem Buch wurde Sex überhaupt nicht erwähnt.

Er plante die nächste Verabredung mit Marian am Freitag. Evelyn arbeitete hauptsächlich an den Wochenenden im Chovette; Freitag, Samstag und Sonntag waren die Tage, an denen am meisten zu tun war; Montag und Dienstag war geschlossen. Evelyn verbrachte den Freitagabend oft mit ihrer Schwester, die nur einen Block vom Restaurant entfernt wohnte. Das gab ihnen die Gelegenheit, sich gegenseitig auf den neuesten Stand zu bringen, behauptete sie stets. Er streckte seinen Arm aus und streichelte Evelyns Ohrläppchen. Ohne all die Ohrringe wirkten ihre Ohren zart und unvollständig, leicht entzündet um die Löcher. Er überlegte, wie weh es wohl tun mochte, diese Löcher stechen zu lassen, und ob es auch jetzt noch schmerzte, Ohrringe darin zu tragen.

Evelyn ließ das Buch sinken und lehnte sich mit geschlossenen Augen zurück. Er fuhr fort, sie zu streicheln, und sein kleiner Finger schlüpfte vorsichtig in die geheimen und verborgenen Bereiche ihres Ohrs. Er war um einiges erregter als Evelyn, die so leicht atmete, als ob sie schliefe. Ihre Hand glitt über seinen Oberschenkel zu seinem hart gewordenen Penis, während sie mit der anderen Hand seine Finger von ihrem Ohr weg zu ihrer Brust führte.

»Magst du das nicht?« flüsterte er.

»Was soll ich mögen?«

Er liebkoste mit der Zunge das Innere ihres Ohrs und murmelte »Schnecke« vor sich hin. Er liebte den Klang dieses Wortes und das Gefühl des Gefangenseins, das er dabei in ihrem Ohr empfand.

Evelyn lachte. »Das kitzelt! Was machst du da?«

»Bei manchen Leuten sind die Ohren sehr empfindsam«, antwortete er.

Er hätte es ihr am liebsten erzählt. Es gab keinen Grund, warum er es nicht tun sollte; sie waren beide früher schon fremdgegangen, aber ihre Liebhaber waren ihnen nie wichtig gewesen, und sie hatten gemeinsam über sie gelacht, wie zum Beispiel über Evelyns Freund George aus New York, der sich die linke Brustwarze hatte durchstechen lassen und dann vergeblich versucht hatte, Evelyn dazu zu überreden, sich ein Loch in die rechte Brustwarze stechen zu lassen, damit sie wie Spiegelbilder wirkten. Hal hatte Angst, daß er Gefahr laufen könnte, Marian zu verlieren, wenn sie nicht länger sein Geheimnis war. Evelyns Lachen konnte manchmal so tödlich sein wie der Frost;

sie war fähig, ihn dazu zu bringen, daß auch er dachte, daß Marians mysteriöse Ohren einfach lächerlich seien.

Sie küßte ihn auf den Mund und ließ dann ihre Lippen über seinen Körper gleiten, um ihn schließlich da zu küssen, wo Marian es nie tun würde. »Ich denke, jeder ist anders«, murmelte sie, bevor sie mit ihren Lippen seinen Schwanz in die Höhle ihres Mundes zog. Er dachte dabei daran, daß der menschliche Körper und speziell der weibliche eine Anhäufung von Höhlen war, die in ein unbekanntes Zentrum führten.

Am darauffolgenden Tag lief er mittags die sechs Blocks bis zu der Schule entlang, wo Marian unterrichtete, und versteckte sich hinter einem Baum, der direkt am Zaun des Schulhofs stand. Mit hochgeschlagenem Jackenkragen beobachtete er durch seine Sonnenbrille, wie sie mit den Kindern einen Kreis bildete und ein Spiel spielte. Alle bewegten sich nach rechts, dann nach links, und sangen dabei ein Lied, dessen Worte er nicht verstand, weil die Stimmen der Kleinen so schrill und hoch waren. Eines der ersten Anzeichen des Älterwerdens, erinnerte er sich, ist die zunehmende Unfähigkeit, höhere Frequenzen wahrzunehmen.

Das Haar hing Marian über die Ohren, außer wenn der Wind es ihr aus dem Gesicht blies und die Ohrläppchen entblößte, die von der Kälte ganz rot waren. Er verbarg sein Gesicht tiefer im Kragen, genoß die Rolle des Voyeurs. Einmal schaute sie in seine Richtung, schien ihn aber nicht zu erkennen. Wahrscheinlich wird jemand die Polizei rufen, dachte er. Vielleicht Marian selbst, wenn sie wieder hineingeht. Ein Streifenwagen wird erscheinen, und die Polizisten werden mich auf Marians Befehl hin abführen. Sein Herz schlug schneller. Als niemand kam, um ihn zu verhaften, nachdem sie ihre Klasse wieder hineingeführt hatte, ging er zurück zur Arbeit, und er fühlte sich beschwingt, weil er seine Freiheit noch hatte. Auf seinem Weg ins Büro zog er in der Eingangshalle eine Tüte Chips aus dem Automaten und aß sie, während er mit dem Aufzug nach oben fuhr.

Am Freitagmorgen gab Evelyn ihm einen Kuß und erklärte dabei, daß sie erst früh am darauffolgenden Morgen zurückkommen würde.

»Früh genug jedenfalls, um noch mal ins Bett zu steigen, falls du da bist«, flüsterte sie.

»Ich werde da sein«, erwiderte er, froh darüber, daß er Evelyns Samstagmorgen-Verführung nicht verpassen würde, froh darüber, daß Marian es nicht mochte, wenn er die Nacht bei ihr verbrachte, weil sie Angst hatte, daß jemand ihn sehen könnte, wenn er am Morgen ging – ein Nachbar oder gar ihre Vermieterin.

Er war überzeugt davon, daß einer dieser wachsamen Leute schon längst bemerkt hatte, wie oft das Licht für Stunden ausging, wenn er zu Besuch war und niemand das Apartment verließ. Er und Evelyn hätten zusammen über so etwas gelacht, aber als er das einmal Marian gegenüber erwähnte, während er versuchte, sie dazu zu bringen, wenigstens eine Lampe angeschaltet zu lassen, hatte sie ihn überhaupt nicht verstanden.

»Wir könnten doch alle möglichen Sachen in der Dunkelheit machen. Wir könnten im Dunkeln Fernsehen schauen. Es bedeutet überhaupt nichts, wenn man das Licht anhat, weil du es ja auch immer bei Licht treiben willst.« Sie hatte über ihn hinweggelangt, um die Lampe an seiner Seite des Betts auszuschalten.

Evelyn mochte es immer, wenn das Licht an war, genau wie Hal, denn dann konnte er beobachten, wie ihre Schamlippen ein dunkles Rosa annahmen, wie ihre Brüste sich hoben und sich anspannten und wie ihr die Röte ins Gesicht stieg, bis sie so rosig war wie die inneren Lippen, wenn sie kam.

Und obwohl er es ganz aufregend fand, so im Dunkeln zu

raufen, hatte er sich doch oft gefragt, wie Marians geheime Körperteile wohl aussahen, denn er hatte nie mehr als einen flüchtigen Blick auf ihre rosa Lippen und ein etwas dunkleres Inneres erhascht; bei den wenigen Malen, die sie bei Tageslicht miteinander geschlafen hatten, hatte sie immer schnell die Beine zusammengepreßt. Ohren sind eben doch nicht alles im Leben, dachte er.

Am Freitagabend, als er die Treppen zu Marians Wohnung hochstieg, sah er schon das Bild ihrer Ohren vor seinem geistigen Auge. Durch das Fenster konnte er quer durch das Zimmer in ihre Küche schauen, die einmal ein begehbarer Kleiderschrank gewesen war. Alles dort schien wie für Kinder gemacht zu sein: der winzige Gasherd, die winzige Spüle und der Arbeitstisch, der sich unter all den Schränkchen und Regalen ebenfalls winzig ausnahm. Ein rechteckiges Fenster ohne Vorhänge befand sich zwischen den weiter oben angebrachten Schränkchen. Marian war gerade damit beschäftigt, Käse zu reiben. Ihre Ohren wurden von ihrem Haar verdeckt, das sie lose zu zwei Zöpfen geflochten hatte. Als sie an die Tür kam, hob er einen der Zöpfe, um das Ohr darunter zu küssen, aber sie duckte sich und tauchte unter ihm weg, um sodann zu dem Arbeitstisch zurückzukehren, wo sie Nudelblätter für die Lasagne abwechselnd mit Käse und Soße in eine Ofenform schichtete; als ob sie einen Korb flechten wollte, dachte er.

»Ich bin sicher, Evelyn kann das viel besser«, sagte sie. »Ich benutze nur das alte Rezept meiner Mutter, das wahrscheinlich noch nicht einmal original italienisch ist.«

»Evelyn hat sich bis jetzt noch nicht mit der italienischen Küche beschäftigt«, versicherte er ihr. »Nur mit der französischen.«

Während ihre Hände beschäftigt waren, zog er erst an dem einen der Bänder, die ihre Zöpfe hielten, dann an dem anderen, ließ das seidige hellbraune Haar offen herabfallen und schob es ihr hinter die Ohren, so wie sie es normalerweise trug.

»Nein«, sagte sie und strich es sich wieder über die bloßen, ungeschmückten Ohren. »Noch nicht. Warte.«

Während die Lasagne garte, saßen sie nebeneinander auf dem Bett, und er hatte ihr seinen Arm um die Schultern gelegt. Sie lauschten jener sanften, sphärischen Musik, die sie so liebte und die sich, wenn er danach fragte, immer als so etwas wie ein japanisches Flötenkonzert oder instrumentierte Walgesänge oder als Windharfenspiel entpuppte und von Musikern gespielt wurde, die ihm gänzlich unbekannt waren. Als er einmal Kassetten von den Talking Heads und Elvis Costello mitgebracht hatte, hatte sie nur ein paar Minuten zugehört und sich dann die Ohren zugehalten.

Einmal hatte sie bemerkt: »Das ist aber nicht sehr entspannend, oder?«

»Es geht doch auch gar nicht nur um Entspannung«, hatte er geantwortet, und als sie ihn nur verständnislos angeschaut hatte, begriff er, daß es ihr tatsächlich allein darum ging.

Er lehnte seinen Kopf gegen ihre Schulter, roch ihr Ohr durch ihr Haar, schob seine Nase direkt in die Höhlung, roch einen Duft wie von sterbenden Rosen, wie Regen, wie Staub. Sie schob ihn fort und stand auf, um nach der Lasagne zu schauen.

Während sie aßen, vergewisserte sie sich immer wieder mit ihrer freien Hand, daß ihr Haar noch ihre Ohren verdeckte. Er fand, daß ihr Haar wie ein Helm wirkte, wenn sie es so herunterzog, oder wie der Schleier einer Nonne. Später, im Dunkeln, hoffte er, diesen Schutzwall aus seidigem Haar durchdringen zu können, um ihre Ohren zu befreien.

»Nein!« zischte sie, als seine Finger nach ihren Ohren tasteten. »Es ist zuviel, ich kann so viel nicht ertragen.«

»So viel was?« wollte er wissen.

Sie murmelte etwas, das wie »Lust« klang.

»Was?« flüsterte er. »Was?«

»Nichts«, sagte sie. Sie führte seine Hand zwischen ihre Schenkel, jenen Bereich viel geringerer Lust. Er streichelte sie mit den Fingern, dann drang er in sie ein, liebkoste sie innen und hatte seinen Orgasmus, weil er nicht ewig auf so etwas wie jene elektrisierende Reaktion warten konnte, die sie zeigte, wenn er ihre Ohren berührte. Immer wieder stahl seine andere Hand sich nach oben, weil er wissen wollte, wie dieser Effekt sich in ihr anfühlte, aber sie schob seine Hand stets beharrlich fort.

Spät in der Nacht, als er die Treppe hinunterging, blickte er hinauf zu den klaren, kalten Sternen in dem feuchten Himmelsmeer und dachte dabei, daß sie sich nie ändern würde, daß sie auch weiterhin auf ihre Art am Rand des Universums balancieren würde. Er seufzte, als er seinen Wagen aufschloß, und er war froh, daß er immer noch Evelyn hatte, seine irdische Liebe.

»Hast du dir jemals überlegt, dir deine Ohren durchstechen zu lassen?« fragte Hal Marian an einem Winternachmittag, als sie zusammen joggten. Sie blieb so abrupt stehen, als wäre plötzlich vor ihr auf dem Weg eine Schlange aufgetaucht.

»Durchstechen lassen?« wiederholte sie und wandte ihm das Gesicht zu. Ihre Ohren waren unter den marineblauen Klappen ihrer Ohrenschützer verborgen.

»Manche Leute tun das.« Er lachte sie an.

»Ich trage eigentlich nie Schmuck«, sagte sie naserümpfend, dann lief sie schnell weiter.

Sie kamen zu einer Wiese, auf der bereits die grünen Spitzen des neuen Grases zwischen dem abgestorbenen Gras des letzten Sommers hervorragten. In der Sonne war es fast schon warm. Sie setzten sich einander gegenüber auf zwei Felsbrocken, ließen die Hände auf den Knien ruhen.

Zusammen zu laufen war ein Sonntagnachmittagsritual, weil Evelyn sonntags normalerweise von zehn bis um Mitternacht im Chovette war, wo sie sich um Brunch und Abendessen zu kümmern hatte. Hal legte seine Hand auf Marians Knie, während sie durch ihr Fernglas eine ferne Hügelkette betrachtete. Dann hob er die Arme und zog ihr langsam die Ohrenschützer aus. Das Haar fiel ihr über die Ohren, als sie das Fernglas senkte, um ihn anzustarren, die Pupillen verengten sich in dem hellen Licht.

»Nicht hier«, sagte sie leise, wandte sich ab und setzte das Fernglas wieder an ihre Augen.

»Wo dann?« fragte er leise. »Und wann?«

Sie tat so, als ob sie ihn nicht gehört hätte.

Als sie wieder in ihrem Apartment angelangt waren, begab Marian sich daran, eine Gemüsesuppe zuzubereiten, wobei sie immer wieder unsicher ein Kochbuch konsultierte, *101 schnelle Rezepte,* das so alt aussah, daß es wahrscheinlich schon ihrer Mutter gehört hatte. Während Hal auf dem Bett lag und ihr zuschaute, überlegte er, daß dies wohl die schlichten Rezepte waren, mit denen sie aufgewachsen war, im Gegensatz zu Evelyns meisterhafter Beherrschung Tausender von Soßen und Varianten der Fellatio, und keine davon einfach oder schlicht.

Marian runzelte die Stirn. »Ich wette, Evelyn würde sich niemals dazu herablassen, Konserven zu benutzen«, meinte sie, während sie kleingeschnittene Möhren, Sellerie, weiße Rüben und Tomaten aus der Dose hinzufügte. Sie zerrieb getrocknetes Basilikum und Oregano zwischen den Fingern. Er liebte den Geruch von Gewürzen an Evelyns Händen, wenn sie aus dem Chovette nach Hause kam; einige waren so einfach wie Salbei oder Estragon, andere konnte er nicht identifizieren, nicht einmal, wenn sie ihm die Namen nannte.

»Fenchel?« fragte er dann. »Kerbel?«

Marian wusch sich die Hände und trocknete sie an einem Küchenhandtuch ab, das so unbefleckt schien, als sei es neu.

Dabei hatte er es in dem vergangenen Jahr oft genug neben ihrer Spüle hängen sehen.

»Deine Suppe riecht wundervoll. Komm, setz dich her zu mir, während sie kocht.« Als sie das Zimmer durchquert hatte, nahm er ihre Hände und atmete den Rosenduft ihrer Seife ein. Dann versuchte er, sie neben sich auf das Bett zu ziehen, doch sie sträubte sich und zeigte auf den Herd.

»Es ist kein Fleisch drin«, entschuldigte sie sich.

Als es ihm endlich gelungen war, sie neben sich auf das Bett zu bekommen, saß sie steif da, strich sich das Haar mit einer Hand zurück, während er die andere in seiner hielt.

»Ich esse gar nicht oft Fleisch«, sagte er. »Evelyn beschäftigt sich gerade mit den vielen Verwendungsmöglichkeiten von Eiern, und deshalb essen wir Unmengen von Soufflés und Aufläufen mit Käse und Gemüse. Ich vermisse das Fleisch überhaupt nicht.«

Er starrte gierig auf ihre Ohren, die ihr Haar zurückhielten. Es rührte ihn, daß sie ihre Ohren für ihn freigelassen hatte; er überlegte, ob er ihr sagen sollte, daß er ihre Ohren mehr vermißte als Fleisch in der Suppe, aber er wußte, sie würde das nicht verstehen. Er zog sie näher zu sich heran und ließ seine Finger den Rand ihres Ohrs entlang kreisen. Als sie die Augen schloß, beobachtete er, wie ihre Lider im Gleichklang mit ihrem Atem flatterten. Er berührte ihr Ohr mit seiner Zunge, vertrieb seinen eigenen Finger damit und hoffte, daß sie den Unterschied nicht merken würde, aber sie riß sofort die Augen auf.

»Die Suppe! Sie kocht zu stark. Sie darf nicht so stark kochen!« Sie schoß vom Bett zum Herd, um die Flamme kleiner zu stellen.

Die Suppe war fertig. »Verkocht!« jammerte Marian, als sie sie in die Suppentassen schöpfte.

Hal rollte sich vom Bett, um sich gegenüber von Marian an den kleinen Tisch zu setzen. Er fand die Suppe perfekt: Das Gemüse und die Nudeln waren weich, aber nicht matschig, die Brühe war klar. Er dachte, daß selbst Evelyn diese Suppe gelobt hätte, denn sie wußte Einfachheit genauso zu schätzen wie Vielfalt. Er hatte schon oft gesehen, daß sie eine Konservendose aufgemacht hatte. Er sagte Marian, daß die Suppe gut war, aber weil sie selbst sie keineswegs für perfekt hielt, schmollte sie. Sie probierte einen Löffel davon, runzelte die Stirn und ignorierte sein Lob, so daß auch er schließlich nichts mehr sagte.

Sie stand auf, um eine Kassette einzulegen, irgend etwas mit Flöten, dann setzte sie sich wieder. Als eine Nudel, geformt wie ein Ohr, auf der Oberfläche seiner Brühe trieb, holte er sie vom Löffel, ließ sie über seine Zunge gleiten, bevor er sie zerkaute und hinunter schluckte.

Nach dem Essen erledigte Marian den Abwasch, während er auf dem Bett döste und der Flötenmusik lauschte. Wenn Evelyn kochte, war immer er derjenige, der das Geschirr spülte, weil sie ihm einmal erklärt hatte, daß gute Köche über so etwas standen, und diese Arbeitsteilung erschien ihm auch nur fair. Normalerweise spülte er morgens, während er den Vögeln in dem Futterhäuschen direkt unter dem Fenster zuhörte. Und auf einmal begriff er, daß diese Flöten, die sich über das Klappern des Geschirrs in Marians Miniaturspüle aufschwangen, irgend jemandes Vorstellung von Vogelgezwitscher wiedergaben. Was natürlich nicht ganz stimmte: Richtige Vögel gingen einem nie so melodiös auf die Nerven.

Er öffnete die Augen, als er das Wasser im Abfluß gurgeln hörte. Marian trocknete sich die Hände ab, dann kam sie durch den Raum auf ihn zu, wobei sie eine Lampe nach der anderen löschte.

»Bist du eingeschlafen?« fragte sie.

Er konnte sie in dem Licht des Wintermondes erkennen, das durch das hohe Küchenfenster fiel. Ihr Kopf war gesenkt, ihr Haar fiel nach vorn, schloß die Ohren aus. Sie setzte sich neben ihn auf das Bett. Er faßte hinter ihr Haar, um die Ränder ihrer Ohren zu massieren.

»Ich muß dir etwas sagen«, flüsterte sie ihm ins Ohr, während sie seine Hände wegschob. »Ich muß dir sagen, daß deine Besessenheit für Ohren mich quält.«

»Meine Besessenheit?«

Sie lag auf dem Rücken, ordnete sich das Haar über den Ohren. »Es ist einfach nicht normal«, sagte sie.

»Es sind deine Ohren«, antwortete er, »und wenn du sie für nicht normal hältst, dann habe ich nichts dagegen.«

»Es geht nicht um meine Ohren«, erwiderte sie. »Es geht um dich, weil du sie ständig anfassen mußt. Wenn du sie in Ruhe lassen würdest, hätte ich nichts dagegen.«

»Aber du magst es doch.« Er setzte sich auf und schaltete das Licht ein. »Ich weiß ganz genau, wie sehr du es magst. Du *kommst* sogar, wenn ich deine Ohren berühre.«

»Tue ich nicht.« Sie setzte sich auch auf, und ihr Gesicht war ganz rot.

Er packte ihr Haar, um es von ihren rot glühenden Ohren wegzuschieben. »Aha! Siehst du diese Ohren?«

»Hal, bitte! Mach das Licht aus!«

Im Mondlicht zog er sie vorsichtig aus, um sie anschließend zu streicheln, ihre Brüste, ihren Bauch. Dann liebkoste er ihre Klitoris, umschloß sie mit seinen Lippen und saugte an ihr wie an einer Brustwarze, während er mit einem Finger in sie eindrang. Er spürte, wie das ferne Pulsieren immer stärker wurde. Bevor sie sich dagegen sträuben konnte – wie sie es schon so oft getan hatte –, legte er seine freie Hand auf ihr Ohr, um sanft über den äußeren Rand bis hinunter zum Ohrläppchen zu streichen. Sie bewegte sich so heftig unter ihm wie ein Boot auf rauher See, und Wellen schlugen gegen seinen Finger, den er noch immer in ihr hielt, und zogen daran.

»Nein, bitte nicht!« schrie sie. Dann lag sie mit einem Mal ganz still da. »Warum nur machst du das immer mit meinen Ohren?«

»Das ist Sex«, antwortete er. »Ich dachte eben, daß es dir gefiele.«

»Ich mag es aber nicht auf diese Art«, sagte sie. »Ich will einfach noch nicht so weit gehen.«

Als er das Licht anschaltete, war ihr Gesicht noch immer so rosig und angeschwollen, wie es bestimmt auch ihre inneren Teile waren und ebenso ihre Ohren, die nun von ihrem feuchten Haar verborgen wurden.

»Ich persönlich liebe es, so weit zu gehen, wie ich nur kann.« Er kam sich allmählich vor wie ein pervertierter Sex-Missionar, der den Ungläubigen seine Haltung zu erklären versuchte. Und in diesem Augenblick wäre er am liebsten mit Evelyn im Bett gewesen, auf der Straße zur Ewigkeit, während er den Vibrator in ihr hielt und sanft an ihren Schenkeln knabberte, so wie sie es mochte und sich nicht genierte, es ihm zu beschreiben. Evelyn war in ihrer Art gewöhnlicher, nicht eine solche Herausforderung wie Marian.

»Vielleicht bin ich einfach noch nicht bereit«, sagte Marian.

»Bereit wofür?«

»Ich weiß nicht. Für Männer. Einen Liebhaber.«

»Für Ohren?« fragte er. »Du meinst, du bist noch nicht bereit für Ohren?«

»Ich weiß überhaupt nicht, was Ohren mit all dem zu tun haben«, sagte sie und hielt sich ihre zu.

Er betrachtete sie ganz genau, aber sie lachte nicht, und sie log auch nicht.

»Ich schätze, es ist dein Pech, daß du einem Mann begegnet bist, der an Ohren Gefallen findet.«

Seinen Sarkasmus bemerkte sie nicht.

»Ich mag es eben nicht, wenn sich alles nur auf eine einzige Sache beschränkt«, sagte sie.

»Das ist einfach zu wenig. Was ist denn mit meinen Beinen, meinen Brüsten, den Körperteilen, die die meisten Männer so lieben? Warum bist du ausschließlich darauf konzentriert? Wenn ich mit einem Mann schlafe, dann möchte ich, daß alle Teile meines Körpers beteiligt sind, genauso wie meine Seele. Eben alles von mir.«

Er hörte einfach auf, ihr zuzuhören, und küßte ihre Nase, ihre Lippen, ihre Fingerspitzen.

»Das ist schön«, murmelte sie. »Du kannst so lieb sein.«

Er war froh, daß er wieder zu Hause bei Evelyn war, die im Bett saß und ein Buch über die asiatische Kochkunst las. Sie trug einen schwarzen Baumwollmorgenmantel, der um den Ausschnitt herum mit Lochstickerei verziert war.

Er konnte sehen, wie ihr Fleisch sich bewegte, wenn sie atmete.

»Hast du einen Abstecher gemacht?« fragte er. Sie konnte sich nie für längere Zeit nur einer Sache widmen; von Frankreich nach Vietnam, das schien ein natürlicher kulinarischer Fortschritt zu sein.

Sie blickte auf. »Hast du schon gegessen? Falls du Hunger hast – ich habe eine Spinat-Quiche mitgebracht.«

»Hab' schon gegessen.« Er streckte sich neben ihr auf dem Bett aus.

Sie wandte ihre Aufmerksamkeit wieder dem Buch zu, strich aber mit einer Hand über sein Haar, bis er fast eingeschlafen war.

»Komm unter die Decke«, flüsterte sie. Sie trug nun gar nichts mehr, der schwarze Morgenmantel lag in einem Haufen neben dem Bett. Er nahm ihre Brüste in beide Hände, als sie ihn küßte und auf ihn stieg, seinen Schwanz wie einen Korken in sich steckte und dann begann, sich auf ihm zu bewegen. Sein Daumen fand ihre Klitoris und liebkoste sie so, wie sie es mochte.

Sie drückte seine Ohrläppchen zwischen ihren Fingern, doch es war ein Gefühl, das er kaum wahrnahm, so unbedeutend wie das Summen einer Fliege. Er packte sie um die Taille, um sie fest herunterzudrücken, während er sich nach oben bewegte, als er kam. Jeder Nerv in ihren Körpern schien zwischen ihren Beinen konzentriert zu sein, schien blitzende Funken von Elektrizität auszusenden. Evelyn fiel nach vorne auf ihn. Ihre Hände lagen noch immer auf seinen empfindungslosen Ohren.

Am nächsten Morgen holte er eins seiner medizinischen Bücher, um es im Bett zu lesen, ganz vorsichtig, damit er Evelyn nicht aufweckte. In dem schwachen Licht, das durch die Läden drang, las er, daß jene Weisheit alter Frauen, nach der Personen mit faltendurchzogenen Ohrläppchen wahrscheinlich Herzprobleme bekommen würden, gar nicht so unbegründet war. Denn wenn die Haut der Extremitäten faltig wurde, dann war das ein Anzeichen für mangelnde Durchblutung. Ein schwächer werdendes Herz kann nicht mehr genug Blut pumpen, deshalb wird die Haut faltig.

Er glitt aus dem Bett und lief ins Bad – das Buch ließ er aufgeschlagen auf dem Kissen liegen –, um im Spiegel seine Ohren zu inspizieren: Die Ohrläppchen waren groß, fleischig und zeigten Fältchen, besonders am rechten Ohr, der Seite, auf der er immer schlief. Als er das Licht anmachte, um sich genauer betrachten zu können, entdeckte er noch mehr dieser feinen Linien. Sie verliefen kreuz und quer, waren weiß oder rot. Er massierte sein rechtes Ohrläppchen, um die Durchblutung zu verbessern. Doch als er die Hand sinken ließ, waren die Fältchen noch immer zu sehen. Er dachte an Marians kleine, weiche, fast fleischlose Ohrläppchen, und das Herz schlug ihm gegen die Rippen. War an ihr überhaupt irgend etwas Interessantes außer ihren Ohren? Es fiel ihm schwer, ihr Bild vor seinem geistigen Auge erstehen zu lassen. Sie hatte recht: Er war tatsächlich besessen.

Als er wieder ins Schlafzimmer kam, blätterte Evelyn gerade in seinem Buch. Sie schaute gähnend auf und fragte ihn dann, »So, die Ohren sind also die Pforte zur Seele? Durch die Schnecke hindurch in die nordwestlichen Ecken des Herzens?«

Er setzte sich neben sie auf das Bett.

»Nun«, meinte er, »ich habe soeben festgestellt, daß ich Falten an den Ohrläppchen habe. Es wird behauptet, das wäre ein frühes Anzeichen für Herzversagen.«

Sie lachte und blätterte die Seiten des Buchs weiter durch. »Wo steht denn so was? Na ja, immerhin bist du schon fünfunddreißig, also sollte es normal sein, wenn du so langsam ein paar Falten bekommst. Sieh mal, da am Mundwinkel hast du auch eine. Mein Gott, und erst auf deiner Stirn!«

Sie setzte sich auf und zeigte darauf. Er schlug sich in gespieltem Entsetzen die Hand vor die Stirn, und dann lachten sie beide.

»Ist doch sowieso alles nur Mist, all diese medizinischen Bücher«, erklärte sie ihm. »Was können Ohren schon bedeuten? Ohren sind überhaupt nichts!«

Er beließ es bei dieser Aussage, schließlich kannte sie Marian nicht, und wenn es nach Hal ging, würde sie sie auch nie kennenlernen. Er war ein Mann, der seiner Freundin alles von seiner wundervollen Frau erzählen konnte, doch dieser gegenüber würde er niemals etwas von seiner Freundin erwähnen, aus Angst vor seiner eigenen Verwirrung. Als er noch lauter lachte, kam ihm in seinem gefährdeten Herzen und in seiner unsterblichen Seele der Gedanke, daß er selbst genauso unsensibel war wie seine Ohren.

Es erstaunt mich immer wieder aufs neue, daß die meisten Leute, selbst Schriftstellerkollegen, einfach annehmen, alle Fiktion sei im Grunde Wirklichkeit oder basiere zumindest auf wirklichen Ereignissen. Was ich schreibe, könnte oft in einem gewissen philosophischen Sinn Wahrheit sein, aber ganz bestimmt nicht Wirklichkeit. Wie die meisten kreativen Menschen bin ich ein chronischer Lügner. Und gerade das macht so viel Spaß beim Schreiben – der moralische und legale Zwang, die Wahrheit zu sagen, kann hier gelockert werden. Also, um nun die Frage zu beantworten, die mir so oft gestellt wird, vor allem im Hinblick auf meine erotischen Geschichten: Nein, nichts von all dem hat sich wirklich ereignet. Ich muß zugeben, daß ich gelogen habe – und es hat mir auch noch ausgesprochen viel Spaß gemacht!

Originaltitel: Marian's ears
Ins Deutsche übertragen von Katharina Woicke

ELIZABETH CLARKE

Bi

Ich gebe zu, ich habe Anderson zuerst gesehen. Er servierte mir im Donut World eine Tasse Kaffee. Dieser Ort ist ein entzückendes Beispiel für Dinge, die es nur in Amerika gibt. Ewig klebriges, gelbliches Resopal, beleuchtete wächserne Doughnuts in Glasvitrinen und ein großes Schild an der Wand: ZEITLIMIT 30 MINUTEN. KEIN AUFENTHALT OHNE KAUF. Auf einmal hast du San Francisco verlassen und befindest dich mitten in East Jesus, West Virginia. Nachschenken gratis? Vergiß es.

Jemand hatte der Kaffeemaschine im Umkleideraum den

Todesstoß versetzt, und ich brauchte dringend Koffein, um die Schicht von zehn Uhr abends bis drei Uhr morgens zu überleben. Donut World befand sich genau gegenüber dem Theater, wo ich tanzte, dem Cherry Pit. Als ich hineinging, waren dort zwei Berliner zerkrümelnde Cops in einer Nische und ein Hippie in den Fünfzigern, der von dem fluoreszierenden Licht high wurde. Und Anderson.

Zottelige schwarze Haarsträhnen schauten unter seinem papierenen Donut-World-Hut hervor, und der gelbe Donut-World-Kittel stand weit genug offen, um ein T-Shirt mit einer skelettierten Mariachi-Band darauf zu zeigen. Er trug einen silbernen Ring in seinem linken Nasenloch, einen weiteren in seiner rechten Augenbraue. Mehr davon fanden sich an seinen Ohren. Er stand gegen die Theke gelehnt und rauchte, wobei er mit seinen beringten Fingern auf das Resopal klopfte.

Erinnerungen betrachtet man immer durch eine rosafarbene Brille, wie Miranda zu sagen pflegt. Es ist schwer, sich daran zu erinnern, was du *wirklich* gedacht hast, als du jemanden, der später dein Liebhaber wurde, das erste Mal sahst. Wenn du gefragt wirst, sagst du selbstverständlich, daß deine Klitoris sofort zu pochen anfing.

Tatsächlich dachte ich, er sei vielleicht schwul.

Das war der Grund, weshalb meine Klitoris zu pochen anfing. Abgesehen von seinem umwerfenden Aussehen, diesen großen braunen Augen, muß ich einfach sagen: Schwuchteln machen mich geil. Die Heteros, die ich anziehend finde, sind immer feminine kleine Jüngelchen mit Rehaugen, langen, schmalen Fingern und weicher Haut, die nach ein paar Tagen ohne Rasur nur noch zarter wird und zum Anbeißen ist. Sehr viel später erzählte ich ihm von meinem ersten Eindruck, und er sagte, er habe gedacht, ich sei wahrscheinlich eine Lesbe.

Er gab mir mein Wechselgeld heraus. Auf seinem Donut-World-Namensschild stand in deutlichen Buchstaben ›Peasant‹. Ich schulterte meinen Rucksack (vollgestopft mit Perücken, Stöckelschuhen und Make-up) in eine bequemere Position und lächelte ihn an. Dann nahm ich meinen Kaffee und ging zur Arbeit.

Was hast du erwartet? Hätte ich ihn direkt auf der Theke ficken sollen?

Es folgten drei Wochen voller Kaffee und scheuem Lächeln, bis ich ihn schließlich nach seinem Namen fragte. Ich hatte so ein Gefühl, daß er in Wirklichkeit gar nicht Peasant hieß. Und dann brauchte ich noch mehrere Tage, bis ich nach einer Sechsstundenspätschicht im Donut World einkehrte.

Ich hatte wegen der Perücke üble Kopfschmerzen und trug noch mein Bühnenmake-up. Außerdem war ich müde und fühlte mich zermatscht und häßlich; mein Mund war mit einem säuerlichen Belag überzogen. Wenn Dante eine exakte Vision des Fegefeuers hätte ausmalen wollen, würden seine Sünder für immer um zwei Uhr morgens an einem Dienstag in einer Peep-Show arbeiten müssen.

»Hier.« Anderson sah mich kurz an und goß mir einen Kaffee ein. »Der geht aufs Haus.« Er sah etwas peinlich berührt aus, weil er einen Idiotenausdruck wie ›aufs Haus‹ benutzte. »Die Gewinnspanne dabei ist unverschämt.«

Wir waren die einzigen Menschen dort. Draußen schoben Cracksüchtige Wache auf dem Bürgersteig. Taxis und Polizeiwagen durchstreiften die Straßen. Endlich allein, lächelten Anderson und ich uns über die Theke hinweg an. Es roch nicht nach Bäckerei, sondern eher nach Putzmitteln und abgestandenem Zigarettenrauch.

»Hast du Hunger? Die Milchbrötchen werden dich höchstwahrscheinlich nicht umbringen.«

»Vielen Dank. Ich bin fast am Verhungern.« Ich vermied es, mir den gummiartigen Lippenstift von der Unterlippe zu nagen. Außerdem hatte ich sicherlich abscheulichen Mundgeruch.

»Setzt du dich zu mir?«

Für den Bruchteil einer Sekunde erwartete ich, daß er sich einen Fluchtweg durch das Linoleum grub, aber er lächelte. »Klar.«

Er nahm sich einen Kaffee und einen geleegefüllten Doughnut, kam hinter der Theke hervor und warf den Kittel und den Hut auf einen leeren Stuhl, nachdem er das Essen abgestellt hatte. Diesmal prangte auf seinem T-Shirt ein Bild von Micky Maus. Er trug eine silberne Kette mit zwei Schrauben und einer chinesischen Münze und vier Fimo-Perlen, die an etwas hingen, das wie Zahnseide aussah.

Wir setzten uns in eine der gelben Nischen. Er zündete sich eine Zigarette an.

Schüchterner Augenkontakt. Ich senkte meinen Blick in die Kaffeetasse. Ich dachte: Was will ich überhaupt von diesem Typen? Und dann: Was will dieser Typ von mir?

Ich kannte Anderson noch nicht gut genug, um zu wissen, daß er nur dann richtig gesprächig wurde, wenn er stoned war – unglücklicherweise wollte ich dann nichts als ›Star Wars‹ sehen, mir die Möse lecken lassen und schlafen gehen. Wir müssen da ungefähr eine Stunde gesessen haben mit stockendem, unsicherem Small Talk, Geschichten über unsere Arbeit, unsere Familien, mit mehr Gelächter, als angebracht war; das übliche Geplänkel um das, was wir beide wirklich dachten, ohne zu wissen, was genau der andere nun dachte. Manchmal sind es gerade diese Stunden oder Minuten (oder Monate oder Jahre), trotz der Unbeholfenheit, der Verlegenheit, des reichen Potentials an Irrtümern, Zurückweisungen und Fehlschlägen, diese Momente, wenn Anziehungskraft sich vom Möglichen zum Konkreten bewegt, wenn Dinge noch unausgesprochen und nicht in Handlungen umgesetzt sind, wenn die Luft geladen ist mit der Möglichkeit von Sex, der *vielleicht nicht* stattfinden wird... sind es eben diese Augenblicke, die mich häufig am meisten anturnen, die ich gerne ausdehnen möchte. Als meine Augen denen Andersons mit weniger Zögerlichkeit begegneten und sein Blick intensiver wurde, schlug mein Herz bereits schneller. Früher, als Frauen noch warten mußten, bis sie verheiratet oder zumindest verlobt waren, ob sie da wohl Vorfreude auf die gleiche Art und Weise zu schätzen wußten?

Etwas Amüsantes über Heterojungs: Wenn ich ihnen erzähle, daß ich bisexuell bin, kriegen sie (zuallererst) einen mörderischen Steifen und denken (als nächstes), daß ich jeden ihrer Gedanken über Sex mit anderen Männern erfahren will, bis hin zu kleinen nächtlichen Ringkämpfen im Alter von neun Jahren. Auch Miranda machte diese Erfahrungen. Versteh mich nicht falsch, ich finde Jungs mit Jungs geil, und die aktuelle Ausgabe von *Mandate* hat bereits ölige Flecken, aber diese Jungs glauben, es handele sich um eine Art heißen Aufriß, der beweisen soll, wie cool und aufgeschlossen und aggressiv heterosexuell sie doch sind. Schnarch.

Als ich meine Exfreundin erwähnte und unsere Unterhaltung sich (endlich) sexuellen Dingen zuwandte, sagte Anderson: »Ja, ich interessiere mich eigentlich nur für andere Homos, Frauen oder Männer. Es ödet mich an, wenn die Mädchen mir erzählen, sie hätten darüber nachgedacht und so, glaubten aber, sie könnten einfach nicht damit umgehen, Mösen zu lecken, und was wäre, wenn das andere Mädchen hübscher sei als sie selbst.«

»Normalerweise versichern mir die Jungs, sie könnten einen anderen Typen ficken, wenn sie nur geil genug wären, sich aber nicht in ihn verlieben«, antwortete ich.

Wir lachten, und als wir aufhörten zu lachen, sahen wir uns an, und da war es. Du weißt schon, der gewisse Blick.

Der Tisch war zu breit, um uns zu küssen. Außerdem wäre es merkwürdig gewesen, wäre einer von uns aufgestanden und um ihn herumgegangen. Aber unsere Hände trafen sich in dem Chaos von Bechern und Servietten, kalte Finger, die sich miteinander verknoteten, Ringe, die aneinanderklickten.

Der Kaffee war mittlerweile lauwarm. »Ich muß schließen«, sagte Anderson. »Wie kommst du nach Hause?«

Sollte ich ihn mit zu mir nehmen oder vorschlagen, zu ihm zu gehen? Und wie sollten wir dorthinkommen? Und hatte einer von uns vielleicht eine dringende Verabredung vor Mittag? Alle meine Hilfsmittel lagen neben dem Bett: Gummis,

Gleitcreme, Spielzeug. Außerdem lag da noch die Wäsche eines gesamten Monats auf dem Boden, die sich langsam in ein Forschungsprojekt verwandelte, und meine beiden Mitbewohner, eine davon meine Schwester Patrice, die mit fast sadistischer Freude eine morgendliche Kontrolle meines Bettes durchführte, standen um sieben Uhr morgens auf, um in die Uni oder zur Arbeit zu gehen, und konnten nur mit James Brown frühstücken. Laut. Auf der anderen Seite brauchte ich dringend eine Dusche, und Männer sind einfach grauenhaft, wenn es um saubere Handtücher und eine Ersatzzahnbürste geht.

Wahrscheinlich dachte er gerade über dasselbe nach. Ich zerpflückte den Rand meines Bechers. Weißes Styropor mit gelbrotem Donut-World-Logo. Halbmonde aus Lippenstift. »Um diese Zeit nehme ich normalerweise ein Taxi«, sagte ich.

»Ich mache zu«, antwortete er.

Wir gingen zu mir.

Ich entfernte mein Make-up mit Babyöl, während Anderson im Badezimmer war. Es macht mir nichts aus, wenn mich jemand mit nassen Haaren und ohne Make-up sieht, aber der Vorgang des Make-up-Entfernens, diese unglaublich attraktive, öligschwarze Schmiererei, das hebe ich für später auf, wenn ich ihn etwas besser kenne.

Er betrat den Raum und schloß die Tür hinter sich. Ich konnte sein Bild im Spiegel sehen.

Ich ließ das ölige Kleenex in den Mülleimer fallen und drehte mich um. »Kümmere dich nicht um das Chaos hier. Ich muß dringend Wäsche waschen.« Wenigstens lief ich nicht hektisch umher und räumte auf. Sind wir vielleicht doch dazu verdammt, wie unsere Mütter zu werden?

»Welches Chaos?« Er stand immer noch in Türnähe.

Ich zögerte, entschied, daß es keinen Sinn machte, die Kokette zu spielen, und sagte: »Ich muß dringend duschen. Möchtest du auch?«

»Sicher.« Er stieg über einen Berg von *Frederick's-of-Hollywood*-Katalogen, Pornomagazinen, unbeantworteter Post und

Strumpfhaltern mit schweißverkrusteten Strümpfen daran, kniete nieder und schnürte meine Springerstiefel auf.

Als er mir die Stiefel und die Socken ausgezogen hatte, wobei ich mich an seinen Schultern festhielt, um das Gleichgewicht nicht zu verlieren, stand er auf, und ich küßte ihn. Der erste Kuß ist ein weiteres Gebiet voll möglicher Enttäuschung. Ich sank mit Genuß gegen Andersons Körper. Seine Lippen waren üppig und seine Wangen rauh vor Bartstoppeln. Mein Gesicht würde am Morgen wundgescheuert sein. Meine letzten Affären waren mit Frauen gewesen, und jetzt stand ich vor diesem harten, schlanken Männerkörper, war eingehüllt in den Geruch nach Zigaretten, Kaffee und Schweiß.

Ich griff unter mein Kleid, um mir die Leggings auszuziehen, aber Anderson hielt meine Hand fest. »Laß mich das tun.«

Er zog die Leggings herunter, stand auf, machte den Reißverschluß des Kleides auf und zog es mir über den Kopf. Der Verschluß des BHs bereitete ihm einige Schwierigkeiten, aber schließlich bekam er ihn auf. Ich legte meine Arme um ihn, und wir blieben einfach so stehen, er angezogen und ich in meinen geblümten Unterhosen mit einer Gänsehaut vor Kälte und Begierde. Ich knabberte an den zarten Kurven seines Halses, der Schulter und dem Ohrläppchen, während er meinen Hintern massierte. Ich fühlte ihn steif werden in seinen Jeans. Kurz erinnerte ich mich an Gutenachtküsse mit irgendwelchen Jungs, bei denen wir genug Abstand zwischen unseren Hüften hielten, um dort eine Eisenbahn aufbauen zu können. An die Furcht, hinunterzuschauen und – oh, lieber Gott, was ist, wenn, du weißt schon, und ich *es sehe*? – als ob der sich auftürmende Monolith einer Erektion mich zu Asche verbrennen würde, wie Semele beim Anblick Zeus' im vollen Schmuck der Regalien des Donnergottes.

Wir tauschten. Ich streichtelte ihm über seinen Hintern und ließ meine Hand seinen Oberschenkel hinaufgleiten und preßte sie gegen die Schwellung, nur um ihm zu zeigen, daß ich sie bemerkt hatte. Er bewegte sich, und ich lachte. Ich kniff seine

Brustwarze durch das T-Shirt und bemerkte, daß ein Stück Metall durch sie gepierct war.

Anderson kniete nieder, um mir den Slip auszuziehen. »Sehr hübsch. Ich mag besonders die lilanen Blumen.« Er grinste hoch zu mir, das dünne Nylon war um meine Knie gewickelt, und küßte meinen Bauch. Das letzte bißchen Blut rauschte aus meinem Hirn nach unten.

Ich zog ihn hoch, band seine Stiefel auf, zog ihm die Socken aus und das T-Shirt über den Kopf, wobei ich darauf achtete, es nicht in der durchstochenen Nase, den Ohren oder der Augenbraue zu verheddern. Ich saugte an dem Stück Metall und an der Brustwarze, die es umschloß, ließ meine Fingernägel über seinen Rücken wandern, bewunderte das kompliziert gewundene, schwarze Band um seinen Oberarm. Er bewunderte die große purpurfarbene Orchidee zwischen meinen Schulterblättern. Ich knöpfte seine Jeans auf.

Zeit und Erfahrung haben es mit sich gebracht, daß ich diesem Augenblick der letzten Enthüllung gelassener entgegensehe. Nachdem ich seinen Slip hinuntergezogen hatte, leckte ich die Innenseiten seiner Oberschenkel, bewunderte die Tätowierung von Calvin und Hobbes, die auf seiner Wade herumtollten, und küßte ihn vom Nabel bis zur Schamhaargrenze, bevor ich meine Hände um ihn legte. Ich ließ meine Zunge um seine Eier wandern und den Schaft seines Schwanzes hinauf. Er griff nach meiner Schulter und streichelte mit der anderen Hand meinen kurzgeschorenen Hinterkopf. Ein Sehnsuchtstropfen glänzte an seiner Schwanzspitze. Ich wollte ihn ablecken, diese salzig-süße Träne kosten. Warum konnte ich nicht so eine Schlampe aus den Siebzigern sein, als die schlimmste Sache, die grassierte, penizillinresistente Gonorrhöe war? Ich zog ihm seine 501 aus schwarzem Cord ganz aus und warf seine Boxershorts auf den Boden, wo sie sich mit meinem Kleid vermischten. »Eine Dusche?«

»Wäre nicht schlecht.«

Ich stand auf, nahm ein Handtuch vom Türknauf und warf es ihm zu. Er schlang es um seine Hüften, wobei sein Steifer den üblichen amüsanten Zelteffekt erzielte. Ich griff mir ein Handtuch von dem Haken an der Rückseite der Tür und wickelte es mir um die Taille. »Meine Mitbewohnerinnen schlafen. Wir müssen leise sein«, erklärte ich ihm.

»Alles klar.«

Wir bewohnten eine dieser viktorianischen Wohnungen mit separater Toilette und Badezimmer sowie einer Badewanne mit Klauenfüßen, die meiner Meinung nach für die schlecht funktionierende Heizung, die häßliche Tapete und die unausstehlichen Nachbarn entschädigte. Wir beschlossen, statt der Dusche ein Bad zu nehmen.

Während das Wasser einlief, zündete ich ein Paar Kerzen an und verteilte Babyöl in der Wanne. Dann warteten wir, engumschlungen, bis die Wanne voll war. Unsere Handtücher hatten wir immer noch umgebunden: Anderson ein blaues, ich eines mit Snoopy.

Er küßte mich wieder. Was für ein köstlicher Mund. Ich saugte an seiner Unterlippe und knabberte an seinem Hals, von der Kehle bis zum Schulterknochen hinunter.

»Lily«, sagte er.

»Hm?« Ich kniff seine Brustwarze, nicht die gepiercte, und biß in seinen Nacken.

»Die Badewanne ist voll.«

Ich hielt inne, schaute hinüber und bestätigte seine Beobachtung.

»Es tut mir leid, daß ich dich unterbrochen habe.«

Wir ließen uns ins Wasser gleiten. Seine Knie standen ungeschickt in die Höhe. So in der Wanne zusammengefaltet, sah er viel größer aus. Ich legte den Kopf zurück und beobachtete die Schatten an der Decke. Meine Haut schimmerte weich in dem öligen Wasser und dem Kerzenlicht. Ich lächelte ihn über das Wasser hinweg an, das nur aus verbogenen Armen und Beinen zu bestehen schien. Er lächelte zurück.

»Was bist du doch für eine brave Pfadfinderin«, sagte er und hielt eine Tube Gleitcreme hoch, um das Etikett zu lesen.

»So ist es. Ich habe hier einen Keks für dich.« Ich spreizte die Beine. »Zieh dir einen Handschuh über und sieh, ob du ihn finden kannst.«

Er ließ das Latex gegen sein Handgelenk knallen, schaute auf mich herab und fuhr mit pudrigen Fingern über meine Magengrube. »Du bist umwerfend, Lily«, sagte er.

»Es ist ein wenig spät für Schmeicheleien«, antwortete ich.

»Klugscheißer.« Er gab mir mit der behandschuhten Hand einen festen Klaps auf den Oberschenkel. Meine Zehen verkrampften sich, und meine Möse war vor Überraschung weit geöffnet.

»Ooh.«

Er grinste. »Du bist so feucht ...« Er spreizte meine Schamlippen auseinander und bearbeitete meine Klitoris mit einem gummierten, mit Gleitcreme beschmierten Finger. Ich stand in voller Blüte. Über die schädliche Angewohnheit des Rauchens kann man sagen, was man will. Ich kann daraus nur eines schließen: orale Fixierung. Anderson saugte an meinen Brustwarzen, bis ich benommen war. Und keiner mit einem Y-Chromosom hat jemals, vorher oder nachher, meine Muschi so vernascht wie Anderson. So drückte er sich aus. Er zog die Hand aus mir und flüsterte mit rauher Stimme in mein Ohr: »Lily, laß mich deine Muschi vernaschen«, als hinge sein Leben davon ab.

Ich zeigte auf den Stapel mit Hilfsmitteln auf dem Tisch. Er riß ein Stück Plastikfolie von der Rolle. Ich sah, wie sich das Kerzenlicht darin fing, als er es zwischen meine Oberschenkel plazierte.

»Ich wünschte, ich könnte dich schmecken«, sagte er. Das dünne Plastik kräuselte sich in der Nässe.

»Ich weiß«, antwortete ich.

Aber er war genau wie ich ein Profi, was Safer Sex anging. Ich ließ ihn meine Klitoris solange lecken, wie ich es aushalten konnte, ohne zu kommen. Ich fühlte mich Schicht um Schicht anschwellen, bis ich nur noch pulsierte und mein Blut rauschte. Dann zog ich ihn an seinen Haaren hoch. Sein Kinn war naß von Speichel, und ich zwang mich zur Beherrschung.

Bevor wir vom Badezimmer zu meinem Bett überwechselten, griff ich ein Kondom aus dem Gewirr von Notizbüchern, Kugelschreibern und verstreuten Steinen auf dem Nachttisch. Ich habe bei meiner Arbeit ein paar gute Tricks aus der Sex-Branche gelernt. Ein Kondom mit dem Mund überzuziehen, gehörte zu meinen leichteren Übungen, doch Anderson war tief beeindruckt. Er hatte einen schönen Schwanz, und ich gratulierte ihm dazu. Ich bekomme am Tag ein paar hundert Schwänze zu Gesicht, und einige von ihnen würden einen glatt zum Vegetarier machen. Der von Anderson war nicht der größte, den ich bisher gesehen hatte – was bedeutet das schon –, aber er war alles andere als enttäuschend und so schön geformt wie eine Plastik von Rodin. Ich bearbeitete ihn mit meinem Mund, knabberte daran und küßte die Innenseiten seiner Oberschenkel, saugte an seinen Eiern und hielt das Kondom fest an der Wurzel, während meine Finger in seinem Schamhaar spielten.

»Gut?« fragte ich ihn und holte tief Luft.

Er nickte und schien ein wenig außer Atem.

»Gib mir einen Handschuh und die Gleitcreme.«

Er beobachtete, wie ich den Handschuh anzog. Ich berührte seine Brustwarzen und zog die Spur dunklen Haares bis zu seinem Nabel nach. Latex auf nackter Haut. »Ist das okay?« Er nickte. Jede Menge Gleitcreme an meinen Fingern. Sanft zwängte ich einen, dann zwei in ihn.

»Gut?«

Und es war gut.

Ich nahm ihn wieder in den Mund und saugte sanft, während ich ihn in den Arsch fickte. Langsam und vorsichtig, um ihn nicht zu verletzen. Intimster Kontakt. Anderson, meinen Zähnen und Händen völlig preisgegeben. Seine Hände verkrampften und entkrampften sich. Sein Mund war geöffnet. Meine

Zunge spielte an der zarten Kerbe seiner Spitze. Ein dritter Finger glitt ohne Widerstand in ihn hinein. Er tat dies nicht zum erstenmal.

»Lily . . .«

Ich hörte auf, ihn zu lecken, und schaute auf. Meine Finger waren immer noch in ihm.

»Setz dich auf mich und fick mich.«

Ich zog den Handschuh aus. Er landete bei der Plastikfolie in dem Mülleimer am Bett. Auf allen vieren schob ich mich an seinem Körper hoch. Meine Brüste rieben seine Oberschenkel, seinen Bauch, seine Brust. Ich biß seine Brustwarze, und er schrie leise auf.

Ich nahm seine Schwanzspitze zwischen meine nassen, geöffneten inneren Falten. Ich wollte ihn in mir spüren, genoß es aber, mich und ihn weiter zu reizen. »Fühlt sich das gut an? Hmm? Ja? Willst du das?«

»Oh, mein Gott . . .«

Anderson hob seine Hüften hoch, versuchte meinen Hintern zu packen und mich auf sich zu ziehen. Ich bewegte mich aus seiner Reichweite und hielt seine Handgelenke über seinem Kopf fest. Sein frustrierter Blick war recht amüsant, wenn man berücksichtigte, daß er um einiges größer war als ich.

»Du liegst jetzt ganz still.«

Er war verwirrt. Ich amüsierte mich blendend. Wieder rieb ich seinen Schwanz an meiner Klitoris, die geschwollen war wie eine Traube. Ich ließ nur seine Spitze hineingleiten, schnell genug, um ihn zu quälen. Meine Muskeln waren angespannt vor Erwartung, bereit, zu kommen.

»Was willst du?« raunte ich in sein Ohr.

»Ich, o Gott, fick mich, Lily.«

Das war es, was ich von ihm hören wollte. Ich setzte mich auf ihn. Er war ganz in mir, ich umschloß ihn eng, bewegte mich träge wie Öl.

»Gott, fühlt sich das gut an. Ich möchte für immer so bleiben.« Ich küßte ihn, drängte meine Zunge in seinen Mund.

»Okay.«

Wir bewegten uns in Zeitlupe, zögerten es hinaus. Ich wollte nicht kommen, es fühlte sich zu gut an. Jede Bewegung ließ mich nach Atem ringen. Ich verlor den Begriff für die Zeit. Seine Arme waren um mich geschlungen, seine Hände auf meinen Hüften, sein Atem in meinem Ohr. Wir trieben dahin, bis ich mich zurückwarf und mich aufsetzte, immer noch rittlings über ihm.

»Anderson.«

»Mmmh?«

»Ist das ein guter Zeitpunkt, um dich zu fragen, was du morgen nach der Arbeit vorhast?«

»Na, das hier!«

»Gut. Ich auch.« Ich löste mich von ihm und rollte mich auf den Bauch.

Er kapierte sofort. Ich lag gestützt auf Knie und Ellbogen, das Kinn in meinem Kissen vergraben. Anderson war hinter mir. Mit einer Hand auf meinem Rücken, schob er seinen Schwanz bis zum Eingang meiner Vagina, und ich schnellte rückwärts, nahm ihn ganz auf, trieb den Atem aus ihm in einer kleinen, unerwarteten Explosion.

Anderson griff nach meinen Hüften. »Jetzt wirst *du* stillhalten, Schätzchen.« Er hielt meine Hüften fest und fickte mich, fickte mich hart. Das Geräusch von seinem geschmeidigen Männerkörper, der gegen meinen Hintern klatscht, das Geräusch stoßweisen Atmens, das sich in lautes Stöhnen verwandelt. Haut schlägt gegen Haut, fast bis hoch zu meinem Muttermund, fast schmerzhaft. Bitte laß ihn nicht aufhören . . .

Ich verlagerte mein Gewicht auf den Ellbogen, der in das Kissen gedrückt war, langte hinunter, um meine Klitoris zu reiben, und meine Geräusche steigerten sich. Zu spät, um sich über Mitbewohnerinnen Gedanken zu machen.

»Ja, komm schon. Mach es dir, laß mich dich hören . . .«

Ich schrie jetzt. Meine Klitoris war riesig und feucht. Ich bewegte mich in Andersons Rhythmus, mein hocherhobener

Hintern schlug so fest auf ihn, wie ich konnte. Ich stammelte einen unzusammenhängenden Rosenkranz. Meine Muskeln spannten sich, kontrahierten, waren starr für die Dauer eines qualvollen Augenblicks, und dann stieg ich auf. Ich konnte es nicht aufhalten, selbst wenn ich es gewollt hätte. Das Gesicht in den Kissen vergraben, schrie ich. Alles zerbarst in Farben und Sterne, und ich kam mit meinem ganzen Körper. Mittendrin bemerkte ich vage Andersons Orgasmus. Er krallte seine Finger in meinen Hintern und sank, immer noch in mir, quer über meinem Rücken zusammen.

Es dauerte eine Weile, bis wir uns bewegen konnten.

Als er sich wieder erholt hatte, streifte Anderson das Kondom ab und legte sich, das Gesicht mir zugewandt, neben mich. Unser Schweiß kühlte sich langsam ab, und wir krochen unter die Decke.

»Ich glaube, ich bin noch nie beim allerersten Mal zusammen mit jemandem gekommen.«

»Ich bin fast noch nie beim ersten Mal gekommen.« Ich vergrub mein Gesicht an seiner Schulter.

Der Himmel draußen hatte bereits pinkfarbene Streifen. Zwei Vögel sangen ein Duett.

»Ich glaube, ich brauche eine Dusche«, murmelte ich in Andersons Nacken.

»Und ich eine Zigarette.«

»Außerdem habe ich Hunger.«

Er stand auf und holte ein Päckchen Camel aus seiner Lederjacke (ich betrachtete seinen Hintern, als er den Raum durchquerte, und seinen entspannten Penis, als er zurückkam). Er setzte sich zum Rauchen aufrecht ins Bett und benutzte eine dreckige Kaffeetasse als Aschenbecher. Ich rollte mich auf der Seite zusammen und beobachtete ihn, die Bewegungen seiner Hände, die Rauchwolken.

»Bist du müde?« fragte er.

»Nicht wirklich.«

»Ich auch nicht.«

»Ich wünschte, wir hätten ein Auto. Wir könnten hoch nach Twin Peaks fahren und den Sonnenaufgang anschauen.« Ich hatte das mal mit einer Frau getan, die ich kennengelernt hatte, als ich noch neu in der Stadt war. Der Morgen hatte sich niemals so gut angefühlt, laß es dir gesagt sein.

»Dafür ist es sowieso zu kalt.« Er inhalierte tief und streifte Asche in die Tasse.

Am Ende beschlossen wir, daß es doch zu anstrengend war, noch etwas zu unternehmen, und legten uns schlafen. Ich träumte von einer Musik, die in dem Traum eine enorm wichtige und völlig offenkundige Rolle spielte. Sie verblaßte jedoch und entzog sich dem Versuch, sie in Worte zu fassen.

In meinen eigenen Werken ist die Grenze zwischen Porno und Erotik bestenfalls verschwommen, unabhängig davon, ob oder wie oft ich die Worte ›Möse‹ oder ›ficken‹ verwende oder ob die Personen sich lieben oder nicht. Ich schreibe gewöhnlich über Menschen, die in einem ›selbstgewählten Exil‹ (mein Lieblingsausdruck) sich den allgemeinen gesellschaftlichen Strömungen widersetzen. Ich habe die verrückte Vorstellung, ihre Fürsprecherin zu sein, damit jeder weiß, daß meine Möglichkeiten, zu lieben, mich zu sorgen, zu fühlen und zu denken nicht aus meiner durchstochenen Augenbraue herauslaufen.

Originaltitel: Queer
Ins Deutsche übertragen von Anke Schäfer

FRANCESCA ROSS

Hochzeitsnacht

Er hörte, wie eine Frau ein liebliches, rhythmisches Lied sang, eine vertraute Melodie und Worte, die er nicht verstand. Auf seiner Stirn lag ein kühles Tuch, auf seiner Wange eine kühle Hand. Die Schmerzen waren verschwunden. Brennan wandte den Kopf, so daß seine Lippen die Handfläche streiften, die an seiner Wange lag. Er hörte, wie die Frau scharf den Atem einsog; das Lied brach ab, und einen Moment lang war er in Sorge. Dann strichen Finger über seine Lippen, seltsam rauhe. Sie spielt ein Saiteninstrument, dachte er, während er mit leicht geöffneten Lippen von den harten Fingerspitzen kostete, bevor die Hand sich auf seine Brust legte, dorthin, wo sie sicher war.

»Öffne deine Augen«, sagte sie. Ihre Stimme klang streng, aber auch ein Hauch von Lachen schwang darin mit. »Wenn es dir gut genug geht, um so etwas zu machen, dann geht es dir auch gut genug, um uns anzuschauen. Minna!« rief sie dann jemand anderen, und er hörte Seide rascheln und über den Boden streifen. Eine andere Hand, eine ganz weiche diesmal, berührte seine Wange, zog dann das Tuch von seiner Stirn.

Die Weiche sprach flüsternd, und es war dieselbe Sprache wie die des Liedes. Die Antwort kam im gleichen Dialekt, einer eigenartigen, zischenden Mischung aus Lauten und Silben. Dann war er wieder allein mit der Sängerin. »Minna wird die anderen holen«, erklärte sie ihm, und er konnte sie verstehen, wie er auch ihre erste Bemerkung verstanden hatte. Sie sprach nun Dorran, die Sprache, die in den großen Städten üblich war – nicht seine Muttersprache, sondern die wichtigste Sprache der westlichen Fürstentümer, die Sprache, die auch er sich zu eigen gemacht hatte, seit er vor fünfzehn Jahren sein Zuhause verlassen hatte. Sie redete langsam, vorsichtig, fehlerlos, aber mit einer gewissen Unsicherheit. »Komm schon, mach deine Augen auf. Du wirst uns sicher erst gesehen haben wollen, bevor du dich entscheidest.«

»Bevor ich mich entscheide?« Seine Stimme klang eingerostet, aber es war eindeutig seine eigene, und auch seine Augen funktionierten noch. Sie zeigten ihm einen schwach erleuchteten Raum, ein offenes Fenster, das die milde Abendbrise hereinließ, drei dunkelrote Monde, die in einem leichten Bogen am Himmel draußen standen. Ich bin weit fort von zu Hause, dachte er, aber das war nichts Neues, und dieser Raum schien ein wesentlich angenehmeres Exil zu sein als so manches andere, das er vorher kennengelernt hatte.

»Bevor du dich entscheidest, uns zu deinen Gattinnen zu nehmen.«

Abrupt hob er den Kopf, damit er sie ansehen konnte; die heftige Bewegung machte ihn schwindelig, und er krallte die Finger in die Decke und konzentrierte seinen Blick auf die Frau, bis der Schwindel verging. Sie saß in einem Stuhl neben seinem Bett, die eine Hand immer noch auf seiner bloßen Brust. Sie ist eine Dorran, dachte er; sie hatte die glänzenden dunklen Locken, die mandelförmigen Augen, die gewölbten Augenbrauen jener Kriegerrasse – also war auch sie, genau wie er, weit, sehr weit von ihrem Zuhause fort. Bevor er sie zu seiner Frau nahm. Nein. Bevor er sie zu seinen Frauen nahm.

Dann öffnete sich die Tür, und der Raum hallte von den Stimmen der Frauen wider. Das Kerzenlicht flackerte über ihre leichten, fließenden Gewänder, ihr helles, lose fallendes Haar, ihre weichen, elfenbeinfarbenen Gesichter. Zwei blieben miteinander flüsternd an der Tür stehen, die dritte, größer als die beiden, mit der strengen, selbstbewußten Haltung von jemandem, der gewohnt ist, Befehle zu erteilen, stellte sich hinter die Sängerin.

»Dies sind meine Schwester-Gattinnen. Dies ist Celie.« Die Sängerin deutete mit dem Kopf auf die Große. »Minna.« Das war die Weiche, nahe dem Fußende seines Betts stand sie, eine der beiden, die geflüstert hatten; schüchtern senkte sie den Kopf. Sie war zierlich, ätherisch, blond, engelsgleich. »Und Dacie.« Die zweite Blonde, die geflüstert hatte, war nicht so schüchtern, das Lächeln, das sie ihm schenkte, war so strahlend, daß er die Augen schließen mußte. »Und ich bin Rica.«

Er war viel umhergekommen, war lange gereist, bevor er hierher gekommen war. Er hatte gegen die Verehrer der Berge gekämpft und gegen Barbaren, er war Kannibalen entkommen und Kopfjägern. Doch diesmal mußte er den Kampf verloren haben, einen Kampf, an den er sich nicht erinnern konnte. – »Bin ich am Ende der Welt angelangt?«

Rica lachte, während sie den anderen seine Worte übersetzte. Die beiden jüngeren Frauen kicherten, doch Celie, die ältere, machte eine scharfe Bemerkung, und sie waren wieder still. »Nein, *quiello*«, antwortete Rica, und in ihrer Stimme klang ein unterdrücktes Lachen mit. *Quiello* – das war ein Wort, das Liebende zueinander sagten. Wußte sie das überhaupt, dieses

Dorran-Mädchen, das so weit von zu Hause weg war? »Du bist hier in Tyne.« Ein Insel-Königreich, eine entlegene Inselgruppe in einem entlegenen Ozean. »Dein Schiff ist gestern an den Klippen des Nordkaps zerschellt. Erinnerst du dich daran?«

Und plötzlich erinnerte er sich tatsächlich daran – die lange Reise, die ersten Anzeichen einer Meuterei, der Sturm, Land, das vor ihnen in Sicht kam. Er wandte den Kopf und blickte hinaus in die Dunkelheit, wo die Monde zu einem Streifen verschwammen, während er seine Stimme sammelte, um die eine Frage zu stellen: »Und die anderen?«

»Wir haben sonst niemanden gefunden«, antwortete Rica ruhig, und die Weiche, die in Seide Gekleidete, Minna, verschwand. Schweigen senkte sich über den Raum, nur ihr Atmen war zu hören, das leichte der Frauen, sein eigener schwer und rauh. Ricas Hand streichelte seine Brust, die Finger bewegten sich in der typischen Art von Menschen, die ein Instrument spielen. Fest schloß er die Augen, konzentrierte sich auf das Spiel ihrer Finger, hörte die Akkorde, wie auch sie sie hören mußte, hörte im Geist, wie sie eine andere altbekannte beruhigende Melodie schufen, an die er sich aus seiner Kindheit erinnerte.

Minna kehrte zurück; Rica nahm ihre Hand fort. »Wir haben dies am Strand gefunden, neben deiner Hand. Ich denke, es gehört dir.«

Er machte die Augen wieder auf. Sie hatte sich erhoben, hielt ihm das hin, was von seiner Gitarre übriggeblieben war, der Klangkörper war eingeschlagen, die Saiten baumelten herunter. Die Worte blieben ihm in der Kehle stecken, und er streckte nur seine Hand aus. Sie legte ihm die Gitarre auf die Brust, und er packte sie am Griffbrett, strich mit dem Daumen über die rauhen Saiten, strich mit den Fingern über den glatten Lack, die gezackten Ränder des Lochs. »Sie ist zerbrochen«, flüsterte er.

»Du kannst sie reparieren. Ich kann dir dabei helfen.«

Einen Moment lang ließ er es zu, daß der Kummer ihn überwältigte, ihn erstickte. Seine Gitarre war zerbrochen. Sechzig Männer waren tot. All die Musik war verklungen.

Schließlich sagte Celie etwas, mit kühler Stimme, der Stimme der Ruhe, und obwohl er nicht eins ihrer Worte verstand, ließ er sich von ihnen besänftigen. An Rica jedoch richtete sie so etwas wie einen Befehl, rief sie damit zur Ordnung. Sie löste seine Hand von der Gitarre, gab Minna das Instrument zurück und sagte dann: »Kannst du dich aufrichten? Dacie, komm her!«

Mit Hilfe der beiden Frauen setzte er sich auf, und von einem Kissen gestützt und sicherer in seinen Bewegungen gelang es ihm, den Kopf hoch zu halten. Um nicht mehr an seine zerbrochene Gitarre, an das zerstörte Schiff denken zu müssen, fragte er: »Was hast du vorhin damit gemeint? Damit – daß ich euch zu meinen Frauen nehmen soll.«

»Wir haben unseren Gatten verloren. Vor einem Jahr. Wir brauchen einen neuen.« Rica setzte sich wieder, strich seine Decke glatt, nahm seine Hand. Ihre geheimnisvollen Mandelaugen schimmerten hell im Dämmerlicht. »Wir dachten, vielleicht möchtest du ja ... du bist weit, sehr weit von deiner Heimat entfernt, weißt du. Wir hier fahren nicht zur See, und Schiffe kommen nur selten hierher. Deins war das erste seit zwei Jahren. Da du wohl hier bleiben mußt, dachten wir – wir dachten, du könntest bei uns bleiben. Als unser Gatte.«

»Aber ich ...« Die Erkenntnis, wie es um seine Situation bestellt war, überwältigte ihn. Seine Kameraden waren tot, gestorben, alle in einer einzigen Nacht. Aber er durfte nicht darüber nachdenken, denn es würde ihn in den Wahnsinn treiben, und er konnte es sich nicht erlauben, verrückt zu werden. Sechs Monate Schiffsreise trennten ihn von der übrigen Welt, er war allein, gestrandet auf diesem felsigen Eiland. Vielleicht bekam er nie wieder eine Gelegenheit, fortzukommen von hier, nach Hause zurückzukehren ...

Und sie bot ihm ein anderes Zuhause an, falls es stimmte, was sie sagte, so unvorstellbar es sich auch anhörte. Das hatte sie ausdrücken wollen, daß er hier leben konnte, hier in diesem Haus auf den Klippen. Es würde ihn retten, dieser Gedanke, es war ein Schutz vor dem wütenden Sturm, dieses Angebot, das sie ihm gemacht hatte. Er konnte Frieden finden, hier, in diesem Haus der Frauen, falls sie ihn wirklich wollten. Dann dachte er wieder an die unbrauchbare Gitarre, an das auf immer verlorene Schiff. Er hatte zwei Berufe, doch beide waren ihm nun verwehrt. Heiße Scham packte ihn. »Ich könnte euch nicht ernähren. Ihr seid zu viert. Ihr brauchtet vier Männer, nicht einen.«

»Oh, das habe ich vergessen. Ihr habt nicht dieselbe Sitte im Westen, nicht wahr? Hier bei uns lebt ein Ehemann mit mehreren Frauen zusammen. So ist es am besten.«

»Am besten?« Er legte den Kopf in die Kissen zurück; den Blick intensiv auf sie gerichtet, suchte er nach einer Erklärung in ihrem exotischen, doch schon vertrauten Gesicht. »Warum ist es so am besten?«

»Wir haben so wenige Männer. Es werden immer sehr viel mehr Mädchen geboren. Wir wissen nicht, warum. Im Westen ist es nicht so, nicht wahr?«

»Nein.« In seiner Familie waren sie zwölf Kinder gewesen, das heißt zwölf, die überlebt hatten, sieben Jungen und fünf Mädchen. Er war der jüngste, und als er seinen ersten Atemzug machte, hatte seine Mutter erschöpft ihren letzten getan. In seinem Land waren die Frauen, die erwachsenen Frauen, in der Minderzahl. »Mehr Frauen als Männer?«

»Deshalb gebären jeweils mehrere Frauen einem Mann Kinder. Und die Männer – sie erreichen kein hohes Alter.«

Schnell senkte sie den Blick, und die langen Wimpern verbargen den Ausdruck ihrer Augen, aber er wußte es auch so. Sie dachte an jenen Ehemann, den, den sie verloren hatten. Ein heißes, unbekanntes Gefühl stieg plötzlich in ihm auf, und er fragte sich, ob es Eifersucht sein könnte.

»Du bist stark. Du hast den Untergang des Schiffs überlebt; du bist nun wieder bei Bewußtsein, und du hast einen schnellen

Verstand.« Sie lächelte ihn an. »Selbst in deinem Schlaf hast du Balladen gesungen. Dorranische Märsche, fadeenische Liebeslieder. Du bist ein guter Mann.«

»Woher willst du das wissen?« Er lehnte sich zu ihr hinüber, fast schon überzeugt von der Sicherheit, die in ihrer Stimme mitschwang.

»Du bist ein Sänger und Spielmann.« Ihre Hand suchte seine, fand die verräterisch rauhen Stellen an seinen Fingern. Die andere Hand legte sie um seine Wange, ihr Daumen streichelte seine Lippen, sie lächelte. »Und sehr schön. Schönheit und Musik sind gute Dinge. Wir würden uns glücklich schätzen, einen solchen Gatten zu haben.« Als er einen Einwand erheben wollte, verschloß sie ihm den Mund mit ihrem Daumen. »Du brauchst dir keine Gedanken darüber zu machen, ob du uns ernähren kannst. Wir haben unsere eigene Arbeit, ein Familienunternehmen sozusagen. Du wirst unser Ehemann sein, uns Liebe geben, unseren drei Kindern den Vater ersetzen und uns andere Kinder schenken. Das ist alles, was du zu tun hast. Wir wissen, daß du es tun kannst. Wir wissen, daß du heil geblieben bist – heil und von bester Gesundheit.«

»Woher wollt ihr das wissen?«

Sie lächelte, dann ließ sie ihre Hand an seiner Brust entlang unter die Decke gleiten. Zum ersten Mal bemerkte er, daß er vollständig nackt war. Ihre Hand, rauh und sanft, folgte der Linie seines Haars am Nabel entlang, und zu seiner Bestürzung stellte er fest, daß das schon ausreichte, um ihn zu erregen. Er war ein junger Mann, und er war lange ohne Frau gewesen, und nun war er von Frauen umgeben, von wunderschönen Frauen.

»Aber – vier Frauen! Das geht doch nicht!« Die Regeln eines schon lang aufgegebenen Glaubens kamen ihm wieder in Erinnerung, plagten sein Gewissen, aber dann, fast gleichzeitig, fühlte er sich wie neu belebt. Vier Frauen ...

»Es ist unsere Art hier. Anders könnten wir nicht überleben. Wir teilen ein Heim, teilen das Bett unseres Gatten.«

»Alle auf einmal?«

Die Worte waren heraus, bevor er sie zurückhalten konnte. Rica zog sich von ihm zurück, und ihm tat es leid. Doch dann lachte sie und warf ihren Schwester-Gattinnen einen Blick zu. Aber offensichtlich hatte sie beschlossen, diese Bemerkung nicht zu übersetzen. »Immer nur eine, du schlimmer Mann! Eine Nacht für jede, jede Nacht eine andere.«

Er verspürte einen Anflug von Enttäuschung, aber dann drangen ihm ihre Worte tiefer ins Bewußtsein, und er lehnte sich zurück in die Kissen, wissend, daß dies nur ein Traum sein konnte, der Traum eines sterbenden Mannes, bevor der Tod ihn endgültig holte.

Aber ihre Hand auf seinem Bauch war ganz wirklich, weich, an einigen Stellen rauh, und wirklich war auch sein Ärger, als die Hand weggezogen wurde und Rica aufstand, nachdem Celie etwas zu ihr gesagt hatte. Celie rief auch die anderen, und dann entfernten sie sich ein kleines Stück, hielten sich an den Händen und flüsterten miteinander, obwohl er sowieso nichts verstanden hätte. Nach einer Weile löste sich Rica aus der Gruppe, kam zurück zum Bett, während die anderen den Raum verliessen, wobei Dacie noch einen Moment verweilte und ihm noch einmal jenes strahlende Lächeln schenkte, bevor sie die Tür hinter sich schloß.

»Kannst du aufstehen?«

Es war zu spät, um Schamhaftigkeit geltend zu machen. Er schwang seine bloßen Beine über die Bettkante, und indem er ihre Schultern als Stütze benutzte, richtete er sich auf. Wie zu erwarten war, drehte sich ihm der Kopf, aber er hielt ihre Schultern fest umklammert, bis das Schwindelgefühl vergangen war. Er hörte ihr unterdrücktes Aufkeuchen, und sofort ließ er sie los. »Tut mir leid. Ich wollte dir nicht weh tun.«

»Nein, nein, es war nichts. Komm, geh mit mir zum Fenster. Es ist zu dunkel, um die See zu sehen, aber du wirst sie hören.«

Als er am Fenster stand, sog er in tiefen Zügen die kühle Seeluft ein, und wie sie es vermutet haben mußte, wirkte sie beruhigend auf ihn, denn sie war ihm vertraut. Er war sehr nahe am Meer, nahe genug, um den beständigen Wechsel von Ebbe und Flut, das Donnern der Wellen gegen die Felsen zu vernehmen, die Schreie der herabstoßenden Seevögel. Und es ging ihm recht gut, abgesehen von einem leichten Summen in seinen Ohren – vielleicht hatte er eine leichte Gehirnerschütterung – und einen Schmerz in seiner Brust, der ihn an den Schiffbruch erinnerte und an das, was er für immer verloren hatte.

Für immer. Wahrscheinlich würde er sein Zuhause nie wiedersehen.

Er ließ sich auf die kalte steinerne Fensterbank sinken, weniger, weil er erschöpft war, sondern weil er abwartete. Rica beobachtete ihn, auch sie wartete, und er erwiderte ihren Blick, studierte ihr wildes, schönes Gesicht. Sie war genauso fremd in diesem Land Tyne wie er, aber sie hatte sich ein Heim hier geschaffen, diese junge Kriegerin.

»Du bist eine Dorran, nicht wahr? Wie bist du hierhergekommen?«

Sie mußte wissen, wie ausdrucksvoll ihre dunklen Augen waren, denn wieder senkte sie die Lider, und die langen Wimpern warfen Schatten auf ihre Wangen. »Meine Mutter hat mich vor vielen Jahren hierher gebracht, als ich noch ein Mädchen war. Dann starb sie. Celias Familie nahm mich auf.« Wenn diese Lider sich senkten, verbargen sie ein Meer an Geheimnissen. Aber als sie ihn dann wieder anschaute, schien der Ausdruck ihrer Augen ihn zu necken, zu quälen. »Ich wurde von uns allen auserwählt, um dich zum Bleiben zu überreden. Wirst du erlauben, daß ich es versuche?«

Sie berührte ihn nicht, noch nicht. Aber er hatte ihre Zärtlichkeiten schon vorher gespürt und fühlte sie nun wieder, eine Erinnerung streichelte seine Lenden, und das Gefühl des Fremdseins, die Unsicherheit, der Kummer verblaßten. »Du darfst es versuchen.«

Aber sie glitt aus seiner Umarmung, eine schlanke, nicht faßbare Gestalt, die ihn im Halbdunkel zurückließ. »Warte hier«, sagte sie, und dann war er wieder allein in der kühlen Nachtluft, fühlte sich wie beraubt.

Sie kam zurück, ihr Haar fiel über ein neues, fließendes Gewand, so durchscheinend wie das Kerzenlicht – ein Nachtkleid, geschaffen, um zu verführen. Aber noch gehörte sie ihm nicht.

Sie ließ eine lackierte Wanne hereinbringen, gezogen von zwei Mädchen, Dienerinnen ihrer einfachen Kleidung und ihrem ehrerbietigen Verhalten nach. Sie wirkten reizlos verglichen mit den blonden Schwester-Gattinnen und der dunklen, und er fragte sich unwillkürlich, ob Rica ihr Schicksal hätte teilen müssen, wenn sie nicht diese ungewöhnliche Schönheit besessen hätte. Eins der Mädchen blickte zu ihm auf, während sie die Wanne in die Ecke schob, mit großen Augen, ganz atemlos. Aber ein scharfes Wort von Rica brachte sie dazu, hinter der anderen hinauszuhuschen, hinaus in die Halle, die hinter der dicken, schützenden Tür lag.

»Sie haben noch nie einen Mann so gesehen«, sagte Rica, und er spürte, wie ihre Bewunderung ihn wärmte. »Und du bist ein so schöner Mann . . .«

Die Mädchen kamen zurück mit Eimern heißen Wassers; er begriff, daß er baden sollte, und war froh darüber, denn als er mit der Hand durch sein Haar fuhr, merkte er, wie verklebt es vom Salzwasser war. Er mußte sich darauf vorbereiten, ihr Liebhaber zu werden, mußte sich würdig erweisen, ihr Liebhaber zu sein, wenn es das war, was sie von ihm wollte.

Aber Rica ließ ihn nicht allein, wie er es erwartet hatte. Sie half ihm dabei, ins Wasser zu steigen, kniete sich neben die Wanne, nahm ihm den Schwamm aus der Hand. »Entspann dich«, murmelte sie und legte eine Hand auf seine Brust.

Also lehnte er sich zurück, entschlossen, dies zu genießen, atmete den Duft ihres Parfüms ein und den der Blumen, die sie im Wasser zerdrückt hatte. Er verstand nicht, warum – warum er hier war, warum er überlebt hatte, warum diese Frauen ihn begehrten. Aber er war schon immer schicksalsergeben gewesen, und so akzeptierte er all diese Bequemlichkeit, wie er sein ganzes Leben lang den Kummer akzeptiert hatte, stoisch, voller Hoffnung.

Während sie mit dem Schwamm unbekümmert Kreise über seinen Körper zog, sang Rica leise jenes süße Lied aus ihrer beider Kindheit. Er fiel mit ein, aber in seiner Muttersprache, so wie er seinen Vater einst, vor vielen Jahren hatte singen hören. Sie verfiel in Schweigen, doch dann, zu seiner Überraschung, griff sie seine Worte auf, zögernd den sanften Rhythmus der alten eirennischen Sprache aufnehmend, als ob sie die Worte aus ihren tiefsten Erinnerungen erst hervorholen mußte.

Ihre Stimmen vereinten sich in der stillen Nacht, ihre ein kehliger Kontraalt, seine tiefer und voller, und in dieser Vereinigung schien schmerzhaft ein Versprechen zu liegen, Verlangen und etwas, das so nahe an Freude herankam, daß ihm die Stimme versagte, als Sehnsucht ihm die Kehle zuschnürte.

Während ihn Qual erfüllte, wurde sie geschäftig, schöpfte Wasser in die Hände und goß es über seinem Kopf aus, vertrieb mit ihrem Streicheln die Spannung aus seinen Schläfen und seinen Kiefern und spielte mit ihren schaumbedeckten Fingern in seinem Haar. »So hübsche rote Locken«, sagte sie. »Von welchem Volk kommst du? Du bist kein Dorran.«

»Eirenn.«

Es war ein kleines Land, an der westlichen Ecke des Westens, arm und felsig und düster. Aber sie nickte. »Natürlich, deine Musik. Als ich noch ein Kind war, hatten wir einen Troubadour. Er hat mir dieses Lied beigebracht. Oh, ich kenne natürlich auch den dorranischen Text. Aber er brachte mir die eirennischen Verse bei. Ich hatte sie nur vergessen, bis du sie gesungen hast.«

Nur die vornehmsten dorranischen Familien konnten sich einen eirennischen Troubadour leisten, da die Sänger eine hohe Meinung von sich selbst hatten und ihr Talent für unbezahlbar hielten. »Dorranerin, wer bist du?« Sie zeigte die Anmut und Würde einer Prinzessin, auch jetzt, als sie neben ihm kniete, ihn bediente.

Doch sie schüttelte nur den Kopf, nahm seine Hand, zog ihn auf die Füße. Er nahm das schwere, wollene Handtuch, schlang es um seine Taille, verwirrt von den Geheimnissen dieser Frau. Wieder verließ sie ihn, kehrte aber gleich darauf mit einem Tablett mit Essen zurück, und er verspürte plötzlich ein scharfes Hungergefühl, das alle anderen Gedanken vertrieb.

Sie setzten sich im Schneidersitz nebeneinander auf das Bett, das Tablett stand vor ihnen. Obwohl er protestierte, bestand sie darauf, ihn zu füttern. »Das tun wir immer für unseren Ehemann«, erklärte sie ihm und schob ihm eine Beere zwischen die Lippen. Während er sie noch im Mund hatte, küßte sie ihn, ihre Zunge strich über seine Lippen, drang in seinen Mund ein, so süß wie die Beere, die sie jagte.

Es gab Brot und Sahne und Küsse, kleine Häppchen pikanter Speisen, ihre Zähne, die sanft an seinen Lippen zogen. Kelche waren gefüllt mit Wein, und seine Hand umschloß ihre seidenverhüllte Brust. Süße Schokolade streichelte seine Zunge, glitt seine Kehle hinab; ihre schlanken Beine streichelten seine, glitten an ihnen entlang. Es war ein so sinnliches, berauschendes Mahl, daß er befürchtete, er würde nie wieder ohne ihre Hand an seinen Lippen essen können.

Aber dann, ganz die eifrige Hausherrin, wischte sie die Krümel fort, stellte die leeren Gläser und Schüsseln auf das Tablett und setzte es vor der Tür ab. Er erhob sich vom Bett und kam ihr bis zur Mitte des Raums entgegen. Seine ungeduldigen Hände öffneten die Bänder ihres losen Gewands und glitten hinab zu der schlanken Taille darunter. Sie ließ ihn in der samtenen Weichheit ihrer Haut, in dem sanften Schwung ihrer Hüften schwelgen, einen Moment lang. Dann schob sie seine Hände fort und trat einen Schritt zurück. »Wir Frauen von Tyne wurden gelehrt, wie wir unseren Männern am besten gefallen können. Laß es mich dir zeigen. Es ist die einzige Art, die ich kenne, um Liebe zu machen.«

Er war so frustriert, daß es ihn fast um den Verstand brachte, doch er stimmte zu, wenn auch widerwillig, und sie wandte sich um, um ihr Gewand abzustreifen. Sie ließ es über ihre Schultern gleiten; sie war nackt darunter, und ihre Haut schimmerte golden im Kerzenlicht. Nur durch reine Willenskraft gelang es ihm, sie nicht zu berühren, als sie zu ihm kam, sich warm und seidenweich an ihn lehnte. Sie stellte sich auf die Zehenspitzen, um ihn zu küssen, und dann, großzügigerweise, ließ sie es zu, daß er sie küßte. Seine Zunge glitt über die volle Unterlippe, kostete die Süße des Weins, den sie geteilt hatten, kostete ihre Süße. Seine Erregung wuchs, preßte sich gegen ihre Schenkel; sie stöhnte leise, tief in ihrer Kehle, und schloß die Augen, als er ihren Hals küßte, ihre Kehle, das Tal zwischen ihren Brüsten. Als seine Hände über ihre Taille glitten, ihre Hüften hinunter, ihren Po umschlossen, schien sie plötzlich wie aus einem Traum zu erwachen. »Nein«, murmelte sie. »Laß mich es machen. *Meine* Freude ist es, dir Freude zu bereiten.«

Er hatte gar keine Gelegenheit, ihr zu widersprechen, denn schon streiften ihre Brüste seinen Bauch, seine Schenkel. Sie kniete sich vor ihn, hielt den Kopf gesenkt, so daß ihr das dunkle Haar über das Gesicht fiel. Sie lehnte ihre Wange gegen seine Erektion, und scharf sog er den Atem ein. Er war hart, er war voll suchenden Verlangens, er war eine Frage, die auf ihre Antwort wartete, und er fand sie in ihren Lippen, den süßen und vorsichtig forschenden, in ihrem sanften Stöhnen, in den neckenden Liebkosungen ihres Mundes, der vorwärts glitt und zurück, vor und zurück.

Als er es nicht länger aushalten konnte, zog er sich von ihr zurück, kniete sich vor sie und erstickte ihren Protest mit einem Kuß, schmeckte sich selbst auf ihren Lippen. Er lehnte sich zurück, atemlos. »Ich bin nicht daran gewöhnt, so geliebt zu werden. Laß mich jetzt. Laß mich dich lieben. Wie ich das tun muß, das weiß ich.«

Ihre Antwort war ein Seufzer, ein langer Kuß, eine Hand, die sich auf seinen Rücken legte und ihn näher zu sich heranzog. Er legte beide Hände unter ihren Po, hob sie leicht an, so daß er zwischen ihre Schenkel gleiten konnte; seine Erektion pulsierte an ihrer feuchten Hitze. Er glitt vor und zurück, von einer Seite zur anderen, doch er drang nicht in sie ein. Sie schloß ihre Schenkel fest um ihn, ihre dunklen, so intensiven Augen schauten sanfter, ihr Blick verschleierte sich, als er seine Empfindungen auf sie übertrug, sie damit erfüllte. Ihr Kopf fiel zurück, er küßte ihre Kehle, fuhr mit seiner Zunge die klare Linie ihres Kinns nach, den zarten Schwung ihres Mundes, vollzog das sanfte Anschwellen und Abebben seiner Erregung nach.

»Bitte!« flüsterte sie eindringlich, und er legte sie sanft auf den rauhen Teppich, schützte ihren Körper mit dem seinen vor der Kühle. Und schließlich, vor gespannter Erwartung den Atem anhaltend, drang er in sie ein, hielt dann inne, während er auf ihr schnelles Atmen hörte, auf sein eigenes, bis sich beides vermischte und er seinen Atem nicht länger getrennt von ihrem hören konnte. Sie schloß die Augen, wartete, wartete, bis sie sich schließlich gemeinsam bewegten, gegeneinander und zusammen, dann wieder in Harmonie vereint.

Eine Symphonie, die anschwoll zum Schweigen, dann löste sich eine Melodie heraus, ein einzelner Ton, der sich aufschwang gegen das Schweigen, sich hoch und höher schraubte, schmerzhaft intensiv, süß wie die Kurven ihrer Brüste, der Schwung ihrer Wangen, wie ihr Mund, der sich an seinen schmiegte, wie ihr Körper, der mit seinem verschlungen war.

Und dann, fast schon zu spät, brach der Ton, löste sich auf, ein zersplitterter Schimmer eines Klangs, und er zerbrach mit ihm, mit ihr, löste sich in ihr auf, in dem flüchtigen, verborgenen Sinn ihres Liedes.

Langsam, ganz langsam, wich das Schweigen zurück, ließ ihn wieder hören, ließ ihn ihren ruhigen Atem hören, seinen eigenen, getrennt voneinander inmitten der anderen Geräusche der Nacht. Was für eine Freude war es, dort zu liegen, immer noch verbunden mit ihr, zu fühlen, wie sie sich sinnlich unter ihm bewegte, sich vorzustellen, daß dies immer so sein könnte ... zwei verlorene Seelen, an diesen Strand geworfen, wo sie ein Heim fanden.

»Weißt du eigentlich«, flüsterte sie, und ihre Zunge spielte mit seinem Ohr, »warum man mich auserwählt hat, dich zu überreden?«

»Weil du die Beste bist.«

»O nein.« Sie lachte, und ihr Atem streichelte seinen Hals. »O nein. Ich kam so spät hierher, daß ich niemals richtig ausgebildet werden konnte. Und sieh doch nur, was ich getan habe, ich habe mich von meinem eigenen Vergnügen fortreißen lassen, als ich nur an deines hätte denken sollen –«

Irgendwie lag hier die Antwort auf eine Frage, die zu stellen ihm früher nie in den Sinn gekommen wäre. »Es ist dasselbe, nicht wahr? Das Vergnügen, die Freude. Es ist nicht deins, nicht meins, es ist unseres!«

Sie schaute zu ihm auf, ein mandeläugiger Blick durch diese schattenwerfenden Wimpern. »Keiner von uns beiden kommt aus Tyne, sonst würden wir nicht so denken. Nein, ich wurde ausgesucht, *quiello*, nicht weil ich am besten bin, sondern am schlechtesten. Am unbeholfensten, am faulsten, am leichtesten abzulenken. Am wenigsten erfahren in der Kunst der Liebe.«

Und schon sprach sie laut den Gedanken aus, der sich gerade erst in seinem Kopf gebildet hatte: »Stell dir vor, wie erst die anderen sind!«

Er konnte einfach nicht anders. Er liebte sie wie verrückt, ganz und gar, aber er konnte nicht anders. Er dachte an Minna, die kleine helle Schönheit, ganz zurückhaltende Zartheit, er dachte an Dacie mit ihrer stolzen Ausstrahlung, an die ruhige Celie. Eine nach der anderen, und dann wieder Rica.

Es hatte auch vorher Frauen in seinem Leben gegeben, vergängliche Liebe, den gelegentlichen Zauber des Friedens, einige Momente süßer Leidenschaft und Zärtlichkeit. Doch war ihm dies niemals genug erschienen, war stets nur ein Zwischenspiel, eine vorübergehende Erscheinung, lang herbeigesehnt und bald vergessen. Er war als Waise durch die Welt gewandert, so alleingelassen im Leben, wie er bei der Geburt allein gelassen worden war, und er hatte stets geglaubt, daß Einsamkeit sein Schicksal wäre und die Musik sein einziger Trost. Und nun wurde ihm hier ein anderes Schicksal angeboten, das seins sein würde, wenn er daran glaubte. Er brauchte nur ja zu sagen, dann gehörte ihm all dies: das Vertrauen, die Frauen, die Liebe. Rica.

»Ich werde dich immer am meisten lieben«, flüsterte er.

Sie legte ihre Finger auf seine Lippen, schloß fest die Augen, beruhigte ihren Atem, bis sie reden konnte. »Dies ist mein Heim, genau wie deins, wenn du es annehmen willst. Und es ist unsere Art zu teilen. Du darfst keine von uns erwählen oder bevorzugen, verstehst du? Denn sonst werden wir keinen Frieden kennen.«

Sie öffnete die Augen; sie glühten dunkel und stolz, glänzten. »Deshalb darfst du das nie wieder sagen, niemals.« Dann, weicher, fügte sie hinzu: »Außer zu mir, im Dunkeln. Nie, niemals zu einer der anderen.« Dann wieder stolz: »Sag es jetzt!«

Und er sagte es, lachend, nahm sie in die Arme, setzte sich auf mit ihr, hielt sie in seinem Schoß und wiegte sie sanft wie ein Baby. Er sang die Worte zärtlich wie ein Liebeslied: »Ich werde dich immer am meisten lieben. Immer, immer, immer am meisten. Immer, immer, immer dich!«

Als berufstätige Mutter zweier kleiner Kinder habe ich schon oft erklärt: »Ich brauche eine Ehefrau!« Bis jetzt hat sich allerdings niemand freiwillig angeboten. Als eine Freundin von mir, die Science-fiction schreibt, mich eine Geschichte über ›ihr‹ Universum lesen ließ – einen Ort, an dem jede Frau zwei oder mehr Ehemänner haben darf –, erschien mir die Vorstellung zweier oder mehrerer männlicher Egos allerdings auch nicht besonders verlockend. »Was ich vorziehen würde«, sagte ich zu ihr, »das wären eine oder zwei Ehefrauen mehr!« – Hochzeitsnacht *ist das Ergebnis dieser Unterhaltung.*

Originaltitel: Wedding night
Ins Deutsche übertragen von Katharina Woicke

MARION CALLEN

Ganz ohne Hintergedanken

Am vierzehnten Mai um sieben Uhr dreißig legte Mavis Fletcher sich wieder in ihr Bett, um an ihrer ersten Tasse Tee zu nippen. Mit einem Stirnrunzeln, das halb Konzentration, halb Mißbilligung war, ließ sie den Blick durch die geöffnete Schlafzimmertür schweifen: Die schmale Zimmerflucht war alles, was sie besaß. »Das ist nicht genug. Es reicht mir jetzt! Ich brauche mehr Platz und Komfort und den Blick auf einen gepflegten Garten. Ich wünsche mir hohe Bäume und Vogelgezwitscher. Ich habe die Dinge zu lange Zeit schleifen lassen.«

Sie verzeichnete einen kurzen Eintrag in ihrem Tagebuch:

›Dreiundfünfzigster Geburtstag. Vier Postkarten; eine von John und Nancy, eine von Mr. Myers, zwei von den Mädchen aus dem Büro. Ich habe mich dazu entschlossen, mit vierwöchiger Wirkung zu kündigen und alles weitere dem Schicksal zu überlassen.

Sie schwang sich aus dem Bett und nahm einen Rundgang durch ihr kleines, ordentliches Königreich vor, als ob der Umzugswagen bereits vor der Tür stünde und sie gleich mit eleganter Geste in ein wartendes Taxi steigen würde. Sie nahm ihr Tagebuch zur Hand und stellte eine Liste auf: *Phase 1 – Auskundschaften.*

A) Cosmopolitan *kaufen*
B) Lebenslauf zusammenstellen
C) Agentur suchen, die kurzfristig Wohnungen vermietet (vorzugsweise an alleinstehende, berufstätige Frauen)
D) Kleidung für Vorstellungsgespräch kaufen

Nachträglich fügte sie noch hinzu: ... *und drei Garnituren Unterwäsche (richtige Dessous!)*

Nachdem sie sich ein Ei gekocht und dies feierlich verzehrt hatte, machte sie sich auf den Weg zur Arbeit. Ihre Kündigung hatte zur Folge, daß Mr. Myers, ihr Chef, vor lauter Schreck eine akute Verdauungsstörung erlitt, bis zur Mittagspause eine halbe Packung Tabletten schluckte und seine für den Nachmittag angesetzte Golfrunde absagen mußte. Trotz seiner Erschütterung über ihre Kündigung war Mavis frohen Mutes und suchte, da ihr Chef dazu nicht mehr in der Lage war, alle nötigen Dokumente selbst zusammen, um anschließend einen lückenlosen Lebenslauf zu erstellen. Ihre Kenntnisse in Organisation und Verwaltung ergänzten sich hervorragend mit all den Abendkursen, die sie belegt hatte: Haute-Cuisine-Kochkurs, Marmelade und Eingemachtes, Erste Hilfe (mit Bescheinigung), Chorgesang, Ikebana und noch ein paar weitere nützliche Dinge. Gegen siebzehn Uhr verließ sie das Büro und fühlte sich außerordentlich wohl mit ihren zehn Fotokopien in der Tasche. Auch wenn sie zu ihres Vaters Lebzeiten bereits gewußt hätte, daß sie sich eines Tages für eine Stelle als Haushälterin bewerben würde, hätte sie keine bessere Kombination von Kenntnissen finden können, und seine Verzweiflung würde Mr. Myers sicherlich nicht davon abhalten, ihr ein erstklassiges Zeugnis auszustellen.

Vierundachtzig Tage und drei Vorstellungsgespräche später war Mavis damit beschäftigt, in einem Schlafzimmer, das sich im ersten Stock eines ländlichen Pfarrhauses befand, zwei Koffer von bescheidener Größe auszupacken. Beim Aufräumen warf sie hin und wieder einen Blick in den hohen Schrankspiegel, in den dreigeteilten Spiegel über dem Frisiertischchen und in den ovalen Spiegel, der über einer wunderschönen Kommode aus Mahagoni angebracht war. Gar nicht mal so übel! Ein akzeptables Gesicht; gepflegte, stattliche Erscheinung, gut sitzendes Kostüm; die mit Geschmack ausgesuchten Neuanschaffungen und der Friseurbesuch im West End waren ihr Geld wert gewesen. Nachdem sie ihr letztes persönliches Stück – ihren neuen, dezent klingelnden Wecker – auf dem Nachttischchen plaziert hatte, öffnete sie einen der Fensterflügel, um das friedvolle Bild, das sich ihr bot, zu bewundern: ein gepflegter Garten, hohe alte Bäume, in denen lauter Vögel zwitscherten, ein kleiner Friedhof und der gebeugte Rücken des Gärtners, der alle zwei Wochen vorbeikam, um sich dem Gemüsebeet zu widmen. Die reifen Früchte, die sie überall sah, reichten aus, um in Hülle und Fülle sommerliche Desserts zuzubereiten: Stachelbeeren mit Streuseln, Erdbeertörtchen, Himbeerkuchen und ein Regal voller zinnoberroter und weinroter Marmeladengläser für die Winterzeit. Schon als sie die magere Gestalt von Reverend Michael zum ersten Mal erblickt hatte, damals, als er sie in dem kleinen Sträßchen neben der Bahnstation erwartete, angelehnt an seinen altersschwachen Riley, schon da hatte sie gewußt, daß er in den zehn Monaten seit dem Dahinscheiden seiner Ehefrau nichts Ordentliches mehr zu essen bekommen hatte.

Aber sie würde das alles ändern. Vor ihrem geistigen Auge erstand das Bild einer prachtvollen Kuh mit braunem Fell und sanftem Blick, die auf der Wiese jenseits des Gartenzauns weidete. Und sie sah sich selbst, wie sie mit Schürze und Baumwollhütchen auf einem dreibeinigen Hocker saß, um diese Kuh morgens und abends zu melken. Frische schaumige Milch zum Buttern; Sahne für das Gebäck zum Nachmittagstee; eine Reihe von Weichkäsen auf geflochtenen Strohdeckchen . . . Mit einem Mal wurde ihr bewußt, daß sie außerordentlich hungrig war und ihr erster Versuch, ein köstliches Mal zu zaubern, kläglich scheitern würde, wenn sie ihre Tagträumerei nicht augenblicklich unterbrach, um die riesengroße Küche mit der begehbaren Speisekammer und dem Kühlhaus mit den Marmorregalen zu inspizieren. Sie würde sich beim Essen etwas zurückhalten müssen, oder ihre Figur, die sie im Spiegel so bewundert hatte, würde in Kürze all ihre neuen Kleidungsstücke sprengen.

Gegen halb elf war Mavis völlig erschöpft. Die Reise nach Suffolk, bei der sie dreimal umsteigen mußte, die Zubereitung der Mahlzeit in einer fremden Küche und die Geschichte der Gemeinde, erzählt von einem Witwer, der für längere Zeit nicht nur gutes Essen, sondern auch ausgiebige Konversation entbehrt hatte, waren etwas zu viel für sie gewesen, so daß sie mit letzter Kraft in ihr Tagebuch schrieb: »Der Weg zum Herzen eines Mannes . . .« und dann sofort einschlief.

Phase 2 – Eindringen begann mit der Wäsche, die Mavis jeden Morgen draußen aufhängte. Zwischen kleine Grüppchen von grauen Socken und solider gerippter Männerunterwäsche aus Baumwolle plazierte sie ihre geblümten Mieder und Höschen.

Ganz ohne Hintergedanken

Ein weißes Hemd neben einer pastellfarbenen Bluse, eine dunkle Hose neben einem cremefarbenen Glockenrock. »Der Sommer ist gekommen«, trällerte Mavis vor sich hin. Aus dem Wald am Ende des Tals war ein Kuckuck zu vernehmen. Sie trat einen Schritt zurück, um die aufgehängte Wäsche zu bewundern, die von dem Wind hin und her geweht wurde. Ein taubengrauer Spitzen-BH schlang sich tänzelnd um den Ärmel eines Männerhemdes. Und falls der Pfarrer zufällig den Blick von dem Brief abwenden sollte, den er gerade an den Bischof verfaßte, und durch das Fenster schaute, würde er dann nicht auf den Gedanken kommen, daß sie ein ganz bezauberndes Bild abgab, wie sie dort stand, mit dem Wäschekorb auf der Hüfte und der Schürze, die eng um die immer noch schlanke Taille gebunden war und gefällig über dem üppigen Busen lag?

Weitere häusliche Berührungspunkte ergaben sich. Ihre Gummistiefel standen dicht beieinander unter dem Vordach, ihre Freizeitjacken hingen nebeneinander an zwei Haken, und ihre beiden schwarzen Regenschirme sahen einander so ähnlich, daß sie sie häufig verwechselten.

Reverend Michael, der sie inzwischen gebeten hatte, ihn ›einfach Michael‹ zu nennen, hatte sich dafür entschuldigt, ihr kein eigenes Badezimmer anbieten zu können, doch die Intimität eines gemeinsamen Badezimmers kam Mavis' Absichten sehr entgegen. Auf dem Fenstersims trafen ihre wunderbar zueinander passenden geblümten Utensilien auf seine bescheidenen Rasiersachen, ihre Waschlappen berührten sich auf dem Regal, und die beiden Badetücher, das eine dunkelblau, das andere in duftigem Rosa, schmiegten sich auf dem schmalen Handtuchhalter eng aneinander.

An einem Sonntagabend, vier Wochen nach ihrer Ankunft, notierte Mavis einen weiteren kurzen Eintrag in ihrem Tagebuch: »Jetzt wird es ernst.« *Phase 3 – Einzug* konnte beginnen.

An ihrem nächsten freien Nachmittag lieh Mavis sich ein Fahrrad und radelte zu der öffentlichen Bibliothek, die sich in dem vier Kilometer entfernten Städtchen befand. Sie verbrachte zwei erfolgreiche Stunden im Lesesaal und verließ das Gebäude mit mehreren handbeschriebenen Seiten: einer ausführlichen Liste mit den Namen der bekanntesten Krimiautoren und Stichworten zu den Handlungen ihrer wichtigsten Fälle. Bei einem kurzen Abstecher zur Buchhandlung kaufte sie den neuesten P. D. James, und nachdem sie im Kurzwarenladen Nadel und Faden erstanden hatte, begab sie sich wieder auf den Heimweg, wobei sie verschiedene Melodien vor sich hin summte.

An einem Samstag, nach einem leichten Abendessen aus wildem Lachs, neuen Kartoffeln mit Minzsoße und grünem Salat, gefolgt von einer köstlichen Tarte Tartin, saßen die beiden in vertrauter Stille beieinander. Michael sah seine Notizen für die nächste Predigt durch, und Mavis blätterte in der neuen *Radio Times.*

»Oh!« Sie stieß einen kleinen Schrei freudigen Erstaunens aus. »Sonntag abend kommt die Verfilmung eines Dorothy-Sayers-Romans im Fernsehen! Er beginnt um neun Uhr, der Abendgottesdienst wäre also vorüber. *Und* der Film spielt in Suffolk. Wäre das nichts?«

Sie wartete ab. Michael kratzte sich mit dem Bleistiftende am Ohr und betrachtete den gemeinsamen Berg Gräten auf der Servierplatte. Nachdenklich sagte er: »Dieser alte Schwarzweißfernseher in Ihrem Zimmer wäre dem Film nicht angemessen. Ich denke, Sie sollten zu mir herunterkommen. Ich wußte gar nicht, daß Sie meine Vorliebe für Krimis teilen.«

»Vielen Dank«, antwortete Mavis, »ich nehme das Angebot gerne an. Und wenn der Winter kommt, würde es die Heizkosten etwas niedriger halten.« Augenblicklich bereute sie ihren letzten Kommentar. Sie hatte nur bescheiden klingen wollen, doch nun befürchtete sie, zu weit gegangen zu sein.

Doch sie war nicht zu weit gegangen, und so verbrachten sie ihre Abende in der Folge gemeinsam in dem großen gemütlichen Wohnzimmer mit den gläsernen Flügeltüren, die auf die

Terrasse führten und den Blick auf die mit Geranien und Lobelien gefüllten Urnen und den Reiher freigaben, der gelegentlich den Fischteich aufsuchte. Mavis durchfuhr ein leichter Schauder, als sie, ohne von ihrem Buch oder der Näharbeit aufzuschauen, fühlte, daß der Blick des Pfarrers immer häufiger in ihre Richtung schweifte und dabei langsam von ihren Knöcheln über ihre Hüften bis hinauf zu ihren Brüsten wanderte. Manchmal sah es so aus, als wollte er ihr etwas sagen. Doch dann seufzte er nur, ohne zu sprechen. Eines Abends setzte er sich einen Moment lang auf die Armlehne ihres Stuhls, um in die *Radio Times* zu schauen, die sie in der Hand hielt, und sie nahm den angenehmen Duft des frisch gewaschenen Hemds und den Geruch des sauberen Männerkörpers wahr.

Bevor sie zu Bett ging, schrieb sie, noch ganz unter dem Eindruck von Dickens' *Geschichte zweier Städte*, die sie vor kurzem gelesen hatte, eine kurze Notiz in ihr mittlerweile nur noch selten benutztes Tagebuch. »Der Sturm auf die Bastille läßt nicht mehr lange auf sich warten.«

Und sie sollte recht behalten. Am folgenden Abend, nach einem üppigen Mahl aus Lasagne, frischem Obstsalat und selbstgemachten Schokoladen-Eclairs, nickte Michael in seinem Lehnstuhl ein. Mavis saß in der zunehmenden Dämmerung und wollte das Licht nicht anmachen, um ihn nicht zu wecken. Vor allem aber genoß sie die seltene Gelegenheit, völlig ungeniert ihren Pfarrer betrachten zu können, der durchaus als gutaussehend zu bezeichnen war. Ihre Mutter hätte ihn mit Sicherheit sogar ›ein Bild von einem Mann‹ genannt.

Mit einem Ruck saß er plötzlich aufrecht da, öffnete die Augen und rief: »Sarah?« Ohne seine Brille und noch benommen vom Schlaf, hatte er sie für seine Ehefrau gehalten. Er erhob sich, tat einen Schritt nach vorn, stolperte über das Buch, das er vor seine Füße gelegt hatte, und fiel mit einem Schlag auf den Teppich. Sofort war sie auf den Knien, um ihm beim Hinsetzen behilflich zu sein. Natürlich legte sie seinen Kopf auf ihren Busen, und natürlich streichelte sie seinen Nacken und gab kleine beruhigende Geräusche von sich.

»Ach, mein armer Liebling. Wo tut es denn weh?«

»Ich glaube, es ist mein Knöchel, mein rechter Knöchel«, antwortete er. »Es tut mir wirklich leid.«

»Bleib erst mal hier sitzen«, sagte Mavis. »Ich habe eine Kräutersalbe und Verbandszeug in meinem Zimmer. In einer Minute bin ich wieder bei dir.«

Als sie mit einer Schale voll Wasser, einem Handtuch und ihrer Erste-Hilfe-Ausrüstung zurückkam, hatte er sich schon wieder selbst aufgerappelt und lag nun blaß und mit geschlossenen Augen zurückgelehnt in dem Lehnstuhl. Sie setzte sich auf einen Schemel vor ihn hin und legte seinen verletzten Fuß auf ihren Schenkel. Und wenn beim Ausziehen der Socke, beim Fußbad und beim Anlegen des kühlen Verbands auf den gezerrten Knöchel ihre Brüste seine Zehenspitzen streiften oder seine Ferse zwischen ihre Schenkel rutschte, so schien keiner von beiden dies zu bemerken. Wie auch immer, als sie fertig war, hatte sich eine leichte Röte auf die Wangen des Pfarrers gelegt, und seine Augen glänzten. Und als sie den verletzten Fuß wieder neben sein gesundes Gegenstück stellte, konnte sie einen leichten Seufzer des Bedauerns vernehmen.

»Das ist angenehm«, sagte Michael unbestimmt.

»Mein Großvater war Schuster«, sagte sie, um seine Verlegenheit zu überspielen. »Er sagte uns immer, wir sollten auf unsere Füße achtgeben. Ich denke, ich sollte auch noch den anderen Fuß baden. Du kennst doch das Sprichwort, daß man auf einem Fuß nicht gut stehen kann.«

»Das wäre wirklich ... freundlich«, stammelte er, bemüht, ein angemessenes Adjektiv zu finden.

»Gut«, sagte Mavis und freute sich, daß sie sich entschieden hatte, an diesem Tag ihre neuen Strapse und Halterstrümpfe zu tragen.

Natürlich war es unmöglich, daß sie ihre Knie immer noch

zusammengepreßt hielt, während sie ihm Puder zwischen seine Zehen strich, oder daß sie ihren Rock daran hindern konnte, an ihren Oberschenkeln hinaufzurutschen. Natürlich konnte er nicht widerstehen, eine Hand in ihr verlockendes Dekolleté gleiten zu lassen und die Knöpfe ihrer bezaubernden Bluse zu öffnen. Sommerkleidung ist schnell ausgezogen, und eine Chaiselongue ist ein exzellenter spontaner Ersatz für ein Bett, wenngleich die beiden später in das Schlafzimmer übersiedelten, wo sie verschiedene Einzelheiten zu besprechen hatten, wie zum Beispiel die Dauer der Verlobungszeit oder wer die Trauung vornehmen würde.

Während Mavis ein paar persönliche Gegenstände aus ihrem Zimmer zusammensuchte, streckte Michael sich genüßlich auf dem komfortablen Doppelbett aus und wandte sich an seine verstorbene Ehefrau. »Deine Idee war großartig, Sarah«, sagte er mit sanfter Stimme. »Du wußtest genau, daß mein Gehalt nicht ewig ausreichen würde, um eine Haushälterin zu bezahlen.« Und er drehte sich zur Seite, um auf seine neue Verlobte zu warten.

Mit dieser Geschichte wollte ich unsere übliche Wahrnehmung von Erotik ein wenig erweitern. Wie die meisten der Figuren, die ich beschreibe, ist Mavis weder begabt noch bezaubernd – zumindest nicht im herkömmlichen Sinn. Wie auch immer, sie hat in ihrem Leben einen Punkt erreicht, wo Veränderung unumgänglich ist.

Originaltitel: A Honest Transaction
Ins Deutsche übertragen von Iris Schmidt

FRANCINE FALK

Lilith

Ein Räucherstäbchen aus Sandelholz glimmte in einer Bronzeschale. Der Faden aus durchdringend süßem Rauch bewegte und kräuselte sich in dem leichten Luftzug, der ab und zu durch das geöffnete Fenster hineinwehte. Es duftet nach Sex, dachte Mona. Sie lag auf dem Bett, atmete tief ein und seufzte, dehnte ihre langen, schlanken Beine. Sie war vollkommen nackt und erwartete einen Anruf, wartete auf Worte, die sie wie der Luftzug für kurze Zeit in den Himmel tragen würden...

Das Klingeln des Telefons unterbrach ihre trägen Gedanken. Noch vor dem zweiten Klingeln ergriff sie hastig den Hörer und klemmte ihn zwischen ihr Ohr und eine Vertiefung in den Kissen.

»Hast du mich erwartet?« fragte eine rauchige Frauenstimme.

»Ja«, antwortete Mona und errötete, als sie die Spannung, den verräterischen Unterton von Begierde in ihrer eigenen Stimme hörte. »Ja«, wiederholte sie, wobei das warme Gefühl der Verlegenheit ihre Leidenschaft noch steigerte.

»Ich wußte, du würdest mich erwarten. Ich liebe die Vorstellung, daß du dort liegst, nackt und bereit, und meinen Anruf erwartest. Du bist doch nackt, oder, mein Liebling?«

Monas leises Lachen klang wie das Seufzen eines Cellos. »Völlig nackt, ma petite.« Sie erfreute sich an ihrer beider Gewohnheit, lächerliche und extravagante Kosenamen zu gebrauchen.

»Gut«, gurrte ihre unsichtbare Freundin. »Mona, sogar dein Name klingt sinnlich. Beschreibe mir deinen Körper ganz genau. Schau ihn dir an und prüfe ihn gründlich. Ich möchte, daß du dich an seinem Anblick erregst, als ob du eine andere Person wärst. Tu es für mich, Mona. Laß mich dich sehen.«

»Ich kann nicht. Ich fühle mich so, ich weiß nicht, so narzistisch.«

»Warum müssen wir immer die Wertschätzung der eigenen Person mit Narzismus gleichsetzen?« Die Stimme hatte einen strengen und belehrenden Unterton bekommen. »Ich denke, Frauen sollten sich selbst mehr Aufmerksamkeit schenken, und zwar in jeder Hinsicht und ohne Schuldbewußtsein. Es sind die Schuldgefühle, die uns immer wieder aus dem Konzept bringen. Wir müssen sie aus unserem Leben verbannen, wir müssen uns selbst wiedergewinnen und unser Recht auf Glück und ...«

Mona rekelte sich auf dem Bett, streckte die Beine aus und stöhnte laut. »Entwickelt sich das hier jetzt zu einer soziopolitischen Vorlesung, oder wirst du ...« Sie hielt inne und suchte nach Worten, die deutlich, aber elegant die Aktivitäten beschreiben sollten, denen sie sich beinahe jeden Nachmittag hingaben.

Die Freundin, die sie noch nie getroffen hatte, lachte ein samtenes Lachen. »Oder werde ich was . . .?«

». . . mit deiner Sache fortfahren.«

»Ich liebe es, wenn du unverschämt wirst. Du machst mich scharf, weißt du.«

»Das freut mich«, antwortete Mona warm. »Was ist mit dir, bist du nackt?«

»Ja, bis auf eine lange Perlenkette.«

»Eine hübsche Idee. Tu mir einen Gefallen.«

»Alles, mein Kätzchen. Ich tue alles, was du willst. Ich schäme mich nicht. Ich bin deine Magd, deine Sklavin.«

Eine spielerische Erniedrigung, aber nichtsdestoweniger berauschend. Mona schauderte wohlig. Schließlich sammelte sie sich und war in der Lage, eine Bitte zu äußern. »Ich möchte, daß du die Perlen nimmst und sie langsam zwischen deinen Schenkeln hindurchziehst.«

»Wie du es wünschst.« Es entstand eine kleine Pause.

Abwesend ließ Mona ihre Blicke durch den Raum schweifen. Ihre Aufmerksamkeit wurde gefesselt von dem Bild mit dem ovalen Rahmen, das dem Bett gegenüber hing. Es war ein Gemälde in viktorianischem Stil und zeigte zwei zierliche, puppenhafte Frauen, verborgen unter Schichten von rüschenbesetzten Röcken und Krinolinen in Glockenform. Sie schienen sie zu beobachten mit verschmitztem und wissendem Ausdruck auf ihren sonst so sittsamen Gesichtern. Mona streckte ihnen die Zunge heraus und wandte die Augen ab.

»Die Perlen fühlen sich angenehm holprig an. O ja«, raunte die Stimme mit einem tiefen Seufzen. »Ich halte ein Ende der Kette in jeder Hand und lasse sie über meinen Unterleib gleiten. Meine Knie befinden sich in einer äußerst schamlosen Position. Kannst du es dir vorstellen?«

»Ja. Ich kann es fast fühlen.« Wie von selbst bewegte sich Monas Hand abwärts und drückte sich gegen die feuchten und samtigen Falten. Der Daumen massierte sachte, aber rhythmisch die Klitoris, die mittlerweile hellwach war und pulsierte. »Mmmh«, murmelte sie, »erzähl mir mehr.«

»Hin und wieder bleibt eine Perle in meiner Pussy oder meinem Hintern stecken. Dann ziehe ich sie langsam heraus. Ein exquisites Gefühl.« Die Worte flossen wie Sirup, ihre Sprecherin klang wie berauscht vor Exstase, und Mona begann, die Pulsschläge der Hitze, die nun durch ihren eigenen Köper flossen, voll auszukosten.

»Du bringst mich in Versuchung, aufzustehen und nach meinen eigenen Perlen zu suchen, aber ich bin viel zu bequem. Ich benutze lediglich meine Hände.« Während sie das sagte, glitten zwei Finger in ihre hungrige Spalte, streiften über den Damm und untersuchten die Festigkeit ihres zuckenden Afters. Sie waren gierige Forscher, diese Finger, schamlos und bestimmt. »Ich bin heiß und feucht«, erzählte Mona ihrer Freundin. »Mmmh, was tust du mit mir.«

Am anderen Ende der Leitung ertönte ein Kichern. »Wir verhalten uns wie Tiere, oder?«

»Wie zwei brünstige Bullen«, bestätigte sie.

»Ein passender Vergleich, obwohl das Geschlecht falsch ist. Sag, was stellst du mit dir an, meine geile Lady.«

»Was möchtest du, das ich tue?« fragte Mona. »Sag es mir.«

»Ich kann nicht, die Leitungen würden schmelzen.«

»Laß es mich dir also beschreiben, so gut, wie ich kann. Auch auf die Gefahr hin, daß ich narzistisch klinge. Du siehst, was du aus mir gemacht hast: Ich bin nicht mehr die nüchterne und bescheidene junge Frau, die ich am Anfang dieser Beziehung war.«

»Gut«, sagte ihre Geliebte.

»Also, meine Brustwarzen haben die ungefähre Größe und Farbe von Radiergummis an Bleistiften, und ich kann mit einer gigantischen Menge Schamhaar aufwarten. Ein auffallender Kontrast zu meinen schmalen Hüften und schlanken Beinen.«

»Der Körper eines pubertierenden Wildfangs. Ich fange an zu sabbern.«

»Ich bin siebenundzwanzig«, sagte Mona. »Das ist postpubertär, würde ich sagen.«

»Was ich jetzt mehr als alles auf der Welt tun möchte, ist, dich mit meiner Zunge zu erforschen.«

Mona lief ein Schauer den Rücken hinunter.

»Sag mir, was du in diesem Augenblick tust.«

»Gerade jetzt streichle ich meine Klitoris.«

»Genau wie ich«, sagte ihre Freundin. »Laß mich hören, wie du kommst. Ich bin soweit.«

Diese Aufforderung war alles, was Mona brauchte, um in den Himmel katapultiert zu werden. Ein Schrei, ein Stöhnen, und als ihre unsichtbare Geliebte zusammen mit ihr den Höhepunkt erreichte, erklang ein Echo ihrer eigenen Geräusche durch den Telefonhörer, der noch immer an ihr Ohr gepreßt war.

»Mein Gott«, sagte die Stimme, »ich bin gekommen. Wie die Apokalypse.«

»Es war auch für mich wie das Ende der Welt.«

»Morgen?« flüsterte ihre Freundin atemlos.

»Ja. O nein, warte, ich kann nicht. Die Anstreicher kommen morgen. Verflixt! Also Freitag.«

»Bis Freitag dann. Süße Träume, meine Mona.«

»Warte, bevor du auflegst, sag mir deinen Namen. Bitte. Es ist nicht fair, daß du all diese Zeit meinen Namen gewußt hast, aber ich nicht deinen.« Dieselbe Bitte hatte Mona bereits mehrmals zuvor geäußert.

»Ich sagte dir schon, ich mag meinen Namen nicht. Wie dem auch sei, ich ziehe es so vor, wie es ist. Wir können uns völlig sicher und ungehemmt fühlen. Außerdem hast du selbst einmal gesagt, daß diese Fremdheit und Anonymität sehr erregend ist.«

»Ja, ich weiß, und ich stimme dir zu, aber fair ist fair. Ich habe bei dir etwas gut.«

»In Ordnung. Wie wäre es mit einem Kompromiß. *Du* gibst mir einen Namen. Jeden, der dir gefällt.«

Mona zog an einem losen Faden ihres Bettüberwurfs und dachte über den Vorschlag nach. »Das ist nicht ganz dasselbe, weißt du.«

»Das ist das Beste, was ich dir anbieten kann. Glaub mir, ich habe einen wirklich abscheulichen Namen. Mir wäre es lieber, wenn du ihn nicht kennst.«

»Armes Baby!« Mona wickelte sich den Faden um den Finger und zog daran. Glücklicherweise löste sich der Überwurf nicht auf. »Gut, Wie findest du Lilith? Mir gefällt der märchenhafte Klang, er scheint gut zu dir zu passen.«

»Lilith«, sagte die Frau probeweise. »Das ist hübsch. In Ordnung.«

»Bis bald, Lilith.«

»Bis bald, Mona. Wir bleiben in Kontakt.« Sie kicherte.

»Warte eine Sekunde.«

»Was ist?«

»Ist es das, was man unter oralem Sex versteht?«

»Sehr witzig. Bis bald also.«

»Bis bald.«

Zögernd erhob sich Mona von ihrem Bett und fing an, die herumliegenden Kleidungsstücke aufzusammeln: Jeans, zerknitterte Bluse, abgewetzte Schuhe, dicke Socken. Ein merkwürdiges Gefühl beschlich sie dabei. Sie hatte den Eindruck, die abgegriffenen und unzusammenhängenden Teile ihrer eigenen Person aufzuheben. Seit sie ihren Lehrerberuf aufgegeben hatte, um eine Schriftstellerkarriere zu verfolgen – eine Laufbahn, die bisher erfolglos geblieben war –, hatte sie sich häufig so gefühlt: verrostet und abgenutzt.

Die viktorianischen Damen an der Wand schienen sie zu verspotten. Wenigstens sie fügten sich in ihre Zeit und deren Gegebenheiten, und sie waren sogar jetzt der sie umgebenden Einrichtung angepaßt. Mona jedoch fühlte sich weder wie Fisch noch wie Fleisch.

Das Wort ›Doppelleben‹ kam ihr ins Bewußtsein. Sie ignorierte es absichtlich und machte sich daran, das Zimmer in

Ordnung zu bringen. Sie schüttelte die Kissen auf und zog den Überwurf aus weißer Chenille straff, so daß niemand auch nur erahnen konnte, welch wunderbare Selbstvergessenheit sie dort gefunden hatte.

Das süße Delirium hatte ganz unschuldig angefangen. Keine von ihnen hatte bewußt darauf hingewirkt. Es war einfach geschehen, was es in Monas Augen um so mehr nach Magie aussehen ließ.

In dem Bemühen, einen eher zwanglosen Poesie-Workshop auf die Beine zu stellen, hatte sie Zettel an die schwarzen Bretter der örtlichen Colleges geheftet. Unter den wenigen Rückmeldungen war auch der Anruf einer freundlichen, dynamisch klingenden Frau gewesen, bei der sie sofort ein gutes Gefühl gehabt hatte. Genau die Art von Seelenverwandtschaft, die sie seit der High-School nicht mehr erlebt hatte.

Innerhalb von Minuten alberten, lachten, philosophierten und plauderten sie. Die einfache Bitte um Informationen wurde zu einem zweistündigen Gespräch. Nachdem sie aufgelegt hatten, war Mona noch für den Rest des Tages mit einem gewissen Hochgefühl erfüllt. Erst später fiel ihr ein, daß sie vergessen hatte, nach dem Namen der Frau zu fragen.

Am folgenden Tag telefonierten sie erneut und schwelgten im Glück ihrer neuen Verbundenheit. Die Unterhaltung bewegte sich auf das Thema Sex zu; ihre Vorlieben, ihre Abneigungen. Schließlich fanden sie sich in einer anscheinend natürlichen Entwicklung wieder, wie sie sich verbal gegenseitig zum Sex animierten. Dieses Mal dachte Mona daran, die Frau nach ihrem Namen zu fragen, aber sie gab weder diesen noch ihre Telefonnummer preis. Auch bei den Treffen des Workshops tauchte sie niemals auf.

»Ich bin deutlich im Nachteil«, hatte sich Mona beschwert.

»Ich weiß, meine Süße. Aber ich bin ein Feigling. Vielleicht ein andermal.«

Bis jetzt war das ›andere Mal‹ noch nicht eingetreten. Die unsichtbare Lilith saß immer noch am längeren Hebel. Mona blieb nichts anderes übrig, als auf ihre Anrufe zu warten, selber anrufen konnte sie nicht. Manchmal genoß sie diesen Aspekt ihres Verhältnisses, häufiger jedoch fühlte sie sich verletzt und litt unter diesem Ungleichgewicht. ›Lilith‹ blieb eine geliebte Unbekannte, ein Phantom, das sie weder sehen noch berühren konnte.

Sie faltete das Handtuch und legte es wieder zurück in die unterste Schublade des Nachtschränkchens. Norman nannte es das ›Fickhandtuch‹. Mona starrte einen Moment lang das verschnörkelte Nachtschränkchen an und betastete abwesend einen Pickel, der sich auf ihrem Kinn bildete. So ein bodenständiger, praktischer Mann, ein richtiger Otto Normalverbraucher. Einmal hatte sie ihn so genannt, worauf er ziemlich wütend wurde. Er hatte zwei ganze Tage lang geschmollt.

Zum hundertsten Mal fragte sich Mona, wie er wohl reagieren würde, wüßte er von ihren nachmittäglichen Freuden. Mit Wut oder mit Erregung? Armer Norman. Wahrscheinlich würde er sich verlassen fühlen. Er würde denken, er habe sie sexuell und emotional nicht befriedigt. Er darf es niemals erfahren, entschied sie. Niemals.

Zum Abendessen bereitete sie Spaghetti und Fleischklößchen vor, sein Leibgericht. Später lag sie auf dem Bett, das Handtuch unter sich, während er seinen aufgerichteten Zylinder aus Fleisch auf und niederbewegte, auf und nieder, wie eine Maschine. Sie lächelte schlaff, und als sich sein Gesicht anspannte und er stöhnte, stieß sie einen täuschend echt klingenden Klagelaut aus. Er küßte sie auf den Mund, rollte von ihr herunter und schlief sofort ein. Die Ladys an der Wand verhöhnten sie. Sie kannten ihre Geheimnisse.

Am Freitag morgen, noch Stunden vor dem sehnsüchtig erwarteten Anruf, wurde Mona die Beute gewisser Begierden. Ihre weiche Spalte pulsierte und wurde feucht, ihr Gesicht fühlte sich heiß an, und sie war unruhig und zerstreut.

Aber sie masturbierte nicht. Nicht allein, das wäre Betrug. Genauso kam es ihr vor, dachte sie, wie Untreue.

Eigenartig. Plötzlich fiel ihr auf, daß sie fast nie das Gefühl hatte, Norman zu betrügen.

Bemerkenswert.

»Leider habe ich nur Zeit für einen Quickie«, sagte Lilith ruhig. »Gerade eben rief mein Bruder an, um mir mitzuteilen, daß er in einer halben Stunde hier sein wird. Er muß morgen eine Arbeit abgeben und braucht dazu meinen Computer.«

Mona zog eine Schnute, kratzte den großen Mückenstich auf ihrem Knie auf und wickelte sich die Telefonschnur um den Finger.

»Mona?«

»Ja, ich höre dich. Ich hasse es, so gedrängt zu werden.«

»Betrachte es als eine Herausforderung, Liebste. Du fängst an. Erzähl mir etwas von dir.«

Es entstand eine Pause. »Ich bin groß und schlank. Meine Brüste . . .«

»Das ist es nicht, was ich meine. Erzähl mir, na, du weißt schon, was du tust, oder etwas über deine Vergangenheit. Erzähl mir etwas über dich selbst.«

»Ich kann nicht.« Mona spürte den Widerstand in ihrer Stimme. Traurigkeit? Verzweiflung?

»Ich glaube, ich habe mich in dich verliebt.« Mona bemerkte, daß sie den Atem anhielt, und atmete bebend aus.

»Du weißt, daß ich verheiratet bin.«

»Ja, ich weiß Bescheid.«

»Es muß alles so bleiben, wie es ist«, erklärte Lilith in der liebenswürdigen, aber unbeirrbaren Art einer Schulvorsteherin. »Und nicht nur, weil es aufregender ist. Es ist auch sicherer für uns beide. Ich glaube, keine von uns will, daß ihr die Sache entgleitet. Ich meine, wir wollen doch nicht unser gesamtes Leben dafür aufs Spiel setzen oder jemandem weh tun?«

»Das ist mir egal.« Mona setzte sich auf. Erregung machte sich in ihrer Stimme bemerkbar. Sie gestikulierte mit ihrer freien Hand. »Ich kann mich darüber erheben. Du bist doch diejenige, die andauernd über Freiheit und das Auslöschen von Schuldgefühlen redet und darüber, daß Frauen ihr Recht auf Glück und Erfüllung erkennen.«

»Jetzt belehrst du mich. Das ist eine Umstellung, aber ich scheine es verdient zu haben.« Ihre Stimme sank. »Ich bin eine Heuchlerin und ein Feigling.«

»Nein, das bist du nicht«, erwiderte Mona aufrichtig. »Du bist, na ja, ich verstehe dich, glaube ich.«

»Hör zu«, sagte Lilith«, ich lege jetzt besser auf. Ron kann jede Sekunde hier sein. Ich rufe dich an.«

»Wann?«

»Bald. Morgen, wenn ich kann.«

Nachdem sie aufgelegt hatten, fiel Mona auf, daß Lilith auf ihre Liebeserklärung nicht richtig geantwortet hatte. Ihr Magen krampfte sich zusammen.

Sie blickte umher, ohne etwas wirklich wahrzunehmen. Der schwere, beißende Geruch von Farbe hing im Raum. Auch die Räucherstäbchen und das offene Fenster hatten ihn nicht vertreiben können.

Angespannt saß Mona auf ihrer Bettkante und starrte auf das elegante, beigefarbene Telefon, dessen Klingeln sie so sehr ersehnte. Sie versuchte nach Kräften, Lilith telepathisch zu rufen, sie mit der Kraft ihrer Gedanken zum Telefonieren zu bewegen.

Es funktionierte nicht. Seit der letzten kurzen Unterredung waren bereits drei Wochen vergangen. »Ich hätte sie nicht so unter Druck setzen dürfen«, dachte Mona und verwünschte sich selbst. Ihre Qual war übergroß. Zusammengesunken atmete sie tief ein und schaute aus dem Fenster auf den Park auf der anderen Straßenseite. Kein Lufthauch regte sich, und die unbewegten, engstehenden Bäume wirkten fast künstlich. Irgendwo in dem farblosen Himmel stand eine bleiche Sonne.

An diesem Abend war sie besonders liebenswürdig zu Norman, besorgt, aufmerksam, charmant. Er wandte sich ihr zu, brachte sie sogar einmal zum Lachen. Er war wirklich ein guter Mann. Und er liebte sie so sehr.

Du kannst nicht alles haben, dachte sie. Sie war sicher, daß Lilith dem zustimmen würde, trotz all ihrer gegenteiligen Versicherungen. Vielleicht war das der Grund, weshalb sie entschieden hatte, die Sache zu beenden. Sie verhielt sich reif und sachlich.

Am folgenden Tag schien die Sonne hell, der Himmel war tiefblau, und die Blätter der Bäume rauschten im Wind. Mona saß auf einer Bank im Park und betrachtete ein Rotkehlchen, das mit einem kleinen Wurm im Schnabel herumstolzierte. Plötzlich flog der Vogel auf, und als sie den Blick hob, um seinem Flug zu folgen, entdeckte sie die Gestalt einer Frau, die reglos ein paar Schritte entfernt stand. Mona hatte das sichere Gefühl, daß die Frau sie bereits seit einiger Zeit beobachtete.

Sie kniff die Augen zusammen, um die Frau genauer in den Blick zu fassen, aber sie stand im Schatten einer großen Eiche, was es unmöglich machte, sie deutlich zu sehen. Mit einem Schrecken erkannte Mona auf einmal, wer die Frau war. Sie erhob sich und machte einige Schritte auf sie zu. Die Frau blieb stehen und fuhr fort, sie ohne jede Regung zu betrachten.

Sie hatte ein anziehendes, ebenmäßiges Gesicht mit dunklen, schimmernden Augen, schön geformten Lippen und schwarzen Augenbrauen. Obwohl sie ziemlich jung war, hatte sie eine heitere und selbstbewußte Ausstrahlung, die fast an Arroganz grenzte. Die Augen waren temperamentvoll, ihr Körper schlank wie bei einer klassischen Statue.

Mona näherte sich ihr bis auf wenige Meter. die Frau bewegte sich immer noch nicht. Für ein paar Augenblicke starrten sie einander an, gebannt in einer tiefen, wortlosen Unterhaltung. Dann wandte sich die Frau plötzlich ab und ging mit raschen Schritten davon, als ob sie einen schrecklichen Bann spüre. Mona rief ihr nicht nach. Sie liebte sie genug, um ihre Unsicherheit, ihre Furcht vor völliger Kapitulation zu respektieren.

Am folgenden Nachmittag klingelte das Telefon fröhlich und durchdringend, und Mona rannte die Stufen zum Schlafzimmer hinauf. Sie wußte, wer am anderen Ende der Leitung war.

»Es tut mir leid, daß ich dir Kummer gemacht habe«, sagte Lilith. »Ich mußte mal ausspannen und ein paar Dinge ins reine bringen.«

»Erzähl mir davon.« Mona fühlte sich wie leblos. Keine Gedanken, keine Emotionen waren in ihr, sie wartete.

»Ich möchte, daß alles wieder so ist wie früher. Vielleicht habe ich eines Tages den Mut zu mehr. Bring mich zurück, Mona, ich habe unsere Beziehung so sehr vermißt. Ich liebe dich wirklich, wenigstens darüber bin ich mir sicher.«

»Das im Park warst du, nicht wahr?«

»Ich weiß nicht, was du meinst.« Heiterkeit schwang in ihrer Stimme mit.

»Mach nur weiter so, ärgere mich ruhig, wenn du willst«, antwortete Mona, »aber ich weiß, daß du es warst, auch wenn du es nicht zugibst. Du bist übrigens sehr schön.«

»Danke sehr, du aber auch.«

»Oh, wirklich?« erwiderte Mona mit jubelndem Lachen. »Und woher weißt du das?«

»Das erkenne ich an deiner Stimme und an deinem Benehmen. Ich bin sehr feinfühlig, mußt du wissen.«

»Und sehr starrköpfig«, fügte Mona hinzu.

»Und sexy?«

»Sehr sexy.«

»Ich weiß, du auch. Liebe mich.«

Mona kuschelte sich tiefer in die Kissen und seufzte verzückt. »Drücke sachte zwei Finger in deine geheimen Falten und tu so, als seien das meine Lippen . . .«

»Ja, mein Schmetterling, alles, was du willst.«

Und während Mona mit ihren ausgefeilten und köstlich unanständigen Anweisungen fortfuhr, konnte sie Liliths anschwellende Leidenschaft hören und fühlen. Als sie ihr eigenes warmes Fleisch auf der Suche nach ekstatischen Freuden liebkoste, sah sie das Gesicht der Frau aus dem Park vor sich. Ein Bild der Hoffnung und der Sehnsucht, das, wie sie wußte, für immer bei ihr bleiben würde.

Für viele Frauen – zumindest für alle, die wie ich ein wenig gehemmt sind –, ist die Vorstellung von anonymem Sex sehr befreiend. Obwohl die Affäre der beiden Frauen in der Geschichte auf der sichersten aller sicheren Arten von Sex basiert, nämlich ohne direkten Körperkontakt, finden es beide aufregend. Außerdem wollte ich untersuchen, was unter Untreue zu verstehen ist. Können Verlangen, Phantasie und verbale Liebkosungen, auch wenn sie in einem Höhepunkt gipfeln, allein schon als Betrug zählen?

Originaltitel: Lilith
Ins Deutsche übertragen von Anke Schäfer

LAWANDA POWELL

Schuhe

Tja, Mädchen, ich bin nicht der Typ, der Unmengen von Geld bloß für ein Paar Schuhe rauswirft. Und wenn ich es doch tun würde, wäre das kein Grund für mich, diese Schuhe dann wegzuschließen. Also was mache ich dann mit dieser Kiste hier? Nun ja, ich muß wohl erklären, wie das mit mir und Russell ist.

Ich kenn ihn jetzt schon ziemlich lang. Hab ihn immer gemocht. Nein, nicht das. Ich bin einfach immer gern mit ihm zusammen gewesen. Russell hat irgendwas, das mich zu ihm hinzieht. Er ist einer dieser Kerle, die auf Frauen stehen. Ich meine, die sie wirklich mögen, nicht bloß, um mit ihnen rumzumachen, sondern die sich richtig um sie kümmern, mit ihnen rumalbern und lachen. Russell und ich sind oft ausgegangen und haben ganze Nächte damit zugebracht, über alles mögliche zu lachen. Konnte mich am nächsten Tag nicht erinnern, über was überhaupt, hatten einfach eine gute Zeit.

Also, einen Abend war ich oben bei Marguerite's. Du weißt schon, da, wo Gilbert's Band spielt. Gilbert hat sein Saxophon heulen lassen, und, Himmel, waren wir gut drauf. Jeder hatte sich in Schale geschmissen. Ich hatte mein knallrotes Kleid an, das mit den goldenen Fäden drin und den türkisen Blumen drauf. Du weißt doch, das, das am Saum gekräuselt ist und keinen Rücken hat. Sieht gut aus. Alle Kerle sind rumstolziert wie Pfauen, und alle Weiber haben ein Spektakel gemacht wie Pfauenhennen, die sich vortun wollen.

Na, da hab ich mir gedacht, daß ich doch nicht so blöd bin, bei den anderen Hühnern rumzustehen. Ich meine, die Kerle tragen die Nasen auch so schon hoch genug, da muß ich sie nicht auch noch anschmachten. Also hab ich mir einen Platz für mich allein an der Bar gesucht, gegenüber der Tür, so daß ich im Blick hatte, was immer sich dort tat. Ja, und da hab ich dann Russell gesehen.

Tja, und in all der Zeit, die ich jetzt mit ihm zusammen gewesen bin, hab ich in Russell nie was anderes als einen Freund gesehen. Und deshalb, verstehst du, war ich nicht darauf vorbereitet, was dann passiert ist. Und obwohl ich weiß, warum ich mit ihm zusammenbleibe, kann ich mir nicht erklären, bei meinem Leben nicht, warum ich was mit ihm angefangen hab. Ich meine, er ist nicht eben was fürs Auge, er hat 'ne Glatze und ist klein, aber in der Nacht damals, ich sag's dir, war der Mann genau richtig!

Es war heiß draußen, und er hatte sich die Jacke über die Schulter gehängt, als er reinkam, so konnte ich alles sehen, was er zu bieten hatte. Das Hemd saß ihm wirklich ziemlich eng, und ich konnte jeden Muskel seiner Brust erkennen. Als er sich umdrehte, konnte ich sehen, wie eng sich seine Hose um seinen

Hintern legte. Und gleich, wirklich sofort, wußte ich, wie es sich anfühlen würde, wenn meine Hände auf seinem nackten Hintern liegen würden. Bloß daran zu denken hat mich ganz heiß gemacht, und ich muß soviel Hitze ausgestrahlt haben, daß er es auch spüren konnte. Weil, er hat nämlich hochgeschaut, und, Himmel, unsere Blicke haben sich getroffen, und gleich da wußten wir beide, daß wir was miteinander anfangen würden.

Aber, also, versteh mich jetzt nicht falsch, wir sind nicht einfach abgehauen und haben's gemacht. Wir haben uns langsam rangetastet. Erst mußte er so tun, als hätte er mich nicht gesehen. Und ich hab das umgekehrt auch getan. Aber, nun, wie soll ich sagen, ich wußte natürlich jede Minute ganz genau, wo er war. Ich hab gesehen, wie er mit Rosalee geredet hat und wie sie sich an seinem Schenkel gerieben hat. Und ich hab gesehen, wie diese miese Greta May ihn mit ihren Titten gestreift und dann so getan hat, als wüßte sie nicht, was passiert wäre. All die Weiber haben sich an ihn rangemacht. Es war, als wenn er ein Schokoladeneis am Stiel gewesen wäre und alle an ihm hätten lecken wollen. Das ist schon in Ordnung, hab ich mir gesagt. Die wärmen ihn nur für mich auf.

Schließlich arbeitete er sich bis zu mir vor und fragte mich, ob ich tanzen wolle. Die Band spielte was Sentimentales, was Langsames, und wir tanzten ziemlich eng und rieben uns aneinander. Teufel, das hatte ich nicht mehr gemacht, seit ich damals in der High-School war. Und ich hatte ganz vergessen, wie gut das war. Er rieb mit seinem Schenkel zwischen meinen Beinen, er rieb hin und her, immer im Takt zur Musik. Ich konnte merken, wie sein Ding hart wurde, und ich fühlte seinen heißen Atem auf meinem Hals. Es hörte sich an, als hätte er Astma oder so was. Ich mag das. Einen Mann schwer atmen hören und zu wissen, daß er das tut, weil ich ihn dazu bringe. Macht mich heiß.

Seine Hände streichelten meinen nackten Rücken, und ich klammerte mich fest an seine Schultern, um mich davon abzuhalten, seinen Hintern und alles andere zu begrapschen, weil ich doch immerhin noch in der Öffentlichkeit war und ich solches Zeug nicht mache, wenn mich andere sehen können. Junge, der Mann machte mich vielleicht an.

Also, so hat es damals eben angefangen. Und wir werden auch weiter zusammenbleiben. Weil wir wissen, was dem anderen gefällt. Russell weiß, wie er mich anfassen muß. Er hat Hände, die wissen, wann sie grob und wann sie sanft sein müssen. Er weiß, daß ich es mag, wenn er meinen Hintern richtig fest anpackt und bewegt, so daß wir wirklich gut zusammen sind. Er weiß, wie er meine Brüste berühren muß, um mich dazu zu bringen, seinen Namen laut herauszuschreien. Aber das tue ich nicht, weil sein Mund – seine Lippen sind so süß wie Zucker – über meinem ist, und wenn ich tatsächlich schreien wollte, müßte er ihn dort wegnehmen. So stöhne ich bloß. Wirklich nur ganz leise, damit ich ihn atmen hören kann. Ich liebe es, ihn atmen zu hören.

Und ich weiß, was ihm gefällt. Ihm gefällt es, wenn ich Schuhe trage. Nicht einfach irgendwelche Schuhe. Er mag es, wenn ich Pantoletten trage. Du weißt schon, diese Dinger, bei denen der Zeh vorne rausguckt und die keine Riemchen haben und die zehn Zentimeter hoch sind. Ich erinnere mich noch daran, wie ich das herausgefunden habe. Er gab mir etwas Geld und sagte, ich solle mir ein Paar Schuhe kaufen. Ich zog los und kaufte diese schwarzen Pumps, die ich schon seit ungefähr einem Monat im Auge gehabt hatte. Als er sie sah, wurde er wütend. Er packte mich, brachte mich zu dem Laden, griff nach einem Paar Pantoletten und sagte mir, daß ich, wenn er mich das nächste Mal losschicken würde, um Schuhe zu kaufen, gefälligst mit so was zurückkommen solle. Jetzt schickt er mich manchmal zum Einkaufen, manchmal bringt er aber auch selbst welche mit. Ich hab sie inzwischen in allen Farben. Du kannst da drüben den Schrank aufmachen und sie dir ansehen, wenn du willst.

Jedenfalls haben wir die Schuhe gekauft, gingen nach Hause,

und er zeigte mir, was ich zu tun hätte. Ich habe mich komplett angezogen, Schuhe und alles. Und dann habe ich alles abgestreift, bis ich nichts mehr trug außer diesen Schuhen. Russell beobachtete mich die ganze Zeit über, sein Ding wurde steif wie ein Baseballschläger, und sein Atem ging schwer. Es war das beste Liebesspiel, das ich je erlebt habe.

Jetzt weiß ich immer, wenn ich ihn mit einem Paar von den Schuhen sehe, was mich erwartet. Ich weiß dann, daß wir wirklich Sex haben werden, daß er es wirklich lange dauern läßt. Ich ziehe diese Schuhe an und sonst gar nichts. Ich stolziere herum, lasse die Hüften kreisen, während Russell auf dem Bett liegt und mir zusieht. Die ganze Zeit über beobachte ich ihn aus den Augenwinkeln, und es gefällt mir zu sehen, wie sein Ding auf und ab hüpft, und zu hören, wie er schwer atmet.

Aber nach all dem hast du mich gar nicht gefragt. Du willst das mit dem Paar Schuhe hier und dieser abschließbaren Kiste wissen. Wie ich schon gesagt hab, werfe ich kein Vermögen für irgendwelche Schuhe raus, aber einmal zu Ostern sah ich dieses hübsche Paar weißer Sandaletten mit Riemchen, aus denen vorne der Zeh herausguckte und die genau das waren, was ich zu meinem neuen Kleid brauchte. Sie sollten mehr kosten, als ich sonst für Schuhe hinlege, aber sie waren so hübsch, daß ich sie trotzdem gekauft habe. Dann war der Tag da, an dem ich sie tragen wollte, aber ich konnte sie nirgends finden. Irgend etwas brachte mich darauf, in dem Schrank nachzusehen, in dem wir meine speziellen Schuhe stehen haben, und da waren sie dann auch. Aber ich konnte sie unmöglich je wieder irgendwo anders tragen als hinter den verschlossenen Türen meines Schlafzimmers. Dieser Kerl hatte einfach die Riemchen hinten abgeschnitten!

Wenn ich jetzt also Riemchensandalen kaufe, bei denen vorne der Zeh offen ist, schließe ich sie in dieser Kiste hier ein. Auf diese Weise, Mädchen, sorge ich dafür, daß es um meine Schuhe und um mein Liebesleben immer bestens bestellt ist.

Lawanda Powell

Die Begebenheit mit den abgeschnittenen Schuhriemchen hat sich tatsächlich zugetragen: Jemand anders hat sie erlebt. Ich hörte zum erstenmal in einem Hotelzimmer davon, wo sich mehrere Frauen über die sexuellen Vorlieben von Männern unterhielten. Wir lachten über alle Geschichten, und was speziell diese hier anging, mußte man uns nachher wieder vom Boden aufkratzen. Je mehr ich jedoch darüber nachdachte, wie wir gelacht haben, desto klarer wurde mir, wie verletzlich wir uns machen, wenn wir unsere sexuellen Vorlieben offenbaren, und wie verletzt und gedemütigt unsere Partner wären, wenn sie wüßten, wie sehr wir uns amüsiert haben. Dann grübelte ich darüber nach, welche Macht uns das Wissen darum verleiht, was unseren Partnern behagt. Was für ein Anheizer, diese Macht! Folglich mußte ich mich also auch fragen, wieviel von unserem Sexualverhalten nur darauf abzielt, diese Macht und das Gefühl, das damit verbunden ist, zu bewahren.

Originaltitel: Shoes
Ins Deutsche übertragen von Beate Stefer

PHAEDRA GREENWOOD

Nur ein langsamer Frachtzug

Als ich mich nach einundzwanzig Jahren Ehe plötzlich wieder auf dem Singlemarkt befand, stellte ich für mich drei Regeln auf: keine One-Night-Stands, keine verheirateten Männer, und wenn ich mit irgendeinem Kerl ins Bett gehe, dann muß er mich zumindest lieben. Was die letzte Sache anging, so war die heikler, als es auf den ersten Blick schien.

Es war Sommer in North Carolina. Im Radio wurde gemeldet, daß das Thermometer bis vierzig Grad klettern würde. Ich arbeitete den ganzen Morgen über in der Dunkelkammer und war mittags so müde, daß ich beschloß, ein Nickerchen zu machen. Als ich aufwachte, sehnte ich mich danach, mit Sam draußen im Gras zu liegen und in seine grünen Katzenaugen zu schauen. Er hatte mich die ganze Woche über noch kein einziges Mal angerufen und mir auch keinen Brief geschrieben. Daß er am Wochenende beschäftigt wäre, hatte er mir gesagt. Vielleicht hatte er ja sogar eine Verabredung. Als er das erste Mal meine Hand genommen hatte, hatte ich sie ihm sanft entzogen. »Ich bin fünfzig und du dreiunddreißig«, erinnerte ich ihn. »Warum also überhaupt erst etwas anfangen?«

Einige Tage später bekam ich einen Brief, in dem es hieß: ›Ich bin keiner von denen, die erst abschleppen und dann abhauen. Aber du tust gut daran, dich selbst zu schützen, indem du dir Grenzen steckst, statt dich wie in der Vergangenheit kopfüber und mit geschlossenen Augen in alles mögliche zu stürzen. Was den Altersunterschied zwischen uns beiden angeht, so mußt du dem Drang wiederstehen, mich vor mir selbst *schützen* zu wollen, wie du es in jener Nacht versucht hast. Das war demütigend und erniedrigend für mich. Wir sind beide erwachsen. Das ist die einzige Grundregel, auf der ich beharre, sollten wir irgendeine emotionale Bindung eingehen. Ich würde gern irgendwann eine Frau und eine Familie haben. Die Mutter meiner Kinder wird wahrscheinlich eher jemand in meinem Alter sein als in deinem, aber damit eilt es nicht. Alles was ich mir jetzt wünsche, ist, eine emotionale Beziehung zu einer Frau aufzubauen und die Sache langsam angehen zu lassen.‹

Ich schrieb zurück, entschuldigte mich, teilte ihm jedoch mit, daß es meiner Meinung nach wohl jeder Frau lieber wäre, wenn ein Mann die Sache langsam angehen lassen würde, so daß beide jeden einzelnen Schritt nach vorn auskosten könnten. Ich legte einen Artikel bei, in dem Ähnlichkeiten zwischen dem Werbungsverhalten des Menschen und dem Balztanz der Vögel aufgezeigt wurden. Ich war überrascht und erfreut, als er dieses Muster auf mich anwandte und mir Blumen und Gedichte schickte. Ich genoß es, einen Freund zu haben, mit dem ich spazierengehen konnte, jemanden, der die ruhigen Waldwege ebensosehr liebte wie ich. Aber je näher wir uns kamen, desto öfter erschien ein nervöses Zucken um Sams Lippen. Dann zog er sich von mir zurück.

Jetzt war ich schon halb durch die Tür, als das Telefon klingelte. Sams Stimme klang tiefer und ernster als sonst, und ich paßte mich seinem Tonfall an. »Ich muß dich sehen.«

»Okay.«

»Ich hätte es nicht soweit kommen lassen sollen«, sagte er.

»Ich auch nicht.«

»Wir müssen uns einfach mehr in der Öffentlichkeit treffen, vielleicht gleiten uns die Dinge dann nicht so aus der Hand.«

»Okay, wahrscheinlich hast du recht.« Sein AIDS-Test war negativ, aber die sechs Monate bis zu meinem Test waren erst im September vorbei. Wir beschlossen, uns in einer halben Stunde auf dem Parkplatz des Kunstmuseums zu treffen.

Ich duschte kurz, trocknete mich ab und cremte meine Arme ein. Fünfzig Jahre alt, und mein Körper fühlte sich immer noch gut an. Allerdings entdeckte ich feine Falten auf den Handrücken und einige Altersflecken. Kein Make-up heute, entschied ich. Wir sahen uns jetzt seit drei Monaten. Wenn er wirklich mein Freund ist, ist es an der Zeit, daß er mich so sieht, wie ich bin. Ich schlüpfte in meine Shorts und streifte ein enges Top über. Alle meine BHs waren in der Wäsche – zum Teufel damit.

Ich raste zum Treffpunkt. Fünfzehn Minuten zu früh. Ich kletterte den grünen Damm hinauf, von dem aus ich den ganzen Parkplatz überblicken konnte. In der Ferne hörte ich das scharfe Zischen eines Zuges, der vorbeijagte. In zwei Monaten würde ich in einem sitzen, der in Richtung Westen fuhr. Und Sam kein Mal richtig nahe gekommen sein? Ich wollte nicht wieder in eine feste Beziehung eingebunden sein, aber ich war doch neugierig, wohin das hier wohl führen würde.

Schließlich lenkte er seinen Toyota in eine Parklücke. Er stieg aus und schloß ab. Die Sonne spiegelte sich im Goldrand seiner Brille, als er in Richtung Museum blinzelte. Dieses Blinzeln traf mich direkt ins Herz; manchmal wirkte er wie ein alter Mann. Er war groß und ging ein wenig gebeugt. Da ist er, dein Lancelot, dachte ich und folgte ihm auf dem Kamm des Dammes. Schließlich sah er auf. »Terry?«

Ich winkte und lief beschwingt den Hang hinunter, direkt in seine Arme. Er lachte, drückte mich an sich und gab mir dann einen Brief, den er gerade geschrieben hatte. Ich ließ mich ins Gras fallen, um ihn zu lesen, und eine Sekunde später lag Sam neben mir.

In dem Brief stand: »Terry, du bist so lustig, einzigartig, faszinierend und erotisch. Ich muß dich einfach haben. Laß uns einander nah sein, in den Wald gehen, tanzen. Laß es uns einfach geschehen lassen. Dein Freund Sam.«

»Du mußt also, ja?« Ich lachte. »Und was ist mit meinem Test?«

»Es gibt eine Menge anderer Dinge, die wir tun können. Wir wollen doch nichts überstürzen, oder? Enthaltsamkeit steigert die Leidenschaft. Das habe ich gerade gelesen.«

Er nahm die Brille ab. Ohne sie wirkte sein Gesicht offener, jungenhafter; wenn er lächelte, erschienen zwei Grübchen. Er schmiegte seinen Fuß an meinen und küßte mich. »Manchmal höre ich damit auf«, sagte er und wischte sich über den Mund, »weil dein Mund zu naß ist. Du hast es wohl gern feucht – feucht genug, um ganz wundervoll zu verschmelzen.«

»Und wie geht es jetzt weiter?«

Leute gingen vorüber und warfen uns verstohlene Blicke zu. Er legte ein Bein über mich und küßte mich innig. Mir wurde ganz schwindelig.

»Ich will auf dir drauf liegen«, sagte er.

»Nicht hier.«

»Darf ich dann wenigstens deine Brüste anschauen?«

»Na schön.« Ich setzte mich auf. Er zog mein Top mit einem Finger nach vorn und starrte auf meinen Busen.

»Ich kann ohne meine Brille nichts sehen.«

Ich verdrehte die Augen und stöhnte.

Nur ein langsamer Frachtzug

»Ich würde es dir gerne besorgen, genauso, wie du es gern hast«, sagte er und atmete in mein Ohr. »Einschlafen, aufwachen, es wieder tun. Einschlafen, aufwachen. Und es noch einmal tun.«

»Das *könntest* du?« fragte ich verblüfft.

»Ich weiß nicht. Zumindest habe ich eine lebhafte Phantasie. Von meinen Erfahrungen sprechen wir besser nicht. Meine letzte Verabredung hatte ich vor einem Jahr. Sie sank zurück auf mein Sofa, als wir uns küßten. Oh, dachte ich, ob ich jetzt wohl ihre Brüste berühren soll? Wird schon richtig sein. Das nahm ich jedenfalls an. Ich kannte sie kaum. Als ich mich dann allmählich entspannte und glaubte, meine Sache gut zu machen, sprang sie auf und sagte, sie müsse einkaufen gehen.«

»Wie demütigend.«

»Mein Psychiater sagt, ich habe Angst vor Frauen.«

»Sex ist weniger beängstigend, wenn man den anderen liebt.«

»Ich weiß eigentlich gar nicht, was Liebe wirklich ist.«

»Mir geht es genauso.«

»Aber ich habe mal irgendwo gelesen, daß man ungefähr zwölf Berührungen am Tag braucht. Komm, laß uns in den Park gehen und uns ein wenig in Stimmung bringen.«

»Nicht lieber in dein Apartment?«

»Dazu bin ich noch nicht bereit. Laß uns etwas Verrücktes tun.«

Wir fuhren zum Park. Die Landschaft war vertrocknet und ausgedörrt; über dem Highway hing ein grauer Dunstschleier. Wir schlenderten einen Pfad entlang zu einem Picknicktisch und blieben dann stehen, um eine riesige Eiche zu bewundern, die kräftigen Wurzeln, die Spannweite der Äste. Radfahrer schossen über den Pfad hinweg und verschwanden im Wald. Ich saß auf der Tischplatte, er stand vor mir.

»Darf ich deine Brüste anfassen?« fragte er leise.

»Jaaa.«

Er beugte sich zu mir und massierte sanft meine Brüste. »Waren sie früher einmal fester?«

»Klar. Und auch größer. Ich wünschte, mein Körper sähe noch so aus wie mit dreiunddreißig. Es hätte dich umgehauen. Ich war wirklich schön.«

»Du bist auch jetzt sehr schön. Mir gefällt, wie gut deine Brüste in meine Hände passen – wie perfekt geformte Früchte. Darf ich deine Beine auseinanderspreizen?«

»Du bist ganz schön draufgängerisch.«

Er umfaßte meine Fesseln und spreizte meine Beine. »Ich möchte gern deinen Schoß küssen.«

Ich erschauderte und flüsterte: »Ja, küß mich, bitte . . .«

Er sah sich nach allen Seiten um, dann beugte er sich vor und schob den Kopf zwischen meine Beine. Ich spürte den Druck seiner Lippen auf meinem Schambein. Mein Slip war ganz naß.

Wir standen auf und spazierten den Pfad entlang, der zum Fluß führte. Der Wald war trocken und still. Ich entdeckte ein paar Schweißtröpfchen, die sich in seinem Nacken gebildet hatten, und küßte sie ihm fort. Schließlich stolperten wir den Berg hinunter und sahen Maple Creek zwischen den Bäumen hindurchschimmern. Wir blieben stehen, um einer Walddrossel zu lauschen, die ihren klaren Gesang in die Kühle des Schattens der Blätter entließ. In dieser Flußbiegung war das Wasser so still und klar, daß man bis auf den Grund sehen konnte. Junge Ahornbäume reckten sich über das Wasser, gelbgrüne Blätter standen im Kontrast zu verbrannter roter Erde, ihre gezackten Schatten zeichneten sich deutlich auf dem sandigen Untergrund ab. »Ich wünschte, ich hätte meine Kamera dabei.«

»Siehst du die kleinen Fische da im Schatten des Steins?« fragte er. Er stand so nah bei mir, daß ich die Hitze spüren konnte, die seine Haut ausstrahlte, und ich roch seinen Schweiß. Ich streifte meine Schuhe ab, während er am Flußufer stand, das Gesicht von der Hitze gerötet, und nach einer Fliege schlug. Ich watete ins Wasser, zögerte, streckte mich dann der Länge nach ganz im kühlen Naß aus. Ich rollte mich auf den

Rücken, um ein Stück zu schwimmen. Mit einem Mal fühlte sich mein ganzer Körper erfrischt an. »Gott, ist das schön.« Meine Brustwarzen drängten sich gegen den Stoff meines Tops. Sam kniete nieder und band sich die Schuhe auf. Dann watete auch er ins Wasser und setzte sich hinein. Er seufzte genießerisch und schloß die Augen. Ich schwamm zu ihm, lehnte mich zurück und stützte mich mit den Händen ab. Seidiges Wasser umschmeichelte meine Schultern. Seine Lider schimmerten in zartem Lavendelblau. Die Haare an seinem Körper sprossen in drei Farben: Rot, Schwarz und Blond. Jedes rote Haar seiner stoppeligen Wange leuchtete in der Sonne, aber wenn er das Gesicht in den Schatten drehte, stachen die blonden heraus. Die Falten seines Hemdes klebten an seinen Schultern.

Er öffnete die Augen und brachte seinen Mund nahe an meinen. »Ich hab' hier etwas für dich«, sagte er. Mit seiner Zungenspitze drückte er etwas in meinen Mund. Süß und sauer zugleich. Ich nahm es in die Hand, um es zu betrachten. Ein Fruchtbonbon. Wir schoben es hin und her, Zunge an Zunge, bis es sich aufgelöst hatte und wir außer Atem waren.

Es dauerte ewig, bis wir wieder beim Wagen angelangt waren. Glühwürmchen flimmerten phosphoreszierend im Dunkel zwischen den Bäumen. Die Wagentür war immer noch warm von der Sonne. Ich lehnte mich mit dem Rücken dagegen. Er machte ein schnalzendes Geräusch mit Zunge und Zähnen. »Du wollüstiges Weib.« Er ließ sich ganz sachte gegen mich fallen, preßte sich mit seiner Brust, seinen Schenkeln und seinem weichen Bauch an mich, nahm meinen Mund ganz in seinen. In meinem Kopf drehte sich alles. Ich keuchte und schmiegte mich enger an ihn.

»Du fühlst dich so gut an.«

»Sollten wir etwas übersprungen haben? Oder vielleicht einfach so weitermachen?« Er führte meine Hand zielstrebig an seine aufreizend gewölbte Hose. Ich streichelte zärtlich seinen Schwanz durch den Stoff hindurch.

»Aber du solltest vielleicht lieber ein wenig vorsichtig sein«, sagte ich. »Wenn ich erregt bin, werde ich ziemlich unberechenbar.«

Die Lichter eines Scheinwerferpaars erfaßten uns, und wir fuhren auseinander. »Nun«, meinte er und verschränkte die Arme, »was hältst du von ›ökonomischer‹ Zurückhaltung?«

»Vielleicht wäre es dann noch besser, sich gleich alles zu sparen.« Wir lachten schallend.

»Ich empfinde allmählich wirklich etwas für dich«, sagte er.

»Das möchte ich doch hoffen!«

»Ich bin so geil auf dich.«

»Das soll ja durchaus gesund sein.«

»Es dauert so lange, bis man jemanden wirklich gut kennt«, meinte er. »Und Liebe, was ist das denn überhaupt?«

»Ein warmes wohliges Gefühl in deiner Brust.«

»Das ist alles?«

»Ja. Oder vielleicht auch nicht.«

»Hoffst du darauf, daß ich mich in dich verliebe, wenn ich mit dir ins Bett gehe?« wollte er wissen.

»Nein. Ich hoffe, daß eines Tages Miss Wonderful mit einem Fallschirm in dein Leben schwebt. Bis dahin . . .«

»Ich will auf jeden Fall, daß wir uns weiterhin sehen, ganz egal, was passiert«, unterbrach er mich.

Ich ließ meine Finger unter seinem Hemd seinen Rücken hinabwandern und wieder hinauf. Seine Haut fühlte sich kühl und seidig an. Ich konnte gar nicht genug von ihm bekommen. »Wir passen ganz gut zusammen«, stellte ich fest und streichelte ihm über den Arm. Er nickte. »Es tut mir leid, daß du in deiner Ehe so wenig Zärtlichkeit bekommen hast. Ich würde jetzt gern mit nach Hause gehen, dir alles ausziehen, dich von oben bis unten massieren und liebkosen und dann mit dir schlafen.« Ich vergrub meine Nase in dem zarten Flaum, der seinen Nacken bedeckte.

»Dann tu's doch einfach.«

»Es wäre mir irgendwie unangenehm.«

»Warum denn?«

»Wegen der Züge. Sie fahren direkt hinter meinem Apartment vorbei.«

»Züge haben mich schon von jeher begeistert«, entgegnete ich, »mach dir also keine Gedanken deswegen. Laß uns doch zu dir nach Hause gehen. Ich möchte dich einfach nur halten. Es ist mir gar nicht so wichtig, ob wir es nun tun oder nicht.«

Er legte Santana auf, zündete eine Kerze an und zog mich dann behutsam aus. Meine Arme lagen fest am Körper, und ich spannte meinen Oberkörper an. Im Kerzenlicht würde man die Dehnungsstreifen nicht sehen. Aber was war mit der großen Narbe auf meinem Bauch? Nun ja ...

»Woher hast du nur so einen wunderschönen Körper?« fragte er. Ich schenkte ihm ein unsicheres Lächeln.

»Ich tanze. Und fahre Rollerskate.« Ich legte mein Gesicht auf sein Bett, und er massierte mich genau so, wie ich es gern hatte; mit starken Daumen knetete er meinen Nacken und die verspannten Stellen rund um meine Schulterblätter, lockerte allmählich all meine Muskeln. Er war ganz auf das konzentriert, was er mit seinen Händen tat. Er massierte mich vom Kopf bis zu den Füßen hinunter, bis mein ganzer Körper prickelte. Seine Hände waren so groß, daß sie meinen Rücken überspannten. Seine Handflächen waren heiß und schmiegten sich an meine Rundungen, er streichelte immer wieder darüber, und er liebkoste meine Arme, meinen Hintern und meine Beine.

Er ließ sich neben mich fallen und sah mir in die Augen. »Das wäre es dann also.«

»Werden wir uns denn nicht lieben?«

»Irgend etwas stimmt nicht ...« Er hatte immer noch seinen Slip an. Ich ließ meine Finger zärtlich über die Wölbung wandern, die genau in meine Hand paßte. Dort zuckte es wie bei einem schlafenden Tier. Ich faßte in seine Hose und streichelte mit dem Handrücken über seinen Bauch. Dann zog ich an dem elastischen Bund.

»Warum ziehst du sie nicht einfach aus?« Er lächelte schüchtern.

»Kann ich meine Socken anlassen?« Ich nickte. Das Schamhaar, das sich zwischen seinen Beinen kräuselte, schimmerte rötlich im Kerzenlicht. Ich bewegte mich nach unten und küßte sein schwellendes Fleisch. Ich leckte die deutlich hervortretenden Adern entlang. Sein Penis pulsierte, reckte sich zu meinem Mund empor, suchte seine wohlige Wärme. Die Spitze hatte die Form eines Ingwerblattes, und die kleinen Fältchen flüchteten sich unter meine Zunge, bis sie rot und seidig glänzten. Ich schloß meinen Mund um den ganzen Schaft, saugte sanft daran und ließ meine Zunge über die Spitze huschen, bis er ein genießerisches Stöhnen ausstieß. Ich fing seinen Samen mit der Handfläche auf. Seine Zehen zuckten, er sank auf mich herab und blieb still liegen. Ich jedoch war immer noch ganz heiß und feucht.

In der Ferne wurde ein Heulen immer lauter und lauter. »Das ist der Schrei eines wilden Zuges«, sagte er. »Und dieser Zug wird genau durch die Küche fahren.«

»Waah . . .wa . . .wa . . .waaaaahhhhh . . .« Das Zittern des Rufes flachte ab, der Klang veränderte sich, zerfiel in zwei Töne, einen hohen, einen tiefen, und hallte zwischen den Gebäuden und Bäumen wider.

»Nur ein langsamer Frachtzug«, sagte er und hielt mich mit seinem kraftvollen Schenkel auf der Matratze. »Jetzt bist du dran.« Er küßte meine Brüste, meinen Bauch und die Stelle zwischen meinen Beinen. »Ich habe da auf dem College doch etwas gelernt«, raunte er mir zu. Seine Finger erkundeten zärtlich meine Schamlippen. Seine Zunge liebkoste eine meiner Brustwarzen, und sein Mittelfinger drang in mich ein.

Da näherte sich ein tiefes, grollendes Rattern, als der Zug auf uns zuraste, eine Woge der Kraft, Tonnen rollenden Metalls. Eine Glocke ertönte, Holz knirschte, Metall schlug aneinander. Ich fühlte die Maschine wie einen zweiten Herzschlag in meiner Brust hämmern. Dann vibrierte das rhythmische Rattern der

Räder durch mich hindurch. »Mein Gott!« Es ging weiter und weiter und weiter.

»Laß dir Zeit«, sagte er. »Ich bin bei dir. Ich genieße es auch.« Ich bebte und zuckte unter seinen ruhelosen Händen, steckte ihm meine Hüften entgegen, bis ich aufschrie und endlich kam.

In einem Strudel aufgewirbelter Luft schoß der Zug davon, und in die Wälder ringsum kehrte langsam wieder Ruhe ein. Seine Wimpern streiften meine Wange. Er schaute mir in die Augen.

»Ich weiß nicht, wen ich mehr liebe«, sagte er, »dich oder den Norfolk Southern.«

Ich lachte und küßte ihn auf den Hals. »Ich weiß es auch nicht.«

Ich habe Züge immer schon geliebt, die dunkle Reise, die uns aus uns selbst hinaus in Welten führt, die wir uns nie vorzustellen vermochten. Um mit Millays Worten zu sprechen: ›Es gibt keinen Zug, mit dem ich nicht fahren würde, ganz gleich, wohin er mich bringt‹.

Originaltitel: A slow freight
Ins Deutsche übertragen von Beate Stefer

SUSAN DOOLEY

Ritt durch die Nacht

Ihr Vater nahm den Federkiel zur Hand und machte einen Eintrag in die Familienbibel. ›Hannah heiratet William Eaton, 14. Mai 1692‹. Ein englisches Sprichwort besagt: Heirate im Mai, und du wirst diesen Tag verfluchen. Aber Will hatte auf der Hochzeit bestanden. Nun kam der Augenblick, in dem der Vater die Hand seiner Tochter ergriff und sie dem untersetzten Mann mittleren Alters reichte, dessen plötzliches und erleichtertes Lächeln den Blick auf die braunen Zahnstümpfe freilegte, die seinen Mund bevölkerten.

»Sie muß jemanden heiraten«, hatte ihre Mutter gesagt, als

sich ihr Vater gegen diese Ehe aussprach. Hannah hatte sich einverstanden erklärt. Sie mußte jemanden heiraten.

Will griff unsanft nach ihrer Hand und zog sie mit sich in Richtung Tür, ohne den Krug Apfelwein, den ihr Vater ihm anbot, überhaupt wahrzunehmen. Welch ein Unglück! Der Mann hatte einfach kein Benehmen. Hannah kämpfte gegen einen Anfall von Schwindel und entwand ihre Hand schließlich der Umklammerung. Überrascht drehte Will sich um und bemerkte den Krug. Er stürzte den Apfelwein in einem Zug hinunter, während seine Gedanken um das lauter werdende Geschrei eines Kindes kreisten. Mittlerweile hatte sich eine zweite schrille Stimme angeschlossen. Seit Annes Tod waren fünf Monate vergangen. Fünf Monate, in denen er nur das Schreien seiner Kinder gehört hatte. Er brauchte seine neue Frau zu Hause.

An einem Morgen war Hannahs Vater mit der Kutsche zu Wills Farm gefahren, um Hannahs Spinnrad und die geschwungene Kommode vorbeizubringen, die er für sie gebaut hatte, damit sie darin ihre Wäsche aufbewahren konnte. Sie standen immer noch dort an der Wand, wo Hannahs Vater sie abgestellt hatte. Das Haus war kleiner als jenes, in dem Hannah aufgewachsen war. Es gab nur diesen einen Raum. In einer Ecke stand das Bett. Ansonsten gab es nur noch einen Tisch mit mehreren Hockern und einen Alkoven, in dem die Kinder schliefen.

Die dreijährige Natty war in Hannahs Armen eingeschlafen, und der fünf Jahre alte Lem saß auf den Schultern seines Vaters. Als sie durch die Tür traten, fiel Hannahs Blick auf einen Strauß wilder Rosen, der in einem Krug auf dem Tisch stand. Sie war gerührt, daß Will sich Gedanken gemacht hatte, aber schließlich war es Abby, die vor ihnen tanzte, auf die Blumen zeigte und sagte: »Schau, was ich dort für dich habe.«

Bei der Zubereitung des Abendessens, das an diesem Tag aus gekochten Bohnen und gepökeltem Schweinefleisch bestand, half ihr die siebenjährige Abby. Währenddessen saß Will vor dem Haus. Und es war auch Abby, die ihre kleinen Geschwister nach dem Essen ins Bett brachte. Will hatte Hannah allein gelassen und war noch einmal hinausgegangen. Sie öffnete die Kommode und holte ein Nachthemd heraus, streifte es sich über und kletterte in das riesige Bett. Hannah lag mit geschlossenen Augen im Bett und lauschte dem Froschkonzert aus dem nahe gelegenen Teich. In ihren Gedanken gesellte sich die Süße von Thomas' Flötenspiel hinzu.

So wie jetzt hatten sie im Haus ihrer Eltern zusammen gelegen, lediglich durch ein kleines Brett voneinander getrennt. Die schwere Decke schützte sie vor der Kälte und umhüllte sie, samt ihren nur im Flüsterton besprochenen Plänen.

Sie hörte, wie die Tür geöffnet wurde und Will mit leicht schnaufendem Atem die Kerzen ausblies. Sie fühlte das schwere Schaukeln des Bettes, als er sich neben sie legte. Trotz des dicken Leinenstoffs spürte Hannah, wie er seine Hand auf ihr Bein legte. Als nächstes schob er ihr Nachthemd bis zur Taille hoch und strich mit seiner Hand über ihr Bein, über den Bauch hinweg, bis sie auf ihrer Brust zu liegen kam. Er umspannte ihre Brust mit seiner Hand, fuhr an ihr entlang, drückte sie leicht und ließ schließlich von ihr ab. Hannah erstarrte unter seinen Berührungen, und sie kam sich vor wie eine Decke, die von einer Katze traktiert wird. Sein Atem ging jetzt schneller. Mit seiner anderen Hand zerrte er an einem ihrer Beine und spreizte sie auseinander. Hannah preßte die Beine wieder zusammen, doch mittlerweile lag Will auf ihr und zwängte sich mit seinen Beinen und Knien zwischen sie. Sie spürte, wie er mit seinem harten Schwanz in sie einzudringen versuchte. Er kämpfte nicht mit ihr, sondern gegen sie. Sein Körper klatschte dumpf gegen ihre Knochen und ihr unnachgiebiges Fleisch, fest dazu entschlossen, auch gegen ihren Willen in sie einzudringen. Schließlich fand er, wonach er gesucht hatte, und Hannah ließ ihn gewähren. Ein beißender Schmerz durchzuckte ihren Körper, als er in sie eindrang, und wiederholte sich bei jedem seiner

Stöße. Wieder und wieder sauste er auf sie herab, bis er schließlich heftiger stöhnte, zuckte und dann plötzlich ganz zur Ruhe kam. Sie spürte sein ganzes Gewicht, wie es schwer auf ihr lastete, sie unter sich begrub und es ihr fast unmöglich machte zu atmen. Sie stemmte ihre Hüften nach oben und versuchte ihn loszuwerden. Dann bewegte sie sich ruckartig seitwärts und schaffte es so, sich Stück für Stück unter seinem Körper hervorzuwinden. Als sie ihm entkommen war, gab er einen tiefen Seufzer von sich, der in ein leicht pfeifendes Schnarchen überging.

Hannah verspürte den Wunsch aufzustehen und sich zu waschen, um dieses klebrige Gefühl zwischen ihren Beinen loszuwerden, aber sie wagte nicht, sich zu bewegen. Indem sie die Augen schloß und die Arme seitlich an ihren Körper preßte, konnte sie jeden Kontakt mit Wills Körper, der ihr so fremd war, vermeiden. So konnte sie sich vorstellen, daß die Wärme und der Körper neben ihr zu Thomas gehörten. Komm doch zurück, Thomas.

Seine Augen hatten die gleiche Farbe wie die graugrüne See und lachten sie an, als er sich herüberlehnte, um ihre Wange zu streicheln. Damals, als er sie das erste Mal berührte, war sie dreizehn Jahre alt gewesen. Sie sammelte gerade Kräuter, als sie ihn sah. Er saß auf einem Felsen und besserte sein Netz mit langen hölzernen Nadeln aus. Er erzählte ihr, daß er aus England gekommen sei, um hier bei seinem Onkel zu leben. Dann hatte er sie gefragt, ob er ihr eine Stelle zeigen dürfte, wo es reife schwarze Brombeeren gab. Sie aßen alle Beeren, die sie gepflückt hatten, und er hatte darüber gelacht, daß sich ihre Lippen vom Saft der Brombeeren violett färbten. Zum ersten Mal berührte er sie, als sie sich mit ihrem Kleid in den Dornen verfing. Er legte seine Hand schützend unter ihr Kinn und fuhr mit seinen rauhen Fingern an ihrer Wange entlang und berührte schließlich ganz leicht ihren violettfarbenen Mund.

Abby betätigte das Fußpedal des Spinnrads mit ihrem großen Zeh, legte einen Finger an das Rad und setzte es in Bewegung. Mit ihren sieben Jahren hätte sie eigentlich schon wissen sollen, wie man spinnt, aber ihre Mutter war schwer erkrankt und hatte einige Monate im Bett verbringen müssen. Hannah nahm das Spinnrad mit hinaus und stellte es unter die Ulme, deren Schatten sich über den gesamten Hof legte. Sie bat Abby, den Hocker von drinnen zu holen. Das junge Mädchen saß auf Hannahs Schoß, und sie zeigte ihr, wie sie die Füße neben das Rad stellen mußte. Während sie die kleinen Hände umfaßte, zeigte sie Abby, wie man die fettige Wolle halten und kämmen mußte, damit die Fasern in die gleiche Richtung liefen und in dem gefräßigen Maul des ausgehungerten Spinnrads verschwinden konnten. Das Kind spann einen langen, klumpigen Faden, betrachtete sich den dünnen Faden, der sich auf Hannahs Spindel befand, und begann zu weinen. »Es dauert eine Weile, bis man es richtig kann«, tröstete Hannah sie. Sie erinnerte sich daran, was ihre Mutter getan hatte, als sie im Alter von fünf Jahren zum ersten Mal vor einem Spinnrad gesessen hatte. »Paß auf, Abby, wir heben das hier auf, genauso wie meine Mutter meinen ersten Spinnversuch aufgehoben hat. Würdest du gerne den ersten Faden sehen, den ich damals gesponnen habe?«

Abby nickte. Ganz unten unter ihrer Wäsche fand Hannah das grobe und unregelmäßige Stück Faden, das neben der Flöte lag, die Thomas zurückgelassen hatte.

In dieser Nacht vernahm sie in ihren Träumen ein Flötenspiel, und Thomas erschien vor ihrem geistigen Auge. Es war das erste Mal, daß sie ihn so sehen konnte, seitdem er fortgegangen war. Sie schaute in seine grauen Augen und sagte: »Es tut mir leid, ich wollte niemals, daß du gehst.« Er lächelte und antwortete ihr: »Das wollte ich auch nicht.« Hannah war glücklich darüber, daß er zurückgekommen und diese schreckliche Nacht vergessen war. Sie war damals fünfzehn gewesen, und ihr Vater hatte sich damit einverstanden erklärt, daß Thomas und sie heiraten sollten. Wenn Thomas an den Winterabenden zu ihnen kam, durften sich die beiden allein in dem großen Raum aufhalten, wo das Feuer Schatten auf die Wand warf. Solange das Regalbrett zwischen ihnen lag, durften sie gemeinsam im Bett liegen und sich unter der Decke wärmen. Thomas hatte große Geschicklichkeit darin entwickelt, ihr Oberteil von seiner Seite des Brettes aus aufzuknöpfen und ihre Brustwarzen zwischen Daumen und Zeigefinger so zu liebkosen, daß sie steif und hart wurden und sich zwischen Hannahs Schenkeln dieses wohlig warme Gefühl ausbreitete. In jener Nacht hielt Thomas sich nicht länger an die Vereinbarung und entfernte das Brett, sobald das Schnarchen ihrer Eltern aus dem Nachbarzimmer zu vernehmen war.

»Wir haben unser Ehrenwort gegeben, Thomas«, hatte sie ihn erinnert, aber unbeirrt davon ließ er seine Hand unter ihre Kleidung, unter ihren schweren Unterrock gleiten und strich an ihren Beinen empor, bis er den behaarten Hügel ihres Schoßes erreicht hatte. Er begann sie dort sanft zu streicheln, hätte seine Zärtlichkeiten jedoch unterbrochen, sobald Hannah gegen sein Verhalten protestierte hätte. Aber sie nahm seine Hand nicht weg, und eine Woge des Verlangens durchspülte ihren Körper. »Das ist Sünde«, hatte sie geflüstert, aber er hatte schon wieder damit angefangen, sie mit seiner Hand zärtlich zu streicheln und ihr Verlangen weiter zu steigern. Sein Mund war zu ihren Brüsten gewandert, und zum ersten Mal umschlossen seine Lippen ihre Brustwarzen. Mit seiner Zunge konnte er ihre Erregung spüren. Hannah wünschte sich, daß er sie ewig so liebkosen möge, doch statt dessen hatte sie ihn weggeschickt.

»Wir haben unser Wort gebrochen«, hatte sie nur zu ihm gesagt und ihn aus dem warmen Bett verbannt. Sie wäre nie auf die Idee gekommen, daß er bei diesem starken Wind mit dem Boot nach Hause fahren würde. Es tat Hannah leid, daß Thomas den langen Weg am Ufer entlang auf sich nehmen mußte, aber sie war um ihrer beider Seelenheil besorgt und konnte es nicht zulassen, daß er blieb.

Am Spätnachmittag des folgenden Tages kam sein Onkel und berichtete, daß das Kanu angespült worden sei. Thomas war nicht nach Hause gekommen. Sie hatte sich abgewandt und ihren Kopf auf den Kaminsims gestützt, als ihr Blick auf Thomas' Flöte fiel, die direkt vor ihr lag, immer noch dort, wo er sie zurückgelassen hatte.

Das Wetter hatte sich gebessert, und es war mittlerweile warm und trocken. Will war zusammen mit den anderen Männern nach Appell Island gefahren, um dort Kabeljau zu fischen. Es würde bestimmt einige Wochen dauern, in denen sie die Netze auswerfen und wieder einholen und den Fisch zum Trocknen aufhängen und schließlich für den Winter in Fässern verstauen würden.

Lem spielte mit Natty im hohen Gras, und das Baby lachte jedes Mal vergnügt, wenn Lem die Samen der Pusteblumen in die Luft blies. Abby hatte den Sack mit dem Saatgut aus dem Kuhstall geholt, und Hannah zeigte ihr, wie man säte. Sie war fröhlicher, wenn Will nicht da war. Sie unterrichtete Abby, nahm Natty auf den Arm, wenn er schrie, und genoß es, seinen leichten und feuchten Atem in ihrem Nacken zu spüren.

Im Juni blieb es bis weit in den Abend hinein hell, und Hannah setzte sich mit ihren Stricksachen nach draußen, nachdem sie die Kinder zu Bett gebracht hatte. Der Flieder hatte zu blühen begonnen. Der süße Duft erinnerte sie an einen Besuch von Thomas, zu dem er ihr Flieder mitgebracht hatte. Seine Arme quollen so sehr über vor Blüten, daß er eine große Duftwolke hinter sich herzog. Von diesem Abend an legte sich Hannah zu Bett, sobald die Kinder eingeschlafen waren.

Thomas ritt auf einer Stute und trug einen tiefschwarzen Mantel, der manchmal blau schimmerte. Sonderbar, dachte Hannah bei sich. Thomas hatte niemals ein Pferd besessen. Als er ihren überraschten Gesichtsaudruck sah, mußte er lachen, griff nach ihr und zog sie mit einem Schwung hinter sich aufs Pferd. Hannah wollte ihm erzählen, daß sie gedacht hatte, er sei tot, aber das Pferd war nervös und trippelte umher, so daß Thomas ihr nicht zuhörte. Hannah gab es auf, mit ihm zu sprechen, und umschloß ihn statt dessen mit ihren Armen. Dabei schmiegte sie sich mit ihrer Wange fest an seinen Rücken und spürte die Wärme seines Körpers durch die Kleidung hindurch. Thomas gab dem Pferd die Sporen, und es tat einen Satz nach vorn. Hannah hielt sich noch stärker fest, aber das Pferd machte keinen Sprung landwärts. Es flog höher und höher, ließ die Fichten ebenso weit unter sich wie die felsige Küste, flog immer weiter hinauf, bis es schließlich zwischen den Sternen zur Ruhe kam.

Sie landeten auf einem Streifen aus nassem schwarzem Sand, der mit Silber vermischt zu sein schien. Die Wellen rollten heran. Thomas glitt auf den Boden und begann auf seiner Flöte zu spielen. »Aber du hast sie doch vergessen«, sagte Hannah, die verwundert darüber war, daß er sie hier haben sollte. Aber Thomas schüttelte den Kopf und lächelte sie an. Er hielt die Flöte an den Mund, spielte einige schiefe Töne und wechselte dann über zu einer sanften, aber doch ausgelassenen Melodie. Er tanzte auf Hannah zu, und seine Füße schnippten Sand auf Hannahs Hemd.

Sie lächelte ihn an, raffte ihren Rock, schüttelte den Sand ab, glitt vom Pferd herab und begann ebenfalls zu tanzen. Die Hände auf die Hüften gestützt, tanzte sie vor Thomas her und wurde mit der Musik zusammen immer schneller, bis sie an sich herunterschaute und feststellte, daß sich durch den Tanz alle Knöpfe ihres Mieders geöffnet hatten. Ihre Brüste schwangen nackt vor Thomas' begeisterten Augen hin und her. Hannah tanzte vorwärts auf Thomas zu, bis ihre Brüste seiner Brust ganz nahe waren. Dann tanzte sie wieder rückwärts, während sie mit den Füßen Muschelschalen und kleine Steinchen in die

Luft schleuderte. Ihr Oberteil war mittlerweile ganz von den Schultern heruntergerutscht, so daß sie jetzt bis zur Taille nackt war. Ein leichter wohliger Schauder durchlief sie, als die Meeresbrise ihre Haut berührte. »Es ist verrückt«, sagte sie zu Thomas, doch der schüttelte nur den Kopf. Auch seine Kleidung hatte sich gelockert, und während sie gemeinsam tanzten, sah sie, wie sein Schwanz größer und härter wurde. Sie tanzten jetzt enger zusammen, und er reizte sie, indem er seinen Schwanz über ihr Kleid streichen ließ.

Plötzlich war ihr Kleid verschwunden, und Thomas und Hannah standen nackt voreinander, während sie immer neue Fußabdrücke in den Sand drückten. Dann lagen sie so zusammen wie früher, und er war schon in ihr. Aber es war nicht wie bei Will, brutal und schmerzhaft. Statt dessen steigerte Thomas mit jedem vorsichtigen Stoß das angenehm warme Gefühl zwischen ihren Beinen. Mit seinen Händen umschloß er die glatten Rundungen ihres Hinterns und preßte sie fest an sich, als er sich in ihr bewegte. »Setz dich aufrecht hin«, sagte er zu ihr, und sie setzte sich rittlings auf ihn. Sie sah in die dunkle Tiefe seiner Augen und sagte: »Wie auf einem Pferd.« Auf ihm sitzend, wogte sie hin und her. Eine erregende Hitze erfaßte sie. »Ich reite auf dir wie auf einem Pferd.«

Sie wurde jäh aus ihren Träumen gerissen und hatte das Gefühl, aus einer sehr großen Höhe auf das Bett gefallen zu sein. Der Hahn krähte, und die Ziegen beschwerten sich mit ihrem Gemecker. Sie fühlte sich den ganzen Tag über schwerfällig und benommen, und ihre Gedanken trieben immer wieder ab zu dem Strand, wo sie mit Thomas gelegen hatte. Kurz vor dem Abendessen setzte ein leichter Regen ein, und sie nahm das Wetter als Vorwand, um die Kinder früher ins Bett zu schicken. Sie zog sich die Decke über den Kopf, schloß die Augen und versuchte zu schlafen.

Sie blieb eine ganze Woche im Bett. Sie träumte und döste träge vor sich hin, ignorierte Abbys ängstliche Fragen und reagierte verwundert, wenn Natty versuchte, ins Bett zu klettern und sich in ihre Arme zu kuscheln. Mit geschlossenen Augen hielt sie die Erinnerung an jene Nacht mit Thomas wach, der sich irgendwo in der Nähe aufhielt und auf seine Rückkehr aus der Dunkelheit wartete. Nachdem Abby die Kleinen gefüttert hatte und die Kinder im Bett lagen, spürte Hannah, wie die Bodenbretter vibrierten. Die Stute trat in das Zimmer, und Thomas griff mit seiner Hand hinunter, um die Decke zurückzuziehen. Dann zog er sie zu sich aufs Pferd. Dieses Mal neckte er sie: »Ich habe nicht nur ein Roß, sondern zwei. Ich reite meine Stute und meine Braut Hannah.« Später ließ er sie auf dem silbrigen Sand niederknien und nahm sie von hinten. Während er sich in ihr bewegte, strich er mit seinen Händen zärtlich über ihre Brustwarzen. Hannah war glücklich, daß er ihr Zusammensein so sehr genoß. Glücklich, daß ihre Sehnsucht stark genug war, ihn wieder zu ihr zurückzubringen.

Am Samstag gab Abby es schließlich auf, Hannah zum Aufstehen zu bewegen. Sie ging die Straße entlang, bis sie das Haus erreichte, in dem ihr Vater geheiratet hatte. Als sie zurückkam, wurde sie von Hannahs Mutter begleitet. Außerdem hatten sie Erdbeertee und einen Tee zur Aufmunterung dabei. Ihre Mutter blieb bei ihr und sorgte dafür, daß Hannah das warme Getränk auch zu sich nahm. In jener Nacht war es der Körper ihrer Mutter, der im Bett neben ihr lag.

Am Sonntag gingen sie alle zusammen ins Gemeindehaus. Abby und Lem gingen gemessenen Schrittes voraus, und Natty versuchte, sich aus der Umklammerung ihrer Arme herauszuwinden. Es waren auch Leute dort, die Hannah niemals zuvor gesehen hatte. Wenn sie nicht so müde gewesen wäre, hätte sie sich über die ungewöhnlich große Zahl von Menschen und das Stimmengewirr gewundert, das während des Gebets hätte verstummen müssen.

Ritt durch die Nacht

»Der Teufel ist unter uns«. Die Worte erfüllten den Raum wie wütendes Gebell. Pfarrer Winthrop stand vor der versammelten Menge, und seine Worte brachten die Menschen zum Verstummen. Die Gerüchte aus Salem waren also wahr.

Als Hannah später versuchte, sich seine Rede ins Gedächtnis zu rufen, konnte sie sich nur noch daran erinnern, daß Hexen nicht untergehen würden, wenn man sie ins Wasser warf. Außerdem gäbe es eine Salbe, die es ihnen ermöglichte, durch die Nacht zu fliegen. Darin wäre Fingerhut und ... Sie wußte nicht mehr, was sonst noch darin enthalten war. Und dann: »Zum Klang einer fremdartigen und ganz plötzlich einsetzenden Musik würden sie einen magischen Tanz aufführen.«

Hannah hatte Angst davor einzuschlafen. Es war also nicht Thomas, den sie sah, sondern ein Dämon. Der Teufel hatte ihre Seele an sich gerissen, und sie schämte sich der Freuden, die sie empfunden hatte. In jener Nacht kletterte sie nicht in das große Bett. Sie nahm einen Schemel mit nach draußen und hielt sich wach, indem sie in der feuchten Nachtluft betete.

Drei Nächte lang saß Hannah draußen. Sie schlief nur am Tag, während Abby neben ihr saß und das Spinnen übte und Natty sich in ihrer Armbeuge zusammenrollte. Sie versuchte sich selbst zu bestrafen, indem sie an Tituba, die Sklavenhexe, dachte. Auch sie war, wie Hannah, durch die Nacht geflogen und hatte zur Melodie des Teufels getanzt. Sie mußte daran denken, daß sie Thomas verloren hatte, und es bereitete ihr Schwierigkeiten zu atmen.

Hannah schlief. Aber Abby weckte sie nicht auf, denn sie hatte Angst, da sie nicht wußte, was mit ihr los war. Sie fütterte Natty und Lem mit den Bohnen und den Keksen, die vom letzten Abendessen noch übrig waren, und half ihnen beim Zubettgehen. Einsam und müde von ihren Nachtwachen sank Hannah in einen immer tieferen Schlaf. Diesmal wurde sie nicht von dem Hufschlag des Pferdes geweckt, sondern von Thomas' Berührung. Er faßte sie an ihren Schultern und schüttelte sie sanft, bis sie aufwachte. Sie schlug ihre Augen auf. Er sah sehr traurig aus. »Wie konntest du an mir zweifeln, Hannah? Erinnerst du dich nicht mehr: ›Wenn zwei so sicher zusammen gehören wie du und ich / wie kannst du dann hier bleiben, wenn ich doch im Himmel auf dich warte?‹«

»In Ipswich, nicht im Himmel«, berichtigte ihn Hannah, als sie sich an das Gedicht erinnerte. Jetzt war sie sich sicher, daß es Thomas war, der vor ihr stand und die Zeilen wiederholte, die er ihr ins Ohr geflüstert hatte, als er sich von ihr verabschiedete. Sie war sehr erleichtert und außer sich vor Freude, daß er zurückgekehrt war. Als sie daran dachte, daß sie ihn für den Teufel gehalten hatte, wurde ihr ganz schwindelig. In dieser Nacht ritten sie zu der Stelle, wo die schwarzen Johannisbeeren standen und sie sich das erste Mal getroffen hatten. Nach und nach legte er die saftigen Beeren auf ihre Zunge. Dann küßte er ihren süßen klebrigen Mund und leckte mit seiner Zunge ihre Lippen ab, bis sie wieder sauber waren. Als er sich zurücklehnte, beugte sie ihren Kopf vor und folgte mit ihrer Zunge der geschwungenen Linie seiner Lippen, um sich ihre Form für immer einzuprägen. In diesem Moment, in dem sich ihre Lippen berührten und ihre Zungen miteinander spielten, verschmolzen ihre beiden Seelen miteinander. Wenn das Schicksal ihn fortzöge, dachte Hannah, würde sie mit ihm gehen, und ihr Leben auf der Erde wäre Vergangenheit. Ihre Lippen berührten sich noch immer, als sie langsam zu Boden sanken, wo das grüne Moos die Erde wie ein weiches Kissen bedeckte.

Thomas berührte den obersten Knopf ihres Mieders, und ihr Kleid löste sich in nichts auf. Hannah sah, wie sich ein Lächeln auf seinem Mund ausbreitete. Er war stolz auf diesen kleinen Trick. Sie lächelte ihn an, legte ihren Zeigefinger auf sein Hemd, und seine Kleidung verschwand ebenfalls. Als sie seine Nacktheit auf ihrem Körper spürte, dachte sie daran, welch gewieftes Paar sie waren. Während ihres Rittes hatte der Wind ihre Haare durcheinandergewirbelt, und Thomas strich vorsichtig die Strähnen aus ihrem Gesicht. Er zeichnete ihren Mund nach und ließ dann seine Hände über ihre Brüste, ihren Bauch und den mit seidigem Haar bewachsenen Hügel gleiten, um all dies auf ewig in seinem Gedächtnis zu bewahren. Seine Hände lagen ganz in der Nähe ihrer feuchten Öffnung, und diese Nähe machte Hannah halb verrückt. Doch er ließ seine Finger weiter an ihren Beinen herabgleiten, bis er schließlich an ihren Fußsohlen angelangt war.

Dann fuhr er langsam an der Innenseite ihrer Wade entlang, wärmte die zarte Haut an ihrem Oberschenkel und ließ seine Finger schließlich zwischen ihre Beine gleiten. Hannah stöhnte vor Lust, als er sich endlich neben sie legte. Sie schloß ihre Augen, und im tiefen Schwarz ihres Verlangens sah sie sein Gesicht vor sich, als er begann, sich in ihr zu bewegen und sie seine Männlichkeit spüren zu lassen.

Es gab einige Vorkehrungen, die man treffen konnte. Man konnte ein Messer unter das Fußende des Bettes legen oder ein Hufeisen über der Tür aufhängen, um den Teufel fernzuhalten. Oder würde sie damit Thomas zwingen, in der Bucht zu bleiben?

Will würde zurückkommen und sich zwischen sie und ihre nächtlichen Ausflüge zwängen. Die Gefahr wäre gebannt, aber mit ihr auch das Vergnügen.

Hannah fürchtete sich vor dem Tag, an dem Will zurückkommen würde. Aber noch mehr fürchtete sie sich vor dem Tag, an dem sie die ersten Regungen des neuen Lebens, das in ihr heranwuchs, spüren würde. Sie hatte Angst, vielleicht den Tritt eines kleinen Hufes, den Huf des Teufels, spüren zu können.

Als die Kinder bereits im Bett lagen, ging Hannah hinunter zum Strand, wo sie Anfang der Woche ein Kanu hatte liegen sehen.

Der Wind hatte an Heftigkeit zugenommen, und sie mußte das Paddel benutzen, um sich von den Felsen abzustoßen. Wind und Flut drängten sie immer wieder zurück in Richtung Küste, und ihre Schultern schmerzten wegen der großen Anstrengungen, die sie unternahm, um aufs Meer hinaus zu gelangen. Dann ließ der Wind nach, und auf Flut folgte Ebbe. Jetzt war sie frei. Als sie zu paddeln begann, hörte sie ein entferntes Wiehern. Sie hatte gewußt, daß Thomas sie finden würde. Das Pferd tänztelte ihr auf dem tiefschwarzen Wasser entgegen.

»Laß uns in deinen Armen einschlafen und in deinem Königreich erwachen«, flüsterte sie zu Gott oder zu Thomas, als er sie aus dem Boot zog und sie an seinen Körper drückte, von dem wieder diese wunderbare Wärme ausging, die ihr so vertraut war. Mit einem Gefühl der Geborgenheit ließ sie ihre Hände unter Thomas' Hemd wandern und hauchte ihren warmen Atem in seinen Nacken. Thomas drehte sich um und lächelte sie an. Er hob eine Hand, um ihr zu zeigen, daß er immer noch die Flöte besaß, deren zarte und süße Töne langsam verklangen, während sie sich über das Wasser ausbreiteten.

Ich wollte eine Geschichte über Schuldgefühle schreiben, hatte aber Schwierigkeiten damit, sie in der heutigen Zeit anzusiedeln. Wie soll man über Liebe schreiben, die sich über Grenzen hinwegsetzt, wenn heutzutage die Befriedigung sexueller Lust als normal und das Essen eines Nachtischs als Sünde aufgefaßt wird?

Originaltitel: The night mare
Ins Deutsche übertragen von Christopher Gehrmann

L. M. LIPPMAN

Hitze

Cameron würde es auch heute noch nicht zugeben, aber sie kam wegen eines Mannes nach Texas. Um genau zu sein, kam sie zusammen mit ihrem Freund vom College. An jenem grauen Nachmittag im März, als Paul ihr eröffnete, daß er eine Stelle als Lehrer angeboten bekommen hatte, schienen sich viele offene Fragen auf einmal zu beantworten. Wenn sie ihn begleiten würde, müßte sie sich keine Gedanken darüber machen, was sie tun sollte oder was sie werden könnte oder ob sie überhaupt mit ihm zusammen sein wollte. Diese Fragen könnte sie einfach noch ein wenig länger vor sich herschieben. Cameron betrachtete ihr Leben wie eine Picknickdecke, die darauf wartete, an einem schönen, aber windigen Tag ausgelegt zu werden. Sobald sie sich für einen Wohnort entschieden haben würde, wie beispielsweise San Antonio, wäre die erste Ecke befestigt, und auch die übrigen würden dann folgen.

»Es ist wie bei den Friedenstruppen, nur daß es sich hier um eine Schule handelt!« hatte Paul ihr begeistert erzählt. Währenddessen versuchte sie, nicht auf jenen Teil ihres Gehirns zu hören, der Paul beurteilte. Sie hatte den Eindruck, daß sich dieser Teil ihres Gehirns in letzter Zeit immer häufiger zu Wort meldete. Es war kaum vorstellbar, daß sie überhaupt weiter zusammen sein würden, in welcher Stadt auch immer. Aber trotzdem ertappte sich Cameron dabei, wie sie zu Beginn des Frühlings auf der Wetterseite des *Globe* die Temperaturen von San Antonio nachsah: Siebzig Grad, achtzig Grad und einmal sogar eine Höchsttemperatur von siebenundachtzig Grad. Für die blasse und dünne Cameron, deren Blutdruck so niedrig war, daß sie jedesmal einer Ohnmacht nahe war, wenn sie sich zu schnell erhob, hatte San Antonio somit zweifellos einen gewissen Reiz. Sie konnte es kaum erwarten, Pauls Meinung nach seinem ersten Besuch der Schule im April zu hören. Zur selben Zeit fand in der ganzen Stadt ein großes Fest statt, von dem überall nur als Fiesta die Rede war. Sie betrachtete es als eine herrliche Untertreibung, einem so großen Fest keinen besonderen Namen zu geben. Paul erzählte ihr, daß die Menschen in den Straßen Truthahnschenkel aßen und wild damit hin und her winkten. Es gab vier Festzüge, von denen sich drei durch die Straßen und einer auf dem flachen Fluß durch die Innenstadt schlängelten. Überall in der Stadt roch es wie in ihrem Lieblingsrestaurant, dem La Coza.

»Die Fiesta ist viel größer als Karneval«, fügte er hinzu. Die Art und Weise, wie er redete, erinnerte stark an die Veröffentlichungen der Handelskammer: Größer, besser, toller, heißer. Cameron bemerkte, daß Pauls Vokabular schon unter texanischem Einfluß stand. Trotzdem freute sie sich, als er ein gefärbtes Ei über den Resopaltisch zu ihr hinüberrollte. Sie saßen in der Küche, dem wärmsten Raum der Wohnung, weil sie nur eine Außenwand hatte, die an einen schmalen Hof grenzte. Hier konnte Cameron mit dem Rücken zum Heizkörper sitzen und gleichzeitig ihre ewig kalten Füße auf einen kleinen Ofen legen, während Paul ihr ein ums andere Mal heißen Tee brachte.

»Sie nennen sie *cascarones*«, erläuterte Paul, als sie das ungleichmäßig blau gefärbte Ei eingehend betrachtete. Die eine Spitze des Eies war abgetrennt und durch ein dünnes Stück rosafarbenes Papier ersetzt worden. Zu ihrer Bestürzung nahm Paul das Ei und schlug es knapp über dem linken Ohr gegen ihren Kopf. Konfetti in den Farben Blau, Rosa, Türkis, Rot, Gold und Silber rieselte durch ihre Haare und verteilte sich auf dem Tisch. Die Idee an sich gefiel ihr, aber es störte sie, daß er ihr Ei zerbrochen hatte.

»Du kannst es nicht aufheben«, sagte Paul lachend zu ihr. »Ein *cascaron* ist dazu da, zerbrochen zu werden.«

Außerdem hatte er noch verschiedene Soßen mitgebracht: eine milde, eine mittelscharfe und eine sehr scharfe. Nach Pauls Ausführungen war es sehr wichtig, sich an die schärfste Soße zu gewöhnen. Schließlich wollten sie doch nicht als Ausländer oder, was noch schlimmer wäre, als *bolillos*, was soviel wie ›Waschlappen‹ hieß, gelten. Cameron bemerkte, daß sich sein ›r‹ wie ein davonrasender Zug anhörte. Das doppelte ›l‹ sprach er sehr abgehackt aus. Ihr Spanisch war bei weitem besser. Sie drückte sich gewählter aus und fand die passenderen Worte. Für sie war es ein Zeichen schlechten Geschmacks, wenn jemand zu salopp mit einer fremden Sprache umging.

Paul hatte die goldumrandeten Teller hervorgeholt, die sie in einem überteuerten Fachgeschäft gekauft hatten, das sie beide liebten. Er goß von jeder der Soßen ein wenig in die Vertiefungen der Teller. Paul gab Cameron einen Tortillachip, der, wie er sagte, aus einer der zahlreichen Tortillafabriken in San Antonio stammte. Sie tauchte ihn in jede der Soßen, und zum ersten Mal seit Wochen wurden ihre Geschmacksnerven gefordert. Die mittelscharfe Soße trieb Paul Schweißperlen auf die Stirn, und die scharfe Soße ließ seinen Atem stocken. Er verschluckte sich an einem Tortillachip, und Cameron mußte ihm kräftig auf den Rücken klopfen, um ihn aus dieser Lage zu befreien. Sie hatte gewußt, daß es mit ihnen beiden nicht gut gehen würde. In diesem Moment stellte sie sich jedoch die Frage, wie lange Paul es allein aushalten würde, dort in San Antonio oder in jeder beliebigen anderen Stadt, die nicht Boston war. Sie konnte ihm nicht helfen. Vermutlich gab es niemanden und keinen Ort, der das vermocht hätte.

Er ging davon aus, daß er nur sechs Monate, also noch nicht einmal das gesamte Schuljahr, in San Antonio bleiben würde. Bevor er überhaupt dort war, war es für ihn schon wieder vorbei. Anfang August flog Paul nach San Antonio. Cameron folgte ihm zehn Wochen später in dem alten Toyota, von dem sie nicht mehr sagen konnte, wem er gehörte. Es war kurz vor Hallowe'en, und sie fand einen erschreckend blassen und zerbrechlich wirkenden Paul vor. Er sah gequält aus. Die graue Strähne, die sich jetzt durch seine Koteletten zog, gab ihm ein leicht groteskes Aussehen.

»Du siehst ... anders aus«, sagte sie, nachdem sie verschiedene andere Adjektive in Erwägung gezogen, aber dann doch als unpassend empfunden hatte.

Paul murmelte, daß man in dieser Stadt nicht leben könne. Sie läge zwar in den USA, gleiche aber eher einem Außenposten Mexikos. Er sprach nicht nur von den Vereinigten Staaten, sondern von den ›Vereinigten Staaten von Amerika‹, fast so wie diese Soldaten, die sich in San Antonio zur Ruhe gesetzt hatten. Er erzählte ihr von seiner Klasse, in der er Englisch als Fremdsprache unterrichtete. Er käme kaum voran, und es wäre die doppelte Arbeit, weil er alles übersetzen müßte. Eine absurde Situation, aus der es nur einen Ausweg gab: Rückzug. Er erzählte ihr, daß die Telefone nicht funktionierten, wenn es regnete, und sich harmlos aussehende Sträßchen in Sturzbäche verwandelten, die die Leute mit sich rissen. Und warum waren diese Straßen für Niedrigwasser gedacht, wenn es sich doch vielmehr um Hochwasser handelte? Schließlich fragte er sie, ob es sich bei den roten Punkten auf seinem Arm möglicherweise um eine Sonnenallergie handelte.

Cameron war sich nicht sicher, wie sie nach einer viertägigen Reise, bei der sie mehr als vierzig Stunden am Steuer gesessen hatte, auf diesen Wortschwall reagieren sollte. Schließlich sagte sie einfach nur: »Du hast von einer Taco-Bar erzählt, die die ganze Nacht durch geöffnet hätte.« Diese Bemerkung war der Auslöser für den nächsten Wortschwall. Paul erläuterte, daß die klassische mexikanische Küche wirklich sehr gesund sei, aber von den Texanern pervertiert worden sei. Sie verwendeten viel zu viel Käse und Sahne. Besonders hart ging er mit den Avocados ins Gericht. »Das ist das reinste Fett.« Aber trotz allem führte er sie zum Taco Cabana.

Auf dem Tisch vor ihr standen eine *tostada compuesta* und ein Taco mit *carne guisada*, und Cameron genoß die leichte Brise, die vom Innenhof zu ihr herüberwehte. Ihr war angenehm warm, und das Essen war scharf. Auf der anderen Straßenseite sah sie eine Reklametafel, auf der eine elektrische Brotmaschine Unmengen von Weißbrotscheiben abschnitt. Um sie herum hatten die Menschen diese wundervolle braune Hautfarbe, und sie kam sich sehr weiß vor, fast schon larvenartig. Doch das schien niemanden zu stören. Sie würde sich einen dieser gewebten Gürtel aus Guatemala kaufen, die sie weiter oben im Osten gesehen hatte. Und sie wollte eines von jenen T-Shirts haben, die mit alten Fotos von Cowgirls bedruckt waren. Cowboystiefel brauchte sie nicht, weil sie einmal auf einem kleinen Umweg in einer Stadt namens Rosebud ein Paar gekauft hatte. Sie streckte ihre Beine aus und bewunderte die grauen Stiefel mit den weißen und blauen Verzierungen. Sie fühlte sich wie einer dieser Outlaws im 19. Jahrhundert, die ›G. T. T.‹ (›Gone to Texas‹, ›Bin in Texas‹) auf ihre Haustür kritzelten und dort ein neues Leben anfingen. Oder wie jene Männer, die scharenweise nach Alamo kamen, um dort zu kämpfen und zu sterben, obwohl sie mit Texas und dessen Zukunft nicht wirklich etwas zu tun hatten. Dann hatte sie es – sie war Davy Crockett.

Während Cameron ihr Herz für San Antonio entdeckte, wuchsen Pauls Abneigung und Haß immer weiter. Alle Gedanken, die schon im August durch seinen Kopf gegeistert waren, beschäftigten ihn auch während des milden Winters. Der Himmel war so blau, daß es fast schmerzte, und die Temperaturen waren sehr angenehm. Als es Frühling wurde, eröffnete er Cameron, daß er eine kleine Reise nötig hätte. Er wollte allein nach Nepal reisen. Das schwierigste war dabei für Cameron, ihre Freude nicht allzu offen zu zeigen. Sie mochte ihn, aber nur so, wie man sich an einen bedeutsamen Lebensabschnitt erinnert, der kurz vor seinem Abschluß steht. Bei ihrer Abschlußfeier am College hatte sie ein ähnlich nostalgisches Gefühl und den Wunsch verspürt, es endlich hinter sich zu bringen. Sie half ihm beim Packen, warf einen Blick auf seinen Impfpaß und sagte nichts, als er einige T-Shirts und Polohemden einpackte, die eigentlich ihr gehörten.

Sie verabschiedeten sich am Flughafen, wo sie von reichen Mexikanern umgeben waren, die gerade ihre kostspieligen Wochenendeinkäufe erledigt hatten. Cameron wollte den Abschied nicht überstürzen. Im Gedenken an alte Zeiten küßten sie sich sogar. Dann fuhr sie zu einer nahe gelegenen Taco-Bar, wo es auch Bier gab. Bei jedem Flugzeug, das über sie hinwegflog, hob sie ihr Pearl Light und prostete ihm zu. Ihre Augen folgten dem Flugzeug, und obwohl sie sich nie sicher war, ob es Pauls Flugzeug war, sagte sie sich jedesmal, daß dort am Horizont auch ihre Vergangenheit verschwand. Das Kapitel Paul endete für sie in Nepal. Das einzige, was blieb, war die vage Erinnerung an jemanden, den sie ›mein Freund aus dem College‹ nannte. San Antonio gehörte jetzt ihr, ihr ganz allein.

Sie vergaß sehr schnell, daß es Paul gewesen war, der das schöne Appartement damals entdeckt hatte. Es bestand aus einem einzigen großen Raum im obersten Stockwerk eines alten

Hauses, hatte Buntglasfenster nach Osten und Westen, französische Türen nach Süden und einen kleinen Balkon in Richtung Norden. Nur selten erinnerte sie sich daran, daß auch er es war, der die kleine Stellenanzeige entdeckt hatte. Sie arbeitete in einer kleinen Stiftung, die sich um Handwerksausstellungen und regionale Künstler kümmerte. Sie wußte, daß man es hier mit der Geschichte von Texas nicht immer so genau nahm. Einige der schönen Anekdoten sind jedoch wahr. Beispielsweise die Geschichte des Colonel Travis, der mit seinem Säbel eine Linie durch den Staub zog und die Verteidiger von Alamo davor warnte, sie zu überschreiten. Andere Geschichten wie die Legende von Emily Morgan, der schönen Sklavin, die für das verspätete Eintreffen von Santa Anna in San Jacinto verantwortlich sein soll, sind dagegen nicht mehr zu beweisen. Aber das kümmert die Texaner nicht weiter, sie sind nach wie vor davon überzeugt. Insbesondere bewunderte Cameron die ›Töchter der Republik Texas‹, die Verteidiger von Alamo, die unerschütterlich jedem Versuch widerstanden haben, ihren Mythos zu zerstören.

Es war eine alte Stadt, die gleichzeitig wilder und düsterer war als alle Orte, die sie oben im Osten kannte. Die alteingesessenen englischen und deutschen Familien hatten weiterhin das Sagen. Die Aristokraten der Stadt waren sich ihrer Bedeutung und Position so sicher, daß sie sich während der Fiesta gegenseitig krönten. Die Töchter der angesehensten Familien fuhren mit Kutschen durch die Stadt, damit die Einwohner sie in ihren reich bestickten und mit Perlen verzierten, sündhaft teuren Kleidern bewundern konnten. Und bei der ›Krönungszeremonie‹ beugten sich die Mädchen vor dem Zeremonienmeister herab, machten einen Knicks, streckten dabei ein Bein nach hinten weg und berührten mit ihrer Stirn den Boden. Die meisten von ihnen brauchten zum Aufstehen die helfende Hand eines ihrer Begleiter. Aber die wirklichen Prinzessinnen oder Gräfinnen konnten sich dank jahrelangen Oberschenkeltrainings durch Reiten und Fußball aus eigener Kraft erheben und ernteten damit den stürmischen Applaus der Zuschauer in der Stadthalle. Cameron ging dorthin, um dieses Schauspiel mitzuerleben. Zu Hause übte sie diesen Knicks, gab aber auf, nachdem sie sich überschlagen und einen blauen Fleck an der Stirn davongetragen hatte. Sie würde nie eine Gräfin sein.

In ihrem Job bei der Vaca Naranja Foundation arbeitete sie für einige ehemalige Gräfinnen. Sie war so etwas wie ein Puffer, da sie zwischen ihnen und den Künstlern stand, die sie förderten. Die Präsidentin des Vorstands, die Witwe eines Bankiers, die die Stiftung ins Leben gerufen und sie nach dem Maskottchen der Universität von Texas benannt hatte, sagte immer wieder zu Cameron: »Ich finde diese Skulpturen von den auferstehenden Toten einfach großartig.« Oder sie bat Cameron: »Könnten Sie vielleicht dieser Frau, die die Puppen bastelt, sagen, sie möchte etwas mehr Rosa verwenden. Ich glaube, das würde ganz entzückend aussehen.« Cameron bemühte sich stets darum, diese Bitten weiterzuleiten, aber durch die Übersetzung schienen sie immer verloren zu gehen.

Es war schon schwierig genug, die Künstler dazu zu überreden, die jämmerlichen Beträge anzunehmen, die ihnen angeboten wurden. Sie mußte beispielsweise Beatriz Villarrel gegenüber sitzen und versuchen, sie davon zu überzeugen, daß das Stipendium in Höhe von dreihundertfünfzig Dollar ohne Verpflichtungen für sie sei. Sie könne dafür den Kleister kaufen, den sie für ihre Monster aus Papiermaché brauchte, die sie in ihrem Hinterhof unter einem Nußbaum schuf. Oder Cameron mußte den ganzen langen Weg bis nach Hondo auf sich nehmen, nur um Josefina Cisneros Briefkasten aufzusuchen und einen Scheck dort zu hinterlassen. Mit dem Geld konnte sie sich die Farbe kaufen, mit der sie Heiligenbilder malte. Dieses Leben war wundervoll für Cameron. Dann kam irgendwann der August, und sie begann langsam zu verstehen, wodurch Pauls Wohlbefinden in San Antonio so sehr beeinträchtigt worden war.

Natürlich war es heiß, schon seit April war es heiß. Wie eine

Backröhre, die sich langsam aufheizt, staute sich von Woche zu Woche mehr Hitze in den Straßen der Stadt. Anfangs war Cameron noch gelassen und so zuversichtlich, daß sie den Menschen erzählte, der texanische Sommer würde sich nicht von der drückend heißen Sommerzeit im Osten der USA unterscheiden. Sie war sogar fast stolz darauf, eine defekte Klimaanlage in ihrem Wagen zu haben. Am Ende eines jeden Tages hinterließ der Sicherheitsgurt ein nasses Band auf ihrer Kleidung, und sie kam sich vor, als ob man sie für Tapferkeit im ältesten Kampf der Welt, dem gegen die Elemente, ausgezeichnet hätte. Dann kam der August, und kurze Zeit später gewann sie keine Medaillen mehr.

Im August wurde das Unvorstellbare Wirklichkeit: Es wurde noch heißer. Zur gleichen Zeit schien es in den Gebäuden immer kälter zu werden, als ob irgendwo geschrieben stünde, daß es außerhalb und innerhalb der Gebäude unerträglich sein müßte. Sogar die Klimaanlage in ihrem Appartement spielte verrückt. Egal wie sie die kleinen Rädchen auch drehte, die Klimaanlage blies weiterhin viel zu kalte Luft in den Raum. Ihr blieb nichts anderes übrig, als im Bett Socken zu tragen. Und das schon, bevor der August kam.

Tagsüber trug sie noch mehr Kleidung: Unterrock, Strickjacke und Strumpfhosen. Sachen, die sie schon seit ihrer Grundschulzeit nicht mehr getragen hatte. Aber hier brauchte man sie für drinnen. Und wenn sie nach draußen ging, fühlten sich die Poren ihrer Haut unter den Nylonstrümpfen versiegelt an, als wäre sie die vergoldete Frau aus dem Film *Goldfinger*. Bisweilen erinnerte die ganze Szenerie an einen schlechten Science-fiction-Film, in dem jemand unter einer großen Glasglocke lebt und gewarnt wird, niemals die schöne und verlockende, aber verbotene Zone zu betreten. Wenn sie sich außerhalb eines Gebäudes befand, bewegte sie sich schnell. Sie hastete von ihrem Appartement zum Auto, von dort zur Arbeit und später wieder zurück. Sie kam sich vor, als ob sie durch eine vom Krieg zerstörte Stadt flitzte, wo jederzeit ein Feuergefecht ausbrechen konnte. Die lebenswichtigen Dinge wie Sonnenbrille, Mineralwasser und ein Haargummi, mit dem sie sich die Haare aus dem Nacken hielt, hatte sie stets bei sich. Ihren Kopf hielt sie gebeugt.

Ein Ende der Hitze war nicht in Sicht. Nicht die leichteste Brise war zu spüren, die auf einen Wetterumschwung hindeutete. Hier zeigte der August seine wahre Grausamkeit. Die Menschen fuhren an die Küste, um dort im flachen, warmen Wasser des Golfs umherzuwaten und auf den mit Teer verdreckten Stränden spazierenzugehen. Cameron war an den Atlantik gewöhnt und brachte es nicht über sich, den Golf zu betrachten, geschweige denn darin zu schwimmen. Etwas näher lag New Braunfels, wo die Menschen den eiskalten Gruene River hinab fuhren. Während der Rücken gekühlt wurde, brutzelte der Bauch in der Sonne. Oder die Menschen fuhren nach Austin, um dort in der Nähe von Barton Springs schwimmen zu gehen. Im dortigen Steinbruch war es nie mehr als dreiundsechzig Grad. Die Menschen saßen auf dem Rasen, bis es ihnen unerträglich wurde, und sprangen dann ins kalte Wasser. Mit Entsetzen mußte Cameron feststellen, daß es keine Übergänge gab, sondern nur Extreme. Vor ihren Augen breitete sich der August aus, setzte sich im September fort, und wie sie befürchtete, würde bestimmt auch noch einen Teil des Oktobers von dieser Hitze erfüllt sein. Sie kam sich vor wie ein Langstreckenläufer, der sich auf einen Zehnkilometerlauf vorbereitet hatte und plötzlich feststellt, daß die Strecke über zehn Meilen geht. Die einzige Erleichterung waren für sie die mexikanischen Restaurants und *taquerías*, wo es scharfes Essen und Eistee oder kaltes Bier und Margaritas gab. Davon wurde ihr weder heiß noch kalt, sondern es stellte sich einfach ein angenehmes Gefühl der Zufriedenheit ein.

Sie dachte, daß es ihre goldfarbenen Locken waren, die Jesse anzogen. Vielleicht war es aber auch ihr Appetit. Sie spürte seine Anwesenheit, bevor sie ihn wirklich sehen konnte. Er näherte sich ihr von hinten, als sie gerade im Los Arcos das

Menü Nr. 12 aß: Zwei *enchiladas* mit Hühnchen, einen Taco, eine *gordita*, Bohnen, Reis und ein Körbchen voller Tortillas. Es handelte sich um das Menü, das sie überall bestellte, und überall wurde es mit dem Hinweis serviert: ›Teller nicht berühren, sehr heiß‹. Dennoch trugen die Kellner die Teller häufig ohne ein Tuch oder dergleichen, was darauf schließen ließ, daß sie doch nicht so heiß waren. Cameron vermutete, daß sie ihr nicht viel zutrauten, denn warum sonst hatten sie ihr die milde Soße gegeben. Zum Ausgleich aß sie mehr. Als Jesse neben ihr auftauchte, war sie gerade dabei, den Teller mit einer Tortilla sauber zu wischen.

»*Cálmate, la flaquita rubia*«, richtete er sich an sie und berührte ihren Ellenbogen. Das hieß soviel wie: Immer langsam, schlanke Blondine. Cameron drehte sich um und betrachtete ihn mit ihren eng zusammenstehenden Augen. Er war schlank, hatte die sehnigen Muskeln eines Marathonläufers, ein aztekisches Profil und eine Hautfarbe, die an das appetitliche Braun eines Tortenbodens erinnerte. Natürlich hatte er braune Augen und schwarzes Haar, das so dicht war, daß kein Licht hindurchschien. Seine Aussprache der spanischen Wörter war sehr präzise, fast schon pingelig, als ob er sie oder sich selbst ein wenig verspotten wollte. Er trug Jeans und ein sauberes weißes T-Shirt, das sich eng über seinen Brustkorb spannte. Er sah aus wie einer von diesen Motorradfahrern, diesen *vatos*. Oder wie einer von diesen ›neuen‹ Mexikanern, die aufwachsen, um JFK oder Bürgermeister von San Antonio zu werden. Das ließ sich nicht genau sagen, aber es war auch nicht so wichtig. Auch wenn Cameron noch nicht wußte, ob sie ihn mochte, konnte sie doch schon sagen, daß ihr sein Äußeres gefiel.

»Ich werde dir einen Ort zeigen, wo du soviel essen darfst, bis du nicht mehr kannst.« Er legte Geld auf den Tisch, und Cameron folgte ihm aus dem Restaurant, obwohl sie bisher nur seine Fingerspitzen kannte, mit denen er sie berührt hatte. Auf ihrer linken Wange hatte sie noch immer einen kleinen Rest Bohnen, der aussah wie ein kleines Grübchen.

Sie folgte ihm, als ob er Juan Seguín wäre, der nachts von Alamo aus losgeschickt worden war, um Hilfe für die rund zweihundert dort verbliebenen Männer zu holen. Sie folgte ihm, als ob er Zapata und sie ein revolutionswilliger mexikanischer Bauer wäre. Sie folgte ihm, weil er ihr einen größeren und besseren Taco versprochen hatte. Dies erschien ihr das Grundprinzip der Geschichte von Texas, der ganzen Welt und der Ewigkeit zu sein. Treibende Kraft ist stets der Wunsch nach mehr.

Er führte sie durch Straßen im Westteil der Stadt, die eher zu den gefährlicheren zählten. Sie gingen vorbei an Türmen aus alten Autoreifen, passierten *botánicas* und *farmacías* und durchquerten eine Siedlung namens Alazan-Apache. Cameron dachte bei sich, daß hier sogar die Wohnungsbauprojekte exotische Namen trugen.

Sie kamen zu einem Platz, wo gerade ein Fest stattfand. Irgendwo in San Antonio gab es immer ein Fest. Die große Fiesta, die Paul so gut gefallen hatte, markierte lediglich den Anfang. Danach gab es jedes Wochenende ein anderes Fest. Je mehr Zeit zwischen der Fiesta und den einzelnen kleineren Festen lag, desto unergründlicher wurden Anlaß und Ursprung der einzelnen Feierlichkeiten. Im August machten sich die Menschen nicht einmal mehr die Mühe, Namen für die einzelnen Feste zu finden. Die Moderatoren der spanischen Rundfunkstationen meldeten nur: ›*Venga al Mercado, para más cerveza y comida!*‹ (›Kommt zum Marktplatz – oder zum Park oder zum Flußufer –, es gibt reichlich Bier und Essen!‹)

Der Rauch von etwa hundert Grills verpestete die Luft im Eureste Park, während ein Akkordeonspieler heftig mit einem Saxophonspieler konkurrierte. Vor einer provisorischen Bühne tanzten die Menschen ausgelassen Polka. Anscheinend merkte niemand, daß es mindestens fünfundneunzig Grad heiß war. Sie bewegten sich, sie tanzten und konnten so irgendwie gegen die Hitze bestehen. Das Bier in ihren Händen schwappte über und ergoß sich über ihre Füße.

Jesse legte seine Hand auf ihren Rücken und geleitete sie durch die Menschenmassen. Seine Berührung war so fest, daß Cameron fast einen blauen Fleck auf ihrem Rücken befürchtete. »Our Lady of Sorrows«, sagte er mit geheimnisvoller, fast schon unheimlicher Stimme. Dann wurde ihr klar, daß er damit den Taco-Stand neben der Kirche meinte.

Ein Mädchen mit dünnen Beinen und einem runden Bauch lehnte schräg über einem Sperrholztresen, der sich bereits gefährlich durchbog. »TACO, TACO, TACO, TACO!«, rief sie aus. »Kaufen Sie sich einen! Üppige Beilagen! Außerdem gibt es Guacamole und *borracho beans*!« Sie war die perfekte Werbung, denn sie sah aus, als hätte sie in ihrem Leben schon einige Tacos gegessen.

Cameron balancierte eine Tortilla von der Größe einer Frisbeescheibe auf ihren Fingerspitzen. Sie füllte sie mit Fleisch, gegrillten grünen Zwiebeln, *pico de gallo* und Guacamole, aber trotzdem war noch sehr viel Platz in dieser großen Tortilla. Sie nahm noch etwas mehr von allem, klappte sie zusammen und biß hinein. Ein Schwung Guacamole lief ihr T-Shirt hinunter und hinterließ eine grüngelbe Spur. Jesse entfernte die Reste der Guacamole mit der Zunge von ihrer Wange. Sofort revanchierte sie sich und fuhr mit ihrer Zunge an seiner Wange entlang, obwohl dort (noch) nichts zu schmecken war. Dies alles geschah während der heißesten Stunden des Tages, und Jesse preßte eine Flasche Bier in Camerons Nacken. Es kam ihr vor, als ob sie am Atlantik stünde und von einer steifen Brise umweht würde. Sie fühlte sich gestärkt, gekühlt und erfrischt.

Cameron mußte an das Poster denken, das im Büro ihres Chefs bei Vaca Naranja hing: *El noche cuando viene el hombre con las patas de gallo.* Die Nacht, in der der Mann mit den Hühnerfüßen kommt. Wenn eine Frau mit diesem Mann tanzte, gehörte sie dem Teufel. Cameron betrachtete Jesses Füße, sah aber lediglich schwarze Schuhe von Chuck Taylor. Paul hatte auch diese Schuhe getragen, und wenn sie sich einer Sache sicher war, dann der, daß er *nicht* der Teufel war.

Sie dachte, sie würden vielleicht tanzen, obwohl sie sich nicht vorstellen konnte, wie sie die Schritte, die sie sah, hätte lernen sollen. Außerdem fühlte sie sich im Vergleich zu den geschminkten und herausgeputzten anderen Frauen ein wenig unbehaglich. Aber schließlich hatten sie ja gewußt, was sie an einem Samstag abend erwartete. Cameron trug ein weites T-Shirt und eine kurze Hose. Ihre Haare waren zu einem zotteligen Pferdeschwanz zusammengebunden. Sie wollte ihnen erzählen, daß sie ihre Kultur kannte, daß sie einen Abschluß in Lateinamerikakunde besaß, daß sie ihren Spanischakzent verstand, von dessen Existenz sie während ihrer Schulzeit noch nicht einmal wußte. Sie wollte ihnen sagen, daß sie sich mit ein wenig Vorbereitungszeit auch hübsch zurecht machen konnte. Sie wollte in diesem Fall ein wenig Mascara und Lippenstift auflegen. Aber Jesse hatte etwas anderes vor. Hatte er ihr eigentlich seinen Namen gesagt, oder hatte sie ihn einfach so genannt? So plötzlich, wie er sie hierher gebracht hatte, brachte er sie auch wieder von hier fort. Wieder kamen sie an den *farmacías* und den *botánicas*, dem Turm aus alten Autoreifen sowie der Wohnanlage Alazan-Apache vorbei. Vor einem dunkelgrünen Lexus mit einer Lenkradsperre blieben sie stehen.

Sie ging davon aus, daß sie den Wagen stehlen würden, und völlig verträumt, wie sie war, hätte sie es als unvermeidbare Notwendigkeit akzeptiert. Um so mehr überraschte es sie, als Jesse einen Schlüssel aus seiner Hosentasche hervorzog, die Tür öffnete und die Lenkradsperre entfernte. »Wo wohnst du?« fragte er sie. Diese Frage überraschte sie noch mehr, denn wenn er nicht der Mann mit den Hühnerfüßen und somit auch nicht der Teufel war, so hätte er doch genauso gefährlich und allwissend sein müssen. Sie beschrieb ihm den Weg zu ihrem Appartement. Es sollte das letzte sein, was sie ihm sagen mußte.

In ihrem Appartement gab es keine Wände. Die Räume gingen einfach ineinander über. So war es nicht weiter schwierig, von der Eingangstür zum Bett zu gelangen. Aber Jesse hatte es offensichtlich nicht eilig. Während Cameron auf ihrer weichen

Matratze lag, an die Decke starrte und herauszufinden versuchte, ob sie nun betrunken war oder träumte, sah er sich um und fand eine Flasche Cognac und zwei Gläser. Er nahm einen Stuhl und setzte sich dicht ans Bett. Für eine ganze Weile schien er damit zufrieden zu sein, sie einfach nur anzusehen.

»Zeig mir deinen Bauch«, sagte er. Sie war sich nicht mehr sicher, in welcher Sprache sie sich unterhielten: englisch oder spanisch. Auf jeden Fall tat sie, um was er sie gebeten hatte. Sie zog ihr Hemd hoch und schob die Hose nach unten. Zum Vorschein kam ihr weißer Bauch.

Bewundernd sagte er: »Was da so alles reingeht!« Er kam zu ihr herüber und legte seine Hände auf ihren Bauch, als ob es darin ein Feuer gäbe, das ihn wärmen könnte. »Das ganze Essen ist noch immer da drin.«

Ihr war ein wenig kalt, und sie fühlte sich entblößt. Deshalb wollte sie sich unter der Bettdecke verkriechen. Doch er bekam sie an ihrem Knöchel zu fassen, und seine Hand schlängelte sich an ihrem Bein empor bis in das weite Hosenbein hinein. In dieser Position hielt er sie und testete ihren Puls. Seine Hand hatte genau die richtige Temperatur, wie ein Fläschchen Milch, das die Mutter an ihrem Handgelenk testet. Ein Gefühl, das sie fast schon vergessen hatte, stieg in ihr empor: diese wohlig prickelnde Wärme, die der Hitze vorausgeht, und ein angenehmes Gefühl der Entspannung. Sie war feucht, schwitzte aber nicht. Er drückte sie etwas fester, und sie konnte ihren eigenen regelmäßigen Pulsschlag spüren. Ihr Blut pulsierte in Richtung dieses einen Punktes.

Neben dem Bett röhrte die Klimaanlage. Sie konnte sie zwar hören, aber sie fühlte nicht mehr den eiskalten Luftstrom, der sie während des ganzen Sommers verrückt gemacht und unter die Bettdecke verbannt hatte. Jede Nacht war sie um drei Uhr früh schweißgebadet und völlig orientierungslos aufgewacht. Die Luft stand nicht wirklich still, sondern fühlte sich an wie die erste leichte Brise, die sie in San Antonio gespürt hatte. Vor ihrem geistigen Auge sah Cameron nun das Reklameschild der

Weißbrot-Firma, doch anstelle der Brotscheiben war sie es, die auf dem Teller lag.

Ihr Hemd wurde ausgezogen, doch sie wehrte sich nicht. Er schwebte über ihr, ließ seine Hand zwischen ihren Schenkeln liegen und senkte dann seinen Mund auf ihre Brustwarzen herab. Auch sein Mund hatte diese perfekte Temperatur. Sie hatte das Gefühl, in Baumharz eingeschlossen zu sein und auf ihre Versteinerung zu warten, damit eines fernen Tages irgendein Archäologe sie ausgraben würde. Sie fühlte sich wie eine in Honig eingebettete Fliege. Ihre Muskeln arbeiteten völlig eigenständig und trieben sie weiter voran. Ihre Beine klatschten gegen seine Hüften, und ihre Arme umklammerten seinen Nacken. Wann hatte er sich eigentlich ausgezogen? Und wann hatte sie ihre restlichen Kleidungsstücke abgelegt? Abgesehen von ihren weißen Sportsocken war sie so ziemlich nackt.

Er zeigte sich ihr mit einer Art schüchternem Stolz. »Sieht er nicht aus wie ein *churro*?« fragte er sie, und sein hellbrauner Schwanz erinnerte sie tatsächlich an das Gebäck, das in mexikanischen Bäckereien verkauft wurde. Mit ihrer Zunge fuhr sie an ihm entlang und hoffte dabei, daß noch kleine Zuckerkrümmel daran klebten. Was sie fand, hatte auch eine gewisse Süße, schmeckte aber doch etwas anders, eher wie Butterkekse mit einer Spur Scotch.

Er begann sie zu stoßen, und ihr wurde noch wärmer. Sein Schwanz war noch eine Nuance wärmer als seine Hände und sein Mund. Dann hielt er plötzlich inne, zog ihn heraus und sie hörte, wie sich ihrer Kehle ein Laut der Enttäuschung entwand. Mit ihren Beinen schlug sie auf seine Hüften ein, als ob sie ihn ohrfeigen würde. Mistkerl. Du verdammter Mistkerl.

Aber er wollte ihr nur die Socken von den Füßen abstreifen. Sie verharrte einen Moment, ganz sicher, daß ihre Füße noch immer kalt sein würden, weil ihr pulsierendes Blut nie bis in diese Körperregionen vordrang. Bestimmt würden ihn ihre kalten Füße ekeln und abstoßen. Er würde sich abwenden und sie kalt und heiß, wie sie war, zurücklassen. Erst als er seine Lippen über den Spann ihres Fußes wandern ließ, bemerkte sie, daß ihre Füße ebenso wie ihre Nase und ihre Fingerspitzen nicht mehr kalt waren. Ihr war so warm wie einer Eidechse auf einem aufgeheizten Stein oder wie damals in der Küche in Boston, wo sie eine Tasse Tee nach der anderen getrunken hatte. Aus der Wärme wurde Hitze, aber diese Steigerung vollzog sich so allmählich, daß sie es als äußerst angenehm empfand. Das Tolle daran war, daß sie die Hitze genießen konnte, und zwar ohne Klimaanlage, eiskaltes Wasser oder die Fahrt auf einem wilden Fluß. Er nahm ihre Hitze in sich auf, und jeder weitere Stoß trieb die Temperatur weiter hoch, bis sie das Gefühl hatte, den höchsten Punkt dieses Tages, dieses Monats, dieses Sommers erreicht zu haben.

Ungeachtet ihres vollen Magens legte sie sich auf ihn, weil sie sehen wollte, wie der Schweiß aus den Poren seiner Haut rann. Sie wußte, daß sie von der extremen Esserei an diesem Tag eigentlich krank oder zumindest benommen hätte sein müssen. Aber das einzige, was sie in diesem Moment wahrnahm, war die perfekte Situation: Die kalte Brise schwappte über sie hinweg, und ihre Lippen waren so geschwollen, als ob sie den ganzen Tag an den Margaritagläsern mit ihren gesalzten Rändern gelutscht hätten. Hüfte auf Hüfte, Schenkel auf Schenkel. Ihre Körper drängten sich aneinander, und sie wartete auf dieses häßliche Geräusch, das entsteht, wenn zwei verschwitzte Körper aufeinanderprallen. Aber dazu kam es nicht, denn sie bewegten sich wie zwei Delphine, wie Zwillinge im Mutterleib. Bei diesem Gedanken fiel ihr auf, wie sehr sich ihre Körper ähnelten: straff und schlank. Seine Beine hatten die gleiche Länge wie ihre, und seine Rippen zeichneten sich deutlich unter der braunen Haut ab. Sie wollte ganz nah bei ihm sein, keine Luft, kein Windhauch, nichts sollte sie trennen. Mit ihrem Körper umschlang sie ihn so eng, wie sie nur konnte – so eng, daß sie sich nicht mehr bewegen konnten. In dieser Bewegungslosigkeit und Stille spürte sie die Wellen, die unablässig durch ihren Körper rollten. Damit auch er diese Wogen fühlen konnte, führte sie seine Hand dorthin, wo sie angefangen hatten. Jetzt konnte er ihren Pulsschlag erneut fühlen, nur stärker und schneller. Hitze. Hier schloß sich der Kreis. Es war wieder August.

»Ein mexikanischer Liebhaber«, dachte sie bei sich, als schließlich ein leichtes Frösteln über ihren Rücken wanderte. Sie konnte wieder klar sehen, aber die Geschichte ihres bisherigen Lebens verschwamm vor ihren Augen. Während sich die Gegenwart verflüchtigte, erschien die Zukunft plötzlich zum Greifen nah. Am Horizont machten sich schon die Vorboten des Herbstes bereit, um San Antonio wieder mit einem tiefblauen Himmel zu überspannen, und sie spürte, daß der August langsam seine Macht über sie verlor. Sie zitterte ein wenig und steckte ihre Füße unter Jesses Körper, als ob er einer von diesen Heizkörpern aus Boston wäre. Die kalte Luft aus der Klimaanlage jagte ihr eine Gänsehaut nach der anderen über den Rücken. Eigentlich war der Unterschied zwischen Sex und einer Bootsfahrt auf einem eiskalten Fluß oder einem Sprung in einen kalten See gar nicht so groß. Man mußte nur für sich selbst herausfinden, welche Extreme am besten geeignet waren, um einen Sommer in San Antonio zu überstehen.

Ich kann Hitze nicht ausstehen. Adjektive wie ›dampfend‹ oder ›schwül‹ hasse ich richtig, weil sie mich an Sümpfe erinnern. Aber noch schlimmer sind für mich Klimaanlagen. Lediglich Zimmer in billigen Motels, die sowieso den Eindruck vermitteln, von der Außenwelt abgeschnitten zu sein, gewinnen durch eine Klimaanlage. Aber das ist eine andere Geschichte.

Originaltitel: G. T. T. (Gone to Texas)
Ins Deutsche übertragen von Christopher Gehrmann

I. BUGUISE

Hitzewallungen

Die letzten drei Monate bin ich ihm aus dem Weg gegangen. Habe eine spätere U-Bahn genommen. Bis halb zehn gewartet, weil ich wußte, daß er dann schon weg ist. Habe die Zeitung nicht am Kiosk an der Ecke gekauft. Nicht den Müll runtergetragen. Dafür gesorgt, daß mein Mann die Kinder zum Schulbus bringt. Schließlich könnte er gerade vorbeigehen. Ich kann einfach den Gedanken nicht ertragen, ihm über den Weg zu laufen. Genausowenig wie den Gedanken, daß ich ihn nicht treffe. Besonders morgens. Da ist es immer am schlimmsten.

Eine Weile hat es funktioniert. Drei Monate lang habe ich

nicht an ihn gedacht. Ich bin ins Büro gegangen. Habe das Abendessen gekocht. Habe mit meinem Mann geschlafen – ohne mir vorzumachen, daß es nicht er ist, sondern jemand anders. Ich bin damit zurechtgekommen. Irgendwie zumindest. Und dann, gestern, habe ich ihn wiedergesehen! O Gott! Ich kam gerade aus der Tür, und da stand er auf der Straße und unterhielt sich mit dem Postboten. Ich bin dann zu ihnen gegangen. Es war weiß Gott nicht einfach. Ich habe meinen Bauch eingezogen. Ganz gerade gestanden. Die Schultern zurückgenommen. Die Wangen eingezogen. Den Kopf hochgehalten. Versucht, mein Doppelkinn zu verbergen. Und nicht wie fünfundfünfzig auszusehen. Es hat nicht funktioniert. Weil ich mich häßlich fühle. Weil die Zeit ihre Spuren an mir hinterlassen hat. Ich falle niemandem besonders auf. Und niemand will mich mehr. Meine Beine waren wie Kaugummi, und ich hatte alle Mühe, meine Gesichtszüge nicht entgleiten zu lassen. Guter Gott, ich bin eine wandelnde Zeitbombe. Aber ich habe es trotzdem geschafft. Der Postbote lächelte und ging weiter. Wir waren allein. Ich sah ihm in die Augen. Ich mache das immer so. Das ist der schwierigste Teil. Seine Augen sind das einzig wirklich Bemerkenswerte an ihm. Der Rest: ein durchschnittlicher, dicklicher Mann in mittleren Jahren, der zur Mittelschicht gehört. Warum passiert das alles bloß?

Er also starrt zurück. Nur wenige Männer können das. Die meisten schauen weg.

»Hallo«, sage ich und versuche, gelassen zu wirken, obwohl ich total aufgewühlt bin. Mein Kopf ist ein Schnellkochtopf, der überzuschäumen droht.

»Was haben Sie die ganze Zeit über gemacht?« fragt er und kommt auf mich zu, um mir näher zu sein. O Gott! Hat er vor, mich zu umarmen? Warum? Vermißt er mich tatsächlich, wenn er mich eine Weile nicht sieht? Oder bilde ich mir das alles bloß ein? Er sieht mich an. Nicht durch mich hindurch, sondern geradewegs in mein Gesicht. Ich schrecke zurück. Werde plötzlich ganz steif. Er zögert. Er merkt, wie angespannt ich bin. Er muß es einfach merken. Es ist so offensichtlich. Er ist selbst nervös. Nein, das bilde ich mir nicht nur ein. Ich mache mir nichts vor. Er muß irgend etwas fühlen? Warum sonst sollte ihm auffallen, daß er mich länger nicht gesehen hat? Sicher hat er mich vermißt. Ja, das ist es! Hat er Angst davor, mir näherzukommen? Vielleicht genausoviel Angst wie ich? Will er mir näherkommen? Vielleicht genauso sehr wie ich ihm? Jedenfalls bringe ich kein Wort heraus. Ich weiß, daß mein Gesicht leer wirkt und ausdruckslos. Ich versuche, Haltung zu bewahren. Schließlich will ich nicht, daß er mein Doppelkinn bemerkt.

»Was haben Sie die ganze Zeit über gemacht?« wiederholt er.

»Ich habe mich versteckt. Versteckt und gearbeitet. Ziemlich hart gearbeitet. Gibt's bei Ihnen was Neues?«

»Nichts Neues. Alles wie immer.«

Frag ihn nicht, wo er gewesen ist. Tu so, als ob dir nicht aufgefallen sei, daß ihr euch lange nicht begegnet seid. Ob er weiß, daß ich ihm aus dem Weg gehe, um mein Leben nicht völlig durcheinanderzubringen? Ob er weiß, daß ich nur noch an ihn denken kann? Gleich werde ich anfangen, unzusammenhängendes Zeug zu reden. Wahrscheinlich werde ich Sachen sagen, die überhaupt keinen Sinn ergeben. Ich sollte besser gehen. Ja, genau. Das ist die Lösung! Lässig wirken. Unbeteiligt wirken. Sieh ihm in die Augen und verabschiede dich. Mach, daß du wegkommst! Aber schnell!

»Also, tschüs dann. Bis demnächst.« Ich gehe wieder rein, lege mich ins Bett und kuschele mich an meinen Mann.

Eine weitere Erinnerung ist dazugekommen, neue Nahrung für meine Träume. In den nächsten Wochen werde ich mir seine Worte wieder und wieder durch den Kopf gehen lassen, werde versuchen, ihre Bedeutung herauszufinden, mich an die Gesten zu erinnern, mit denen er sie unterstützt hat. Ich werde nicht in der Lage sein, mich auf irgend etwas anderes zu konzentrieren. Ich werde niemandem erzählen, was mich beschäftigt, meine Gedanken mit niemandem teilen. Meinem Mann gegenüber werde ich kratzbürstig und gemein sein, den Kindern gegenüber auch. Meine Arbeit wird darunter leiden. Meine Kollegen werden denken, ich sei unkonzentriert und inkompetent. Ich werde nicht in der Lage sein, Entscheidungen zu treffen. Ja, gewiß, natürlich werde ich ein paar Dinge entscheiden, aber nur solche, die mich nicht von meinen Gedanken an ihn ablenken. In meinen Gedanken wird er die ganze Zeit bei mir sein und über jede meiner Bewegungen wachen. Wahrscheinlich werde ich mich ständig auf der Straße herumtreiben. Werde nach ihm Ausschau halten. Werde genau überlegen, was ich sage und tue – und hoffen, daß er damit einverstanden wäre, wenn er mich so sehen könnte. Ich kann einfach nicht aufhören, an ihn zu denken. So sitze ich vor dem Fernseher. Die Nachrichten laufen. Ich kann mich nicht darauf konzentrieren. Ob er die Neunuhr- oder die Zehnuhrnachrichten sieht? Ich sollte mir wohl besser beide anschauen. Schließlich will ich ihm in allem so nahe wie möglich sein. Ob er wohl auch die Sendung über Frettchen gesehen hat? Den Artikel über Hemingway gelesen hat? Ob er Hemingway mag? Ob ihm die Filme besser gefallen als die Romane? Ob er überhaupt ins Kino geht? Ob er *Damage* gesehen hat? Hat er vielleicht sogar an mich gedacht, als er sich anschaute, wie Jeremy Irons sich halb zu Tode bumst? Ich kann einfach nicht aufhören, an ihn zu denken. Mein Unterleib zieht sich so scharf zusammen, daß mir Hören und Sehen vergeht. Guter Gott. Ich weiß ja noch nicht mal, ob er Kino überhaupt mag.

Man kann eigentlich nicht sagen, daß mein Leben allen Glanz verloren hätte. Die meiste Zeit ist es sogar ziemlich aufregend. Ich habe alles, was ich mir wünschen kann. Mehr sogar. Viele Reisen. Ein schönes Haus. Nette Kinder. Einen liebevollen Ehemann. Sogar beim Sex stimmt alles. Nur: Ich sehne mich eben nach *ihm*. Nein, falsch! Ich will, daß *er* sich nach *mir* sehnt.

Wenn ich nicht arbeite, denke ich an ihn. Nein. Ich denke auch an ihn, wenn ich arbeite. Ich denke die ganze Zeit an ihn. Wie ich es wohl schaffen kann, ihn zu treffen, was er sagen wird, wie er mich küßt, wie wir miteinander ins Bett gehen und was danach sein wird. Wie er es wohl am liebsten mag? Ob er sich viel Zeit nimmt? Zärtlich ist? Wonach er wohl riechen mag? Ob er dabei schwitzt? Wird er nur an sich selbst denken oder auch an die Frau, mit der er schläft? Ob er sie befriedigen möchte? O Gott! Natürlich meine ich nicht *sie*, sondern *mich*! Will er *mich* befriedigen? Ob er gerne küßt? Ich meine, ob es ihm wirklich Spaß macht? Ob er es nur tut, um endlich ans Ziel zu gelangen? Welche Position er wohl am liebsten mag? Ach, egal! Hauptsache, es kommt überhaupt dazu. Ich habe unzählige Vorstellungen und Bilder davon im Kopf. Manchmal geraten sie so durcheinander, daß sie gar keinen Sinn mehr ergeben.

Am nächsten Tag treffen wir uns wieder auf der Straße, diesmal in der Nähe unserer Arbeitsplätze. Zwei Tage hintereinander! Ich kann es kaum fassen! Wahnsinn! Er arbeitet ganz in meiner Nähe. Ein glücklicher Zufall, dem ich nicht einmal nachhelfen mußte. Ich arbeite schon länger hier als er. Gerade ist Mittagszeit.

Ich gehe die Crumble Street entlang. Sehe, daß er mir entgegenkommt. Tue aber so, als ob ich ihn nicht bemerke. Und er? Tut er auch nur so, als ob er mich nicht sieht, oder sieht er mich wirklich nicht? Ich muß etwas unternehmen, sonst rennt er noch an mir vorbei. Was soll ich bloß sagen? Irgend etwas Intelligentes, vielleicht ein wenig Ironisches. Ja, Ironie ist gut! Man wirkt dadurch so überlegen. Ich blicke also auf und sage: »Hallo. Was machen Sie denn hier?« Soviel zum Thema Überlegenheit. Das Banale ist wohl mehr mein Ding.

»Joanna!« ruft er aus. Er scheint tatsächlich erfreut, mich zu sehen. Aber ist es nur die Freude, eine Bekannte zu treffen, oder ist es mehr? Ich weiß es wirklich nicht. Ich bin vollauf damit beschäftigt, ihm in die Augen zu sehen. Schließlich will ich jetzt nichts falsch machen. Soll ich den ersten Schritt tun, oder wäre das zu aufdringlich? Können Mann und Frau, die sich zufällig auf der Straße treffen, beschließen, gemeinsam zu Mittag zu essen? Ist so etwas erlaubt? Oder würde es mich in ein schlechtes Licht rücken? Vielleicht wünscht er es sich ja auch? Träumt er manchmal von mir? Vielleicht ist er nur zu schüchtern, den ersten Schritt zu tun. Nein, er ist nicht schüchtern, rufe ich mich zur Vernunft. Mach dir nichts vor? Andererseits habe ich nichts zu verlieren.

»Was machen Sie hier?« fragt er. Sehe ich da nicht Freude in seinem Blick? Vielleicht sogar Begierde? Ist er nervös? Guter Gott! *Ich* bin nervös, so sehr, daß ich kaum noch klar denken kann. Habe ich ihn nicht eben gefragt, was er hier tut? Warum stellt er mir jetzt die gleiche Frage und gibt mir keine Antwort auf meine? Ist das ein gutes Zeichen? Ist er genauso aufgeregt, wie ich es bin? Oder ist er nur höflich? O Gott! Ich muß ihm schnell eine Antwort geben. Nicht, daß er mir entwischt. Ich darf ihn nicht gehen lassen.

Mit gelangweilter Miene antworte ich: »Ich bin nur eben auf einen Sprung aus dem Büro, um etwas zu essen. Ich sterbe vor Hunger.« Geschafft! Aber vielleicht habe ich das zu beiläufig gesagt. Soll ich ihn also fragen, ob er mit mir essen will? Nein, das bringe ich nicht fertig! Wahrscheinlich würde ich vor Verlegenheit in Ohnmacht fallen. Was also soll ich statt dessen sagen? Ah, jetzt weiß ich's! Ich kann sagen: »Wollten Sie auch gerade etwas essen?« Nein! Was ist, wenn er nein sagt? Das könnte ich nicht ertragen. Meine Hände zittern. Ob er es sehen kann? Er jedenfalls zittert nicht. Er wirkt ruhig und gelassen. Wenn er wüßte, welche Gedanken mir gerade durch den Kopf gehen! Aber ich bilde mir wohl nur etwas ein. Für ihn bin ich bloß irgendeine Bekannte. Nicht mehr. Vielleicht macht das die Sache sogar einfacher. Ich kann ihn fragen, ohne daß er irgend etwas anderes dahinter vermutet. Frag ihn! ermutige ich mich selbst. Überwinde dich und frag ihn. Sag einfach, was du sagen willst. Es ist schon in Ordnung. Schließlich ist er auch nur ein Mensch. Nein, ist er nicht. Das ist ja gerade das Schlimme. Für mich ist er etwas ganz Besonderes. Aber eben wohl auch nur für mich. Er hat gar nichts Ungewöhnliches an sich. Er ißt, trinkt und schläft wie jeder andere auch. Ganz sicher. Wahrscheinlich schnarcht er und hat Angst, Prostatakrebs zu kriegen. Daran denke ich und hoffe, daß es die Sache einfacher für mich macht. Wahrscheinlich hat er Hämorrhoiden. Mit diesem Gedanken überliste ich mich selbst. Ich stelle mir vor, wie er gerade auf der Toilette sitzt, und gewinne mein Selbstbewußtsein zurück. Also. Los jetzt!

»Ich mag die Straße hier. Da drüben ist dieses preiswerte indische Restaurant. Da gehe ich immer hin, wenn ich die Arbeit vergessen und für ein paar Minuten entspannen will«, erkläre ich. Schließlich weiß ich, daß er indisches Essen mag. Er hat es mir irgendwann erzählt. Oh, verdammt. Auch ich habe ihm schon mal erzählt, daß ich öfter hier esse, und er hat nie vorgeschlagen: »Wir sollten uns da mal treffen. Es ist ganz in der Nähe meines Büros.« So! Also will er gar nicht mit mir essen. Endlich ist es ganz klar. Ihm liegt nichts daran, mit mir zusammenzusein. Für ihn bin ich nur irgendeine rundliche, etwas merkwürdige Tante in mittleren Jahren. Jetzt fällt mir gar nichts mehr ein. Schließlich hat er mich in keiner Weise ermutigt. Hat nicht seine Hand auf meine Schulter gelegt und mich einfach in Richtung Restaurant geschoben. Bestimmt geht er gleich. Ganz sicher. Was soll ich bloß tun, um ihn aufzuhalten? Um aus dieser zufälligen Begegnung etwas Besonderes zu machen? Etwas, an das wir uns beide erinnern werden. Ich darf jetzt nichts Blödes sagen! Nichts, was ihn irgendwie verärgern könnte! Also sehe ich ihm nur in die Augen, was gar nicht so einfach ist. Schließlich sind es seine Augen. Das ist mir die ganze Zeit mehr als deutlich bewußt. Um es leichter zu machen, rede ich mir ein, daß er nicht zurückstarrt. Daß er an einem Auge ein Gerstenkorn hat. Ach, sei nicht so blöd! Natürlich hat er kein Gerstenkorn!

Das Ganze funktioniert einfach nicht. Ich bin mir sicher, daß er keine Hämorrhoiden hat. Und wahrscheinlich schnarcht er auch nicht. Meine Beine zittern schon wieder. Nein, eigentlich nicht meine Beine. Aber mein Unterleib. O Gott! Gerade habe ich mir vorgestellt, wie es wäre, wenn er meine Brust berührte. Ich kann es nicht ertragen. Ich muß mich hinsetzen. Hinlegen! Ich muß ihn spüren. Diese Lippen. O nein! Ich ertrage es nicht länger, sie anzusehen. Seine Lippen sind noch sinnlicher als seine Augen. Das habe ich bisher nie bemerkt. Jetzt gibt es zwei Dinge, die meinen Blick fesseln und bei denen ich mir Mühe geben muß, sie nicht ständig anzustarren. Nicht daran denken, nicht hinsehen.

Ich lege mich hin. Er legt sich neben mich. Plötzlich haben wir keine Kleider mehr an. Wir ertrinken in einem Meer von Federn. Sein Körper ist straff. Nicht schwabblig. Nicht der Körper eines Mannes in mittleren Jahren. Wir halten einander. Nicht fest. Sanft. Wir wiegen uns in einem gemeinsamen Rhythmus. Berühren einander. Zärtlich. Und überall. Er küßt mich. Zuerst sanft, dann immer leidenschaftlicher. Wir können nicht aufhören. Ich kann meine Augen nicht mehr öffnen. Ich kann nicht mehr atmen. Er schmiegt sein Bein an meines. Ich atme seinen Duft ein. Es ist der Duft der Liebe. Sauber und wie neugeboren, frisch, verführerisch. Ich schmecke Zahnpasta. Ich spüre Muskeln, stark und erfahren. Ich höre Stöhnen. Setze mich hin. Steige auf ihn. Führe ihn in mich ein. Leicht. Er gleitet ganz leicht hinein. Ich seufze. Ich bewege mich auf und nieder, immer wieder, es nimmt kein Ende. Ich öffne die Augen. Er hat seine geschlossen. Halb, um genau zu sein. Seine Zunge gleitet über seine Zähne. Ich will seine Zunge in meinem Mund spüren, will ihn schmecken. Ich beuge mich herab und berühre seinen Mund sanft mit meinen Lippen. Wir küssen uns wieder. Ich will nicht, daß es aufhört. Ich will dieses Gefühl für immer festhalten, es immer wieder fühlen. Ich sehe Gärten mit blühenden Apfelbäumen, von der Sonne beschienen, und sehe plötzlich wieder alles so wie vor Jahren. Sex, wie ich ihn damals erlebt habe! Die Vergangenheit erwacht und erweckt mich zu neuem Leben. Ich bin wieder jung, mein Körper ist geschmeidig. Es gibt nichts, was mich bindet. Freiheit total. Lust und unschuldige Freude. Dann spüre ich, wie er stöhnend in mir kommt.

Ich fühle, wie er sich in mir ergießt. Es ist warm und sauber. Und wieder ist da dieser frische, saubere Geruch von neuem Leben. Ich bin glücklich und zufrieden. Aber ich will mehr! Ich will ihn verschlingen. Ich will, daß er mich verschlingt. Ich will, daß dieses Gefühl nie aufhört.

»Wo ist dieses Restaurant?« Die Worte, in weiter Ferne gesprochen, dringen wie durch einen Nebelschleier zu mir herüber. Hat er sie gesagt? Ich kann ihm jetzt nicht antworten! Ich weiß gar nicht, worüber er redet. Welches Restaurant?

»Ist es das an der Ecke?« fragt er und sieht mir dabei immer noch in die Augen. Sein Mund bewegt sich. Aber ich kann seine Zunge nicht sehen. Und ich spüre seine Hand nicht mehr auf meiner Brust.

»Ja. Ja. Es ist das an der Ecke auf der anderen Straßenseite, direkt neben dem Lampengeschäft. Sie haben ein spezielles Mittagsmenü. Soviel wie man essen kann für fünf Pfund. Das ist wirklich in Ordnung.« So, reagiert er jetzt oder nicht? Merkt er nicht, daß ich ihn gerade eingeladen habe? Weiß er denn nicht, daß wir uns eben geliebt haben? Daß alle Dinge um uns herum, alle Farben und Gerüche, eine vollkommen neue Qualität haben? Spürt er nicht die knisternde Spannung, die zwischen ihm und mir besteht? Wie lange soll ich das bloß noch ertragen?

»Irgendwann müssen wir mal zusammen dort hingehen«, sagt er.

Wann? Wann denn bloß? Jetzt. Jetzt gleich! Laß uns gleich losgehen. Wir können uns dort unter dem Tisch lieben. Oder auf dem Tisch. An die Tür gelehnt. Überall. Es ist mir vollkommen egal, wo wir es tun. Ich mache alles dafür. Ich will dich nur in mir spüren. Ich werde auf dich klettern, und du wirst in mich hineingleiten. Niemand wird etwas davon erfahren. Es ist mir egal, wo wir es machen. Laß es uns bloß tun.

»Ja. Hin und wieder brauche ich ein gutes Curry, um den Tag einigermaßen zu überstehen«, sage ich.

»Guten Appetit«, sagt er, bevor er in der entgegengesetzten

Richtung verschwindet. Ich bleibe allein zurück. Ob er ahnt, daß ich dastehe wie erstarrt? Er schaut sich nicht einmal um. Wahrscheinlich hat er mich längst vergessen. Ich existiere schon gar nicht mehr für ihn. Aber ich kann nicht einfach von hier weggehen, als wäre nichts gewesen. Schließlich haben wir uns hier geliebt. Hier habe ich ihn in mir gespürt. Und ich war frei. Frei von allen Nöten und Sorgen. Wie kann er jetzt einfach davongehen und mich hier stehenlassen? Hat er es ernst gemeint, als er sagte, »Irgendwann müssen wir mal zusammen dort hingehen«?

Oder wollte er bloß nicht unhöflich sein? Meinte er wirklich nur uns beide? Denkt er jetzt wohl an mich?

Diese Geschichte gehört zu einer Reihe von Erzählungen. Ich beschäftige mich darin hauptsächlich mit Frauen, die Probleme mit dem Älterwerden haben und sich ungeliebt und zurückgewiesen fühlen.

Originaltitel: Climacteric
Ins Deutsche übertragen von Karin Schmidt

LAUREL GROSS

Wo die Zypresse den Himmel streichelt

Das Land erstreckt sich flach und braun wie ein Stück geröstetes Brot, bis es sich zu den Hügeln erhebt, die zum Meer hin abfallen.

Sie denkt daran, wie Dalí die Landschaft seiner Heimat Katalonien in Form eines weiblichen Körpers malte – die hellbraunen Erhebungen der verdörrten Hügel wie Brüste; das Tal dazwischen breitet sich zu einer Ebene aus, bis es sanft zu dem Bauch ansteigt; und dann das Tiefland, hineingepreßt zwischen die Oberschenkel.

Als sie mit ihrem geliehenen Fiat weiter über die rote Erde

fährt, nicht in Dalís Spanien, sondern in Griechenland, taucht das Gesicht eines Mannes vor ihrem geistigen Auge auf, den sie einst auf dieser Insel kannte. Einen Moment lang kann sie seine Anwesenheit förmlich spüren, die Hitze auf dem Sitz neben ihr. Doch es ist nur die Sonne.

Ein schmaler Streifen Erde ist alles, was sie von einem Sturz ins Meer trennt, eine Warnung, wie schnell alles zu Ende gehen kann. Es hängt eben nicht allein von einem selbst ab, wie sich die Dinge entwickeln, man braucht dabei auch ein wenig Glück ... Sogar als Kind wußte sie das schon und sprang immer über die Risse auf dem Bürgersteig hinweg, nur für den Fall ...

Der Griff der klebrigen Kupplung fühlt sich ungewohnt an. Sie hat sich nie daran gewöhnen können, all die Einstellungen, die man vornehmen muß in einem handgesteuerten Wagen. Das Automatische ist es, wonach sie sich sehnt. Automatisch – so war es, als sie den Mann traf, dessen eingebildete Anwesenheit ihr immer noch so real vorkommt. Die Art, wie sie für ihn schwärmte, war unmittelbar.

Hinabstürzen.

Es ist ein langer Weg bis hinunter ins Meer. Andere sind abgerutscht von Wegen wie diesem hier. Die verbogenen Trümmer von sprießendem Laub aus Metall in abgelegenen Wiesen und Klippen. Doch sie ist vorsichtig, klug und wachsam. Eine Planerin. Sie stellt Listen auf. Listen sind ihre Rettung. Gerade stellt sie in Gedanken eine auf, macht eine Bestandsaufnahme all der Sachen, die sie quer über das Meer geschleppt und nun in den engen Fiat gestopft hat – die Nikon-Kameras, all die Objektive, Stative, Filme und Blitzlichter.

Sie ist gut ausgerüstet, auf alles vorbereitet.

Auf alles – außer auf die Gefühle, die ebenso schnell in ihr aufsteigen, wie ihr die kleinen engen Kurven auf der Straße entgegenkommen. Es ist erstaunlich, wie viel man empfinden kann ... für einen toten Mann.

Die Landschaft hat Gefühle in ihr ausgelöst, von denen sie

dachte, sie seit langer Zeit begraben zu haben. Doch sie sind so frisch wie ein umgepflügtes Stück Erde.

Die Erde hier ist rot wie eine offene Wunde.

Wieder sieht sie, wie nahe sie dem Rand ist. Ihre Hand zittert. Auf diesen fremden Straßen hatte er immer hinter dem Steuer gesessen.

Mit Erleichterung stellt sie fest, wie der Weg allmählich breiter wird und die hohen Zypressen sie darauf hinweisen, daß sie auf dem richtigen Weg ist. Es dürfte ein Dutzend sein. Gigantische Pfeile mit Federn, die gen Himmel gerichtet sind. Oder Finger beim Gebet: geschmeidig und beweglich, spitz wie Kirchtürme.

Er hatte ihr beigebracht, die Dinge so zu sehen. Eine Sache verwandelt sich immer in eine andere. Bäume – Pfeile – Finger.

Der Sturz hinab ins Meer wird zunehmend unwahrscheinlicher. Sie fühlt sich sicher genug, um ihren Kopf aus dem Fenster zu halten, atmet den frischen Duft nach Zitronen aus dem Wäldchen ein, das sich über ein grenzenloses Feld erstreckt. Auf der anderen Seite scheuern ineinander verflochtene Spitzen von Olivenbäumen den Himmel wie Bürsten.

Eine gepflasterte Einfahrt führt zu einer kühlen weißen Villa. Durch und durch gepflegt, macht das gesamte Anwesen einen diskreten, friedlichen Eindruck. Eine unaufdringliche Tafel weist das Gebäude als erstklassiges Luxushotel aus.

Draußen schützt ein junger Mann seine Augen vor der Mittagssonne. Er hebt sich wie ein schwarzer Scherenschnitt gegen die Helligkeit ab. Ein Matrose, der nach Land Ausschau hält. Bei näherer Betrachtung ist er vielleicht nicht mehr ganz so jung. Aber er ist immerhin ein paar Jahre jünger als sie.

Seit einem Jahr fürchtet sie sich davor, vierzig zu werden, und mit jedem Tag fühlt sie sich älter.

Er gibt ihr ein Zeichen, den Wagen genau hier abzustellen. Sie hält an, schaltet den Motor aus und will schon aussteigen, als ihr bewußt wird, daß sie keine Schuhe trägt.

Ein Absatz lugt unter dem Beifahrersitz hervor. Die Matten sind voller Sand. Sie zieht den Schuh heraus, der andere kommt gleich mit zum Vorschein. Doch die von der Hitze geschwollenen Füße sträuben sich gegen das Leder. Mit einem Mal ist sie Aschenputtels häßliche Schwester, die begierig den unförmigen Fuß in einen zu kleinen Schuh pressen will.

Der Grieche steht immer noch da. Etwas Stolzes und Anmutiges an ihm deutet darauf hin, daß er nicht der Portier ist.

Der Schotter unter ihren Schuhen weicht knirschend zur Seite, als die spitzen Absätze hineintauchen. Sie sind so unpraktisch auf diesem Untergrund, erschweren es, den normalen Gang beizubehalten. Und dennoch fühlt es sich sexy an, wie sie den Spann wölben und einen dazu zwingen, den Bauch beim Laufen einzuziehen.

»*Kaliméra*«, sagt der Grieche und faßt nach ihrer Hand.

Sie hatte ganz vergessen, was es für eine wunderschöne Sprache war. Es war so lange her, daß sie die Sprache im Land selbst gehört hatte – etwas völlig anderes als die rauhen Stimmen, die in den griechischen Restaurants die Bestellungen aufnahmen.

»Nennen Sie mich Stathis. Ich bin der Eigentümer hier.«

Seine Haare kräuseln sich um seinen Kopf wie bei einer Statue im Museum. Er ist hübsch für einen Griechen.

»Claire Winter«, stellt sie sich vor.

»Ja, ich weiß. Ich kenne Sie von einem Foto her.«

Was für ein Foto?

Das Porträt auf der Rückseite von ihrem Buch über Alaska, erklärt er. Ein Gast hatte es ihm geschickt, nachdem er mitbekommen hatte, daß er ›schon immer gern einmal Schnee sehen wollte‹. So schien es ein ›Zufall, eine Art Omen‹ zu sein, als ihr Brief ankam, in dem sie ankündigte, seine Insel für ein Buch über Griechenland fotografieren zu wollen.

Also ist er tatsächlich nicht der Portier, dieser Empfänger von Geschenken, sondern der Eigentümer des besten Hotels auf der Insel.

Es kommt ihr so vor, als ob Stathis schon eine ganze Weile auf sie gewartet hätte. Wartete er immer draußen auf seine Gäste?

Aber sie ist etwas Besonderes. Jemand, den man empfängt. Und sie hat ihm den Schnee gezeigt.

Er führt sie hinein in die Kühle der Villa. Eine weiße Halle, in der lauter bunte Mosaiksteinchen glitzern. Der Boden sieht aus wie ein Bild, das man erst zerstört und anschließend wieder zusammengefügt hat. Blaue Meeresstrudel und ein Delphin, der von einem Kranz aus Muscheln umringt ist. Der Raum erinnert an eine königliche Residenz aus vergangenen Zeiten.

»Möchten Sie gern zu Mittag essen, bevor Sie mit der Arbeit beginnen?«

Will er mich einladen? überlegt sie. Sie ist sich nicht sicher, aber es könnte sein. Oder vielleicht doch nicht? Aber die Griechen sind gastfreundliche Menschen, es ist nichts dabei. »Ja, gern«, sagt sie. »Wenn ich meine Sachen untergebracht habe. Ohne meine Kameras kann ich nicht leben.«

»Ihre Kameras? Oh, ja. Natürlich.« Er schenkt ihr solch ein liebenswertes Lächeln, daß sie vermutet, er bemitleide sie fast ein wenig, weil ihr Leben stets mit soviel Gepäck belastet ist. Fast erwartet sie, daß er sie fragt: »Ein Leben ohne Liebe, ohne Kinder? Unvorstellbar. Und statt dessen Kameras?«

Vielleicht zwängt sie ihn in ein Klischee. Er ist so griechisch, so gutaussehend. Sie schaut zur Seite. Es ist eine Sache, durch eine Kamera zu starren, doch es ist etwas ganz anderes, wenn man das gleiche mit dem bloßen Auge tut: Man entblößt zuviel von sich selbst.

Normalerweise reagiert sie nicht so auf Menschen. Aber diese Inseln, sie können ganz eigenartige Dinge in einem bewirken. Man kommt mit den besten Absichten, zu arbeiten zum Beispiel, doch schon nach kurzer Zeit ist man vertieft in den Blick auf das Meer ...

Auch der überzeugteste Einzelgänger wird sich wünschen, jemanden bei sich zu haben, jemanden, der ihm mit den Augen folgt, wenn er auf irgend etwas am Horizont deutet.

Sie denkt, ich bin erst fünf Minuten hier und hätte beinahe schon meine Kameras vergessen.

Nicht so ihr Gastgeber. »Wir werden die Sachen in mein Büro stellen. Dort sind sie sicher. Niemand hat Zutritt außer mir«, versichert er ihr.

Seine Hände sehen aus wie Wurzeln. Braun und fest auf der weißen Tischdecke. Seine Finger liegen gefährlich nahe neben den ihren.

»Sie waren schon einmal in Griechenland?«

»Vor langer Zeit.« Mehr will sie nicht preisgeben.

»Wissen Sie schon, was Sie fotografieren werden?«

»Ich habe ein paar Ideen. Ich werde mich ein wenig umschauen, einfach abwarten, was mich beeindruckt.«

»Also sind Sie bei Ihrer Arbeit – wie würden Sie sagen – spontan?«

»Spontaneität wird im allgemeinen stark überschätzt.«

Sie hat das Gefühl, daß der Fremde mehr von ihr weiß, als ihr lieb ist. Sie würde alles dafür geben, im Augenblick leben zu können, statt immer von der Erinnerung oder der Erwartung gefüttert zu werden. Doch dies ist eine Gabe, die sie nicht besitzt. Erstaunlicherweise ist das Gefühl, daß der Hotelier sie durchschaut, ihr keineswegs unangenehm.

Statt weiter zur Konversation beizutragen, schenkt er schwungvoll Wein in ihr Glas ein. Die Sonne scheint hindurch, wirft rubinrote Reflexe auf den Damast.

Spontaneität. Sie hatte ihr nachgegeben. Einst. Es war die fröhlichste und zugleich auch die trügerischste Zeit ihres Lebens. Es war genau so, wie Theodorakis gesagt hatte: Eine Sache kann sich jederzeit in eine andere verwandeln. So wie das eine auch immer wieder in das andere zurückfließen kann.

Zuerst war seine kostbare Anwesenheit für sie eine wahre Erfüllung gewesen, wie ein fruchtbarer Schoß, und dann, als er wieder zu Ehefrau und Kindern zurückkehrte, verwandelte sich alles in ein quälendes Gefühl der Entbehrung.

Das Leben verläuft fließend, pflegte er zu sagen. Wie die Tonerde, die er formte. Er haßte es, wenn die Sachen so weit waren, daß sie gebrannt werden mußten. »Ab dann ist es ein toter Gegenstand«, sagte er, und seine Fingerspitzen strichen immer noch über den Ton, um ihn zu formen. Um ihn zu zerstören und wieder neu zu gestalten.

Aus diesem Grund ging er nie in Museen oder Galerien, wo seine Skulpturen ausgestellt waren. »Es wäre wie bei einer Beerdigung«, sagte er.

Wie oft hatte sie ihm dabei zugesehen, wie er ›tote‹ Figuren, die ihm trotz ihrer Schönheit nicht gefielen, noch einmal genau untersuchte. Um sie dann von einem Moment auf den anderen wieder zu Brei zu klopfen.

Doch sie teilt nichts von alldem mit dem Fremden, der nun über den Tisch hinweg in ihre Einsamkeit einzudringen droht. Stathis schenkt ihr erneut Wein ein, ohne darum gebeten worden zu sein, als ob er sie schon lang genug kennt, um zu wissen, daß sie ihn trinken wird.

Sie führt den harten Rand des Glases an den Mund. Wie eine Art Einverständnis. Normalerweise trinkt sie während des Nachmittags nicht, vor allem, wenn sie noch arbeiten will. Aber es ist alles so angenehm, und sie war so lang nicht mehr am Meer.

Das Meer hatte sie schon immer fasziniert, die Art, wie es einen mit seinem Rauschen in den Bann zieht, einen mit seinen Grün- und Blautönen umhüllt.

Die Terrasse, auf der sie zu Mittag gegessen haben, gewährt einen Blick auf das Wasser wie von einem Schiffsdeck aus. Griechenland hat so etwas Mystisches, und fast erwartet sie, eine Meerjungfrau auftauchen zu sehen, die ihnen einen Gruß entbietet. Doch dann erinnert sie sich, daß das Meer auch launenhaft sein kann. Wie es sich von einem Moment auf den anderen verändern kann und ganze Schiffe versenkt; wie es diejenigen verschlingt, die es am meisten lieben. Die Griechen kennen seine zweischneidige Natur so gut, daß sie eine Warnung auf ihr Geld gedruckt haben.

Ihre Begleitung wendet sich mit leiser Stimme an den Kellner, und eine Schale mit Früchten und Gebäck erscheint. Sie sitzen immer noch in völliger Stille beieinander.

Ein bekannter Radiosprecher hatte ihr einmal gesagt: Habe nie das Gefühl, leeren Raum mit Worten füllen zu müssen. Man braucht Raum zum Atmen. »Manchmal entstehen die besten Dinge in der Stille.« Instinktiv befolgt sie diesen Rat jetzt.

Der Honig von dem Gebäck klebt an ihren Fingern. Sie leckt sie ab wie ein Kind. Stathis zieht an einer seiner Locken. Sie springt sofort wieder auf ihren Platz zurück. Eine nervöse Geste? Oder kokette Spielerei? Er schält sorgfältig einen Apfel, schneidet das Fruchtfleisch in dünne Scheibchen. Er beißt in eins der halbmondförmigen Stückchen, die er wie eine Reihe von Spiegelbildern auf dem Teller angeordnet hat. Sie kann den Saft fast schmecken.

Wie oft im Leben wird man sich des Geräusches bewußt, das man beim Atmen macht? Oder das andere beim Atmen von sich geben? Solche Gedanken beschäftigen sie.

Diese Gedanken, unterbrochen von Vogelgezwitscher. Der leichte Schritt des Kellners. Das gedämpfte Hallen eines chinesischen Gongs. Das Rascheln der Nadeln von den Kiefern.

Sie sieht ihm dabei zu, wie er einige Scheibchen Käse nimmt und sie auf ihren Tellern dekoriert, als seien sie Blütenblätter einer blaßen Blume.

»Sie essen wie ein Künstler«, bemerkt sie. Die Worte hallen so intensiv durch die Stille, daß sie sie zweimal zu hören glaubt – einmal wirklich, und dann noch einmal als Echo.

Aber sie beleidigen nicht. »Wenn man in einem chaotischen Haus aufgewachsen ist, lernt man Ordnung zu schätzen«, sagt er. Da ist eine rauhe Kante in seiner Stimme, doch er glättet sie. »Meine Mutter war so etwas wie eine Dekorateurin. Ich nehme an, das hat ein wenig abgefärbt. Ich würde es allerdings nicht als Kunst bezeichnen.«

»Und Ihr Vater?«

»Jemand, den die Leute ›einen großartigen Mann‹ nennen. Reich, berühmt, aber es war immer schwierig, an ihn heranzukommen. Ich verbrachte mein halbes Leben damit, seine Aufmerksamkeit zu erlangen. Die andere Hälfte damit, anders zu sein als er. Aber in einigen Dingen waren wir uns sehr ähnlich.«

»Zum Beispiel?«

»Wir konnten beide keine Pommes Frites ohne Ketchup essen.«

»Jeder ißt Pommes Frites gern mit Ketchup.«

»Nur in Amerika.«

Er legt seine Gabel behutsam ab, so daß sie nicht auf den Tellerrand fällt. Solch vornehme, makellose Manieren – sein Vater mußte ein Ignorant gewesen sein.

Es ist seltsam, wie eins das andere ergibt, wie sich die Menschen immer nach dem sehnen, was sie nicht haben. Menschen, die lange Winter durchmachen müssen, träumen von Griechenland und der Sonne, während die Griechen beim Einschlafen Schneeflocken zählen.

»Und was ist mit Ihnen?«

»Was soll mit mir sein?«

»Ihre Familie?«

»Ich bin nicht verheiratet.«

»Ich meinte Ihre Eltern.«

»Wie alle Eltern.«

Stathis ist zu rücksichtsvoll, um weiter nachzufragen. Sie ist dankbar, obwohl er es möglicherweise gut verstehen würde. Auch ihr Vater war immer unerreichbar.

Ein Mann, der immer Geld für Opernkarten hatte, aber nicht für die Miete. Der stets allein verreiste. Um sich nach Arbeit umzusehen, wie er sagte. Doch er kam nie mit einer festen Anstellung zurück. Seine Postkarten hätten Ikonen sein können, so wie sie sie anbetete. Sie schaute sich die glänzenden

Fotos ganz genau an und untersuchte die nichtssagenden Zeilen nach versteckten Hinweisen, während ihre Mutter im Schlaf Trost suchte.

Doch sie will das Thema nicht weiter vertiefen. Statt dessen schauen sie dem Kellner zu, der mit einem kleinen Besen die Krümel von der Tischdecke auf eine breite silberne Schaufel fegt. Er führt seine Arbeit mit einer erstaunlichen Anmut aus.

»Hätten Sie gern noch etwas anderes?« fragt Stathis.

Nur hier sitzenbleiben und nichts tun.

Statt dessen antwortet sie höflich: »Nein, danke«, mit einer griechischen Stimme, von der sie gar nicht mehr wußte, sie je besessen zu haben. »*Ohi, efharistó.*«

Worte aus einem anderen Leben.

»Also sprechen Sie ein wenig Griechisch?«

»Nur ein ganz klein wenig.«

Er schaut sie an, als ob er vermute, sie könne es besser. Doch auch dieses Mal bedrängt er sie nicht weiter. »Soll ich Ihnen jetzt Ihr Zimmer zeigen?« fragte er.

Sie nickt und geht hinter ihm her.

Ihre Augen schießen umher wie eine Kamera. Wo immer sie auch hingeht, sie muß stets genau wissen, wo sie sich befindet. Sie sieht sofort, daß dies ein großartiger Raum ist. Eine ganze Wand aus Glas gibt den Blick frei auf das Meer. Eine so überwältigende, inspirierende Aussicht, daß es sogar mit der besten Ausrüstung an einem guten Tag äußerst schwierig sein würde, diese auf einer Fotografie festzuhalten.

Das Doppelbett ist mit einem Baldachin aus blassem Netzwerk überspannt, das wie ein Schleier über die vier schlanken Pfosten herabfällt. Ein Bett zum Träumen.

»Gefällt es Ihnen?« fragt er und steckt die Hände in die Hosentaschen, wodurch er die glatte Linie seiner braunen Hose unterbricht.

Mit dem Instinkt des Hoteliers müßte er die Antwort eigentlich kennen, denkt sie. Sie will etwas auf griechisch sagen, etwas darüber, wie wunderschön dieses Zimmer ist. Doch ihr fehlen die passenden Worte. Sie nickt und geht auf das Fenster mit dem panoramaartigen Ausblick auf das Meer zu. An die eine Seite des Fensters grenzt die Terrasse mit purpurroter Klematis, die sich an die üppigen rosa Azaleensträucher schmiegt, so daß es aussieht, als ob die Pflanze zwei verschiedene Blüten trage.

Die durchsichtige Scheibe der Terrassentür gleitet leicht zur Seite. Das Meer perlt wie Mineralwasser, das man in ein Glas füllt. Es hat etwas Unwiderstehliches, so wie es immer wieder auf einen zukommt, nur, um sich dann wieder zu entfernen.

Theodorakis – diesmal nicht durch die Kamera gesehen, sondern mit dem bloßen Auge der Erinnerung: Theodorakis in seinem Atelier in den Bergen, seine kräftigen Hände sind mit feuchtem Ton überzogen. Er hebt die Hand, um sich im Gesicht zu kratzen, und hinterläßt dabei einen aschgrauen Streifen auf seiner Schläfe. Ein Farbtupfer im ewigen Blau des Himmels, gesehen durch einen großen weißen Torbogen, wo er unter dem mächtigen Gewölbe bis zum Sonnenuntergang arbeitet.

»Jemand hat dir weh getan«, sagt Stathis.

Fast ist sie ein wenig erschrocken, als sie ihn sprechen hört, als ob er und nicht Theodorakis ein Traumbild sei. Doch er steht so nahe bei ihr, dieser Stathis, daß sie das Kratzen seines gestärkten Hemdes auf ihrem nackten Arm zu spüren glaubt.

»Mir geht es gut«, sagt sie und schaut in einem Reflex auf ihren Arm, ob darauf nicht doch eine kleine Schramme zu sehen ist.

»Das meine ich nicht. Ich spreche von der Vergangenheit. Jemand hat dir sehr weh getan, nicht wahr?«

Sie sollte sich abgestoßen fühlen angesichts solcher Andeutungen von einem Fremden, doch sie fühlt sich nicht angegriffen von diesem attraktiven Mann, der mit ihr so nahe am Meer steht.

Er legt ihr seine Hand auf die Schulter. Sie läßt sie dort

ruhen. Es fühlt sich vertraut an, als ob sie die Berührung schon von früher her kennen würde.

Sie stehen dicht nebeneinander. Er tut nichts, um den Abstand zu vergrößern. Kann er ihr Einverständnis spüren?

Und dann weiß sie auf einmal die Antwort, als er mit seiner Hand leicht auf die Stelle drückt, wo sich die Träger ihres Sommerkleides auf dem Rücken kreuzen. Sie lehnt sich an ihn. Keine richtig bewußte Entscheidung. Mehr eine unwillkürliche Bewegung. So wie Pflanzen dem Licht entgegenwachsen.

Und dann öffnet sich ihr Mund, seine Zunge erstürmt die Weichheit, und sie spürt, wie ihr alles entgleitet. Vor allem in ihrem Bauch und auch weiter unten kann sie fühlen, wie ihr das Blut heftig durch den Körper schießt ...

Das Innere seines Mundes ... erstaunlicherweise ist ihr sein Geschmack angenehm, und da ist diese Süße, insbesondere um die warme Öffnung seines Rachens herum, die ihr sagt, daß sie verloren ist.

Geruch ist der Schlüssel zu erotischer Anziehung. Man kann nicht mit jemandem ins Bett gehen, dessen Geruch einen abstößt. Alles hängt von dem Geruch ab. Theodorakis war genau richtig – der Duft und Geschmack einer exotischen, erfrischenden Frucht, süß und doch nicht zu süßlich. Und nun befaßt sich dieser jungenhafte Mann eingehend mit ihr, und der Duft, der Geschmack ist genau richtig. Der Verstand rät ihr, die Sache nicht weiter voranzutreiben. Aber ihre Brüste sind eng an seinen Brustkorb gedrückt, und er wird immer größer zwischen ihren Beinen, drängt die restliche Luft weg, die sich noch zwischen ihnen befindet.

Noch nie hat sie solches Verlangen nach jemandem verspürt – zumindest nicht seit Theodorakis. Immer wieder Theodorakis. Sehnsucht, nicht nach David, mit dem sie neun Jahre lang verheiratet war, sondern nach einem Mann, einem Geist, den sie zehn, nein, zwölf Jahre lang nicht gesehen hat.

Ob David diesen Geist je gespürt hat? Auf jeden Fall tut es diese Bekanntschaft, die erst wenige Stunden alt ist. Er nimmt ihren Kopf in seine Hände, schaut ihr intensiv in die Augen. Er erinnert sie an sie selbst, wie sie durch die Kamera schaut. Das Motiv, das sie niemals bannen kann, egal wie optimal Licht und Standpunkt auch sein mögen.

»Bist du dir sicher, daß du es wirklich willst?« fragt er.

Er will sich sicher sein . . . Warum interessiert ihn das? Es gibt nur wenige Männer, die an die Wünsche einer Frau denken. Und selbst wenn sie darüber nachdenken, ist sie bisher immer davon ausgegangen, daß sie nicht fragen werden. Vielleicht ist dies hier ein wirklich ernsthafter Liebhaber, einer, der eine willige Partnerin sucht. Einer, der nicht mit Zweideutigkeiten spielt. Er mag das Gesicht eines erobernden Alexanders haben, doch er hat nicht den Wunsch, zu unterjochen. Und vielleicht braucht er ja ebenfalls die Bestätigung, begehrt zu sein. Vielleicht hat auch er Angst davor, verwundet zu werden.

»Diese andere Sache ist längst vorbei.« Sie ist selbst ganz erstaunt, daß sie über Theodorakis spricht. Nach so vielen Jahren hat sie ihn so einfach in die Vergangenheit zurückverbannt, auf den Platz, wo er eigentlich hingehört.

So sind sie nun zu zweit in dem Zimmer. Und ihr wird bewußt, daß sie mit David immer zu dritt war. Meine beiden Männer und ich. Der Ehemann und der Mann, der seine Ehefrau nicht verlassen wollte, damals, als sie noch allein war.

»Ich kann meine Kinder nicht aufgeben«, hatte der Grieche gesagt. Sie respektierte die Tatsache, daß er es nicht ertragen konnte, von seinen Kindern getrennt zu sein, obwohl sie nie so recht verstanden hatte, warum er seinen Kindern nicht auch ein Vater sein konnte, ohne seine Geliebte aufzugeben. Erst sehr viel später verstand sie, daß er, in der Mitte seines Lebens, sein gewohntes Leben nicht mehr für ein neues aufs Spiel setzen konnte.

Aber ob Risiko oder nicht, sie fühlt sich jetzt bereit dazu, nach vorn zu schauen.

»Zieh dein Hemd aus«, befiehlt sie ihm und ist selbst ganz erstaunt darüber, wie gut es ihr gefällt, so direkt zu sein.

Ihre Finger suchen die seinen, als sie sich eilig daran machen, die kleinen Knöpfe durch die Schlitze in dem starren Stoff zu schieben. Nun, ganz schnell, ist da nur noch Haut. Stathis mit seiner bronzefarben schimmernden Brust, legt seine Hand auf ihre Brust. Sie schwillt an. Sie ist überrascht, daß sie die Kontrolle über sich verloren hat. Nein. Sie tut genau das, was sie will.

Schweigend streift er die Träger von ihren Schultern, berührt ihre andere Brust. Die Brustwarzen werden hart, brennen ein wenig. Sie fühlt sich daran erinnert, wie die unvollständigen Gliedmaßen von Theodorakis' erdverhafteten Figuren an Form gewannen, sich auf magische Art langsam rundeten unter seinen Händen.

Jetzt ist sie der tote Lehmklumpen, der langsam zum Leben erwacht.

Sie hat vergessen, wie es sich anfühlt . . . das Gefühl für ihren eigenen Körper. Wird das regelmäßige Joggen ihre Figur auch geschmeidig genug gehalten haben? Stathis hat dieses straffe Fleisch, das man in diesem Alter noch ohne größere Anstrengung behält. So wie einst auch sie. Aber es scheint ihn nicht weiter zu beschäftigen, während seine Hand die Spalte zwischen ihren Brüsten hinabwandert.

Er ist noch so jung, und dennoch kommt es ihr so vor, als ob ein tiefes Einverständnis zwischen ihnen bestehe. Ihre beiden Körper passen so gut zusammen. Wie eine einzige Figur aus einem Guß. Sie kann sich ihm nicht entziehen. Und sie will es auch gar nicht. Ihr Verstand erinnert sie daran, wie schnell eine vorschnelle Handlung mit Enttäuschung endet, doch sie beißt in sein Ohrläppchen, als sei es eine Aprikose, und . . .

»Ich will dich«, sagt sie und spürt seinen Penis trotz des Stoffes, der ihre Körper an dieser Stelle voneinander trennt.

»Ist dir jemals aufgefallen, daß in Griechenland alles ein wenig langsamer geht als in der übrigen Welt?« fragt er. »Nicht nur wie wir essen, sondern auch wie wir uns bewegen, wie wir . . .«

Er wirft sie auf das weiße Bett, drückt sie fest auf die Decke und befreit sie von ihrem zerknitterten Leinenkleid. Ihr Slip ist schnell entfernt, als ob sie ihn nie getragen hätte. Seine Berührung ist so intensiv, so innig – als ob er mit einem Stift auf ihrer Haut schreiben würde.

Er verbrennt sie überall – er leckt sie unter den Achseln und hinter den Ohren und in den tiefen Tälern, die zwischen ihren Zehen liegen. Sogar die empfindliche Haut in den Kniekehlen findet er. Er liebkost sie überall, außer an der Stelle, die Männer normalerweise als erste suchen, nachdem sie sich kaum die Zeit genommen haben, die anderen Regionen zu durchforsten, die möglicherweise auf eine zärtliche Behandlung ansprechen könnten.

»Nimm mich«, befiehlt sie, ergriffen von ihrer Gier.

»Wir haben genügend Zeit für alles.«

Der Satz: ›Mach schon, es ist gleich soweit‹, kommt ihr in den Sinn. Ist das eine Zeile aus einem Gedicht? Doch sie erinnert sich an den Spruch des Rundfunksprechers und füllt das Schweigen nicht unnötig mit Worten. »Wir haben genügend Zeit für alles«, sagt ihr neuer Liebhaber. Warum also soll sie ihm nicht ein wenig Vertrauen schenken?

Er bedeckt sie mit Küssen und kleinen Bissen, seine vielen Locken verstärken das angenehme Gefühl mit ihrem Kitzeln. Nun schreibt sein samtig weicher Penis, der herabhängt, auf ihr. Ihre Hand greift danach. Er fängt sie ab. »Denk einfach nur an dich«, sagt er.

Und dann, endlich, ist er zwischen ihren Beinen. Hände oder Lippen, nach einer Weile weiß sie nicht mehr, was was ist, nur daß etwas an ihr saugt wie an einer zusammengepreßten Frucht, deren Haut die Sonne zum Bersten gebracht hat. Die Erlaubnis, die er ihr erteilt hat, macht sie frei, um in Gefühle einzutauchen, die sie bislang nur allein empfunden hat, in ihrem Bett, mit Hilfe eines Vibrators, den zu benutzen sie sich nicht zuzugeben schämt – wenn sie mit Männer nicht auf ihre Kosten kommt oder einfach mit sich allein sein will.

Ihre Schamlippen beginnen ihn sanft zu umschließen. Und dann ist sein Mund auf ihrem, und sie bettelt mit erstickten Schreien, er möge sich in ihr ergießen. Aber das Pulsieren hat erst begonnen, und sie sieht kleine Punkte vor ihren Augen wie nach einem Blitz mit der Kamera. Dicke rosafarbene Punkte, die in der Luft aufsteigen und den heißen Fleck, der zwischen ihren Schenkeln brennt, widerspiegeln.

Orangerot jetzt, dieser runde Lichtfleck, den sie manchmal sieht, wenn sie es sich selbst macht, wenn sie gierig ihre Gefühle ganz und gar auf die eine Sache konzentriert, während sie auf dem Rücken liegt und die Beine spreizt wie eine Gebärende und die rosafarbenen Lichtreflexe durch ihre zusammengekniffenen Lider dringen – wie der Glanz der Sonne, wenn man an einem heißen Tag für eine kleine Ruhepause die Augen schließt.

Und dann sieht sie das rosafarbene Feuer in ihrem Schoß, das sich von dem einen Punkt her ausbreitet und die empfindliche Membran zwingt, in einem pulsierenden Brennen zu glühen.

Nun braucht sie keine technischen Hilfsmittel, und sie überlegt, wie praktisch dieser Mann doch bei einem Stromausfall wäre. Keine Steckdose, kein Stecker, nichts ist notwendig für diese Art von Elektrizität.

Und dann erinnert sie sich an David. Niemals hatte er solche Gefühle in ihr geweckt. Und sie denkt, wie bedauerlich es war, daß es damals nur einen einzigen Mann gab, der das konnte – bis jetzt.

Und wie sie vielleicht, endlich, all dies mit sich geschehen lassen kann.

Und dann konzentrieren sich ihr Körper und ihre Gedanken noch einmal auf den rosafarbenen Punkt, den sie als Spiegelbild ihres eigenen Blutes sieht, das durch ihre roten geschwollenen Lippen schießt, die den Eingang zur Gebärmutter bewachen und die nun, dem Himmel sei Dank, danach lechzen, daß der Mann eindringen möge.

Und endlich gehorcht er.

»Es gibt da etwas, das ich dir gern zeigen möchte«, erzählt ihr Stathis, nachdem sie noch eine ganze Weile lang zusammengelegen haben. Sie werfen sich ihre Kleidung über und quetschen sich in seinen engen weißen Volvo. Eine Viertelstunde lang holpern sie am Meer entlang, über die steilen Hügel hinweg, die so typisch für diese Landschaft sind. Hin und wieder, wenn er mit der Hand die Kupplung betätigt, streift er ihr Knie und entfacht damit ein Verlangen in ihr, das sie zum Glühen bringt. Da ihre Strecke häufig aus steil verlaufenden Straßen und verschiedenen Schluchten besteht, muß er die Kupplung öfter bedienen. Sie findet Gefallen an den flüchtigen Berührungen.

Wieder schaltet er den Gang herunter, dieses Mal geht es hinab in das flache Land, das gestreift ist von Thymian und stachelig von Rosmarin. Sie schaukeln auf und ab auf Wegen, die ihr irgendwie vertraut vorkommen, wenngleich sich hier viele Straßen ähneln.

Terrakottasteine säumen das terrassenförmig angelegte Ackerland, das sich an die steilen Hänge schmiegt, und verhindern, daß es in die Tiefe hinabrutscht. Noch mehr hochgewachsene Zypressen, schwarzblau wie Rabenfedern.

Ein kurzes Aufleuchten roter Erde.

Der schlammige Weg hier ist so schmal, daß kein Auto hindurchpaßt. Sie gehen zu Fuß, laufen über eine Reihe von moosbewachsenen Steinen.

»Sie arbeiten an der Hauptstraße«, sagt er entschuldigend. »Ich lebe da oben.«

»Nur du allein und dein Lächeln?«

Er scheint sich darüber zu freuen, daß sie sich für ihn interessiert. »Ich ganz allein und die Sterne am Firmament.«

»Ich dachte immer, die Griechen heirateten jung.«

»Nachdem ich die Geschichte mit meinen Eltern erlebt habe, wollte ich nichts überstürzen.«

Sie kommen nur mühsam voran. Und dann sieht sie ihn – den großen weißen Bogengang des Gebäudes, von dem sie einst dachte, es würde vielleicht einmal ihr Zuhause werden.

Der Atem gefriert in ihrem Mund. Und ein leichtes Frösteln überfällt sie, als ob man Eis ißt und die Zähne schmerzen, weil sie zu schnell mit etwas Kaltem in Berührung kommen.

Der plötzliche Schlag einer Erkenntnis, der mehr ist als ein bloßes Déjà-vu-Erlebnis. Immer mehr Anzeichen verraten ihr, daß sie schon einmal hier war: die unvergleichlich saphirblauen Wirbel in dem Pool, in dem sie einst ihre Bahnen zog; das blaue Glühen des Mittelmeers unter den ausgetrockneten Klippen; der breite Streifen Himmel, eingerahmt von dem weißen Bogengang des Ausstellungsraums der Villa.

Dieser Raum sieht immer noch so aus wie damals, mit seinen hohen Decken, die gewölbt sind wie in den weißgetünchten Kirchen auf der Insel. Aber die Möbel sind neu. Er benutzte es als Atelier, weil dort das Licht am besten war, aber jetzt ist alles anders: Alles ist geschmackvoll eingerichtet, auf dem schmalen Mauervorsprung liegen ordentlich aufgereiht blaue, grüne und gelbe Kissen, und sie sieht weiße Lederstühle und Sofas, so weich wie Schwämme. Der Fußboden ist nun ein Meer aus blauen und gelben Mosaiksteinchen.

Das Kamerateam einer Zeitschrift für Inneneinrichtungen wäre hier genau richtig, um Fotos zu schießen – doch es macht alles einen freundlichen, lebhaften Eindruck.

Sie nimmt an, daß das Haus nach Theodorakis' Tod verkauft worden ist – der einzig mögliche Grund, der ihn dazu bewegen konnte, diese Oase perfekten Lichts aufzugeben. Und einen Moment lang schmerzt sie dieser Gedanke. Immerhin war es ihm nicht unmöglich gewesen, *ihre* Gesellschaft aufzugeben. Doch dann merkt sie, daß ihr Gastgeber sie aufmerksam beobachtet.

»Ich habe den Mann gekannt, der hier lebte«, erklärt sie.

»Wirklich?«

Nur eine Sekunde lang sieht sie eine letzte Erscheinung von Theodorakis' bärenhafter Figur auf der Hängematte aus weißem Leinen, die sich wie ein Segel in der Brise bläht.

Wo die Zypresse den Himmel streichelt

»Er war ein sehr begabter Künstler. Ein Bildhauer.«
»Ich weiß«, sagt ihr Liebhaber. »Ich bin sein Sohn.«

Ich war schon immer fasziniert von Inseln. Nichts ist verführerischer als ein Fleckchen Erde, das ringsherum von Wasser umgeben ist, abgeschnitten von der übrigen Welt, mit seinem eigenen, ganz speziellen Charakter. Die richtige Insel kann Facetten unserer Persönlichkeit zum Vorschein bringen, derer wir uns nicht bewußt sind, und irgendwie verschafft die Vertrautheit und übersichtliche Größe einer Insel einem Einblick in die wesentlicheren Dinge des Lebens.

Originaltitel: Where the Cypress paints the sky
Ins Deutsche übertragen von Iris Schmidt

NANCY HOLDER

Bonnie und Clara im Wunderland

Mae West, Michael Jackson und dieser Neue, dieser Country-Sänger. Bonnie fand es ganz reizend von ihrem Neffen Jay, daß er sie und Clara durch das Wachsfigurenkabinett führte und sie alle zwanzig Minuten fragte, ob sie vielleicht müde seien. Natürlich waren sie müde – sie waren immerhin schon ältere Damen –, aber sie bestritten es einhellig: »Nein, nein, ganz und gar nicht.« Sie wollten ihm auf gar keinen Fall den Spaß verderben, denn sie gehörten beide einer Generation an, die es noch als Sakrileg ansah, einem Mann – unter welchen Umständen auch immer – den Spaß zu verderben.

Clara versteckte ein Gähnen hinter der vorgehaltenen Hand; ihr Blick streifte Bonnie, und sie lächelte entschuldigend. Aber es lag auch Belustigung in ihren Augen, die sehr dunkel wirkten im Vergleich zu ihrer weißen runzligen Haut. Sie ging leicht gebeugt in diesen Tagen und auch etwas langsamer. Sie hatten sich schon vor Jahrzehnten kennengelernt, doch es schien, als wäre seitdem nicht einmal ein Jahr vergangen.

Jays Ehefrau, Alyssa, berührte Bonnies Arm und zeigte auf eine Figur, die wie Batman gekleidet war. Jener junge Mann, der ohne Kinn. Bonnie nickte anerkennend, als Alyssa sagte: »Fast hätte ich eine Rolle in dem ersten Teil bekommen.« Alyssa war Schauspielerin; sie war hübsch, beeindruckend wie all die Figuren um sie herum. Genauso straff. Bonnie hatte zu keiner Zeit in ihrem Leben so ausgesehen.

Als sie noch jung war und ihr irgendwann klar wurde, daß sie eine Lesbierin war, dachte sie, eines Tages würde sie ganz exotisch werden, eine extrovertierte Lesbierin aus der New Yorker Künstlerszene in einem schwarzen Rollkragenpullover, mit Chignon und Stöckelschuhen. Rauchend und malend, einen Longdrink in der Hand, während ihre Geliebte mit einem Barett auf dem Kopf Bongos spielte. Aufgewachsen in einer Zeit, in der sich die Darstellung lesbischer Frauen in Filmen noch auf lüsterne Gefängniswärterinnen beschränkte, wußte sie, daß sie anders war.

Was sie lange Zeit nicht begriffen hatte, war die Tatsache, daß sie ein Mädchen aus einer Kleinstadt war, das in einer Kleinstadt aufwuchs und sich irgendwann auch zu einer Kleinstadt-Lesbierin entwickeln würde. Sie würde mithelfen, Kirchenbasare zu organisieren, und zu dem Typ Frau werden, der regelmäßig zu solchen Veranstaltungen ging, bei Gotteslästerungen mit den Zähnen knirschte, pastellfarbene Hosen und bequeme, ziemlich häßliche Schuhe kaufte, um diese dann auf der großen Reise nach Los Angeles zu tragen, wo sie ihren Neffen besuchte.

Clara tippte ihr auf die Schulter, während sich ihr Abstand

zu Alyssa vergrößerte. Sie flüsterte: »Glaubst du, sie wären sehr enttäuscht, wenn wir die Horrorkammer ausließen?«

»Wahrscheinlich waren sie schon x-mal hier. Mit all den Provinzlern.« Mit einem Mal war sie deprimiert. Sie fühlte sich völlig unscheinbar. Ihre Nachbarn daheim hatten sie vor der Oberflächlichkeit von Los Angeles gewarnt, doch es gefiel ihr gut hier. Die Sonne schimmerte golden, die Menschen waren klug, ehrgeizig und attraktiv. Ihr gekünsteltes Verhalten machte sie neidisch. Die Leute offenbarten einem ihr Innerstes, ihr ganzes Leben; und es war, wie sie sagten; sie ›griffen einfach zu‹. Träume zu offenbaren, das Herz auf der Zunge zu tragen! Wie konnte das oberflächlich sein?

Manchmal stellte Bonnie sich vor, daß Clara und sie sich in die Einsamkeit zurückzögen, zwei Georgia O'Keefes. Sie würden sich das Haar lang wachsen lassen, grau und wunderschön. In der Dämmerung säßen sie in der Nähe des Fensters, weil sie keine Klimaanlage hätten. Clara würde ihr das Haar kämmen, und ein Vogel sänge im würdevoll silbrig ergrauten Tag, der seinem stillen Ende entgegenging.

In dem Wachsfigurenkabinett gab ihre Gruppe ihr ein Zeichen weiterzugehen. Clint Eastwood, Kevin Kostner, jene junge flachbrüstige Schauspielerin – es gab so viele davon in diesen Tagen, so viele, die sehr viel jungenhafter waren als die Lesben zu ihrer Zeit. Androgyn war angesagt. Nicht so zu ihrer Zeit. Sie zog eine Augenbraue hoch angesichts der üppigen wächsernen Oberweiten von Sophia Loren und Elizabeth Taylor. Sie hatten großartig ausgesehen in schwarzen Rollkragenpullovern und Stöckelschuhen.

Dann kam der Andenkenladen. Clara sah sich nach etwas um, das sie kaufen könnte. Bonnie schaute ihr zu, wie sie Salz- und Pfefferstreuer hochhob, kleine Löffel und Tücher in die Hand nahm, auf denen Porträts von Filmschauspielern abgedruckt waren. Für die Daheimgebliebenen. Um Jay zu beweisen, daß sie sich immer daran erinnern wollte, einmal hier gewesen zu sein. Clara war Buchhalterin und spielte Bridge;

Bonnie arbeitete bei der Wasserversorgung und hatte nie den richtigen Dreh zum Reizen herausbekommen und es nach einer Weile aufgegeben, weil Clara wegen ihr immer verloren hatte. Sie wußten beide, daß die Leute über sie sprachen, obgleich ihr Verhalten in der Öffentlichkeit nichts verriet.

Alyssa sagte strahlend: »Schau mal, das hier ist doch hübsch, Clara«. Sie ließ eine Kaffeetasse von ihrem Daumen herabbaumeln. Bonnie konnte sie von dort, wo sie stand, nicht genau erkennen. Clara gefiel sie nicht, aber sie gab dennoch beifällige Geräusche von sich und nahm sie der jungen Frau aus der samtweichen Hand. Alyssa lächelte und wandte sich um. Clara betrachtete die Tasse genauer und stellte sie dann fast abwesend wieder auf ihren Platz. Sie sah müde aus.

»Bekommt ihr langsam Hunger?« fragte Jay und erschreckte Bonnie damit.

»Also, ich habe schon Hunger.« Das war eine Antwort, die ihm gefallen würde.

Auf dem Heimweg konnten die Kinder – so nannte Bonnie sie insgeheim – den Gedanken nicht ertragen, auch nur eine der Sehenswürdigkeiten, die sie für den Tag vorgesehen hatten, auszulassen. Sie versicherten Bonnie und Clara, daß es ›direkt auf dem Weg‹ läge, doch es kam den beiden so vor, als würden sie einfach immer weiterfahren. Bonnie hatte angefangen, vor sich hin zu dösen; sie zuckte zusammen, als Alyssa rief: »Wir sind da!«

Von ihrem Parkplatz aus hatte man einen Blick über ganz Los Angeles: gläserne Konstruktionen, die wie silberne Fata Morganas im Sonnenlicht glitzerten. Hell leuchtend, magisch, nur so strotzend vor ungeahnten Möglichkeiten. Bonnie holte tief Luft und stellte sich vor, wie sie all diese Eindrücke zu Hause beschreiben würde. Nichts würde all diesem hier gleichkommen. Sie würde ganz normale Worte benutzen, und die anderen würden sich etwas ganz Normales vorstellen. Ihre Kehle war wie zugeschnürt. Die Stadt war so groß, so zum Bersten gefüllt mit jungen Träumern.

Claras Hand streichelte die ihre, einfach so; Jay hatte schwule Freunde, die sich wahrscheinlich auch in der Öffentlichkeit an der Hand hielten, vielleicht sogar küßten; die diese T-Shirts mit irgendwelchen Slogans trugen und zu diesen Versammlungen gingen. Sie nahm Claras Hand dennoch nicht, und sie wußte, daß Clara es auch nicht von ihr erwartete.

Bonnie fragte sich, ob Clara das gleiche Bedauern empfand, die gleiche Sehnsucht nach ... all den verpaßten Chancen, die sie vielleicht doch hätten nutzen können. Ob sie sich vielleicht auch lächerlich vorkam, wie ein Darsteller in einem alten Sketch von Carol Burnett.

»Die Sonne wirkt so gewaltig wegen all dem Smog«, sagte Jay. Er legte Bonnie seine Hand auf die Schulter. »Wirkt wie ein Beruhigungsmittel, was?«

Bonnie lächelte ihn an. Auch das Wissen um diese Tatsache machte keinen Unterschied; es war nach wie vor eine beeindruckende Aussicht.

»Ihr müßt erschöpft sein«, sagte Alyssa mitfühlend.

»Nein, nein, eigentlich nicht.« Bonnie und Clara sahen sich an. Beide lächelten.

Zum Abendessen in Jays schönem, stuckverziertem Haus gab es Fisch und neue Kartoffeln. Und Spargel, der in Texas zu jeder Jahreszeit äußerst kostspielig war. Alles war frisch und äußerst delikat. Es gab Wein. Als sie an dem farbenprächtig gedeckten Tisch Platz genommen hatten, hatte Clara gemurmelt: »Oh, mein Gott«, ganz beeindruckt auf ihre zurückhaltende Art. Bonnie war froh, daß Alyssa nicht eine dieser Gesundheitskost-Fanatikerinnen war. Eigentlich hatte sie es schon gewußt, als sie sie zum ersten Mal gesehen hatte. Sie war eine ausgesprochen charmante Frau, und es war offensichtlich, daß Jay sie vergötterte. Jay arbeitete als Kameramann bei NBC. Kein allzu berauschender Job, aber doch ganz einträglich. Er war glücklich, und er besaß sein eigenes Haus. Er kannte Film- und Fernsehstars, und am nächsten Tag wollte er Clara und Bonnie einige von ihnen vorstellen.

»Trink doch noch ein bißchen Wein, Tante Bonnie.« Jay füllte ihr Glas, obwohl es noch mehr als halbvoll gewesen war.

Clara sagte: »Mir auch, bitte«, und hielt ihm kokett ihr Glas entgegen. Frauen ihrer beider Generation flirteten oft mit Männern. Es war einfach eine Art von Umgangsform, mit der man ihnen schmeicheln, sie besänftigen konnte. Ihre Mütter sagten ihnen, daß sie es tun sollten und wie sie es zu tun hätten; es bereitete keine Schwierigkeiten, und Bonnie konnte nicht verstehen, warum die jungen Frauen von heute sich darüber ärgerten. Es war einfach nur eine unverbindliche Höflichkeit, eine gesellschaftliche Umgangsform, die niemanden etwas kostete.

Alyssa verstand das; jetzt brachte sie Käsekuchen herein, den sie beim Konditor gekauft hatte, weil Jay ihn so gern aß. Dankbarkeit und Begehren sprachen aus seinen Augen. Bonnies Blick richtete sich auf Clara, die gerade den Kopf abgewandt hatte. Sie hatte inzwischen weißes Haar. Als sie sich damals kennenlernten, war es noch üppig und braun gewesen. Bonnie verspürte einen Hauch von Bedauern, als ob sie die Wandlung irgendwie hätte verhindern können.

Alyssa schnitt den Kuchen auf, Jay füllte für alle Amaretto in kleine Likörgläser, und Bonnie überlegte sich, daß es eigentlich keinen Grund gab, unglücklich und deprimiert zu sein, daß es vielmehr äußerst egoistisch von ihr war, sich einfach gehenzulassen, wo Jay und Alyssa sich doch so bemühten, sie zu unterhalten.

»Auf meine beiden Tanten«, sagte Jay mit warmer Stimme und erhob sein Glas. »Es ist so schön, euch hier bei uns zu haben.«

Bonnie standen die Tränen in den Augen. Sie murmelte vor sich hin, ebenfalls glücklich zu sein, und sie meinte es auch so. Sie stürzte ihren Amaretto hinunter und schenkte sich noch ein Glas ein. Jay sagte: »Alles klar, Tante Bonnie!« und lachte. Einen verwegenen Augenblick lang dachte sie daran, Jay zu fragen, ob er Marihuana da hätte. Aber diese Zeiten lagen eigentlich schon viel zu lange zurück, um auch nur darüber zu scherzen.

»O Gott, ich habe die Schokoladensoße vergessen!« sagte Alyssa und sprang vom Stuhl. »Jay hat so gern Schokoladensoße auf seinem Käsekuchen.« Sie lief eilig in die Küche.

»Sie ist im Schlafzimmer«, rief Jay. Clara brach in schallendes Gelächter aus, faßte sich wieder, schaute Bonnie an und fing an zu glucksen, als sie ihr Glas wieder hinstellte. Jay bat um Entschuldigung, aber er meinte es nicht ernst. Allen war schwindelig. Draußen zirpten die Grillen, die Lichter strahlten in hellem Glanz, und es war wunderschön, in der oberflächlichen Stadt Los Angeles zu sein.

Jay zeigte ihnen Peinlichkeiten aus einigen Shows von NBC. Bonnie sah nur selten fern und kannte folglich auch die Schauspieler nicht, aber deren Ausrutscher und Versprecher waren dennoch sehr unterhaltsam. Clara wieherte vor Lachen wie ein Pferd. Dabei hielt sie ihr Glas hoch, damit Jay ihr noch ein wenig Amaretto nachschenkte. Sie fühlte sich großartig, und Bonnie dachte, daß sie sie niemals zuvor so sehr geliebt hatte wie in diesem Moment.

Schließlich war es Zeit, schlafen zu gehen, und es wurde weder ein großes Getue gemacht, noch entstand Verlegenheit: Alyssa brachte die beiden zu dem Gästezimmer, dessen Blickfang ein einladendes riesiges Bett war. Darauf lagen eine graue und eine schwarze Decke, sehr modern und elegant, und fast ein Dutzend Kissen.

»Und das hier ist euer Badezimmer«, wies Alyssa ihnen den Weg. Auf einer schwarz lackierten Kommode stand eine Vase mit frischen Rosen, zwischen denen ein Kärtchen mit der Aufschrift ›Willkommen!‹ steckte. Tränen der Rührung schossen ihr in die Augen bei dem Anblick dieser Aufmerksamkeiten und all der Pracht. Alyssa küßte beide auf die Wange, und dann waren sie allein.

Clara ließ sich auf das Bett fallen und seufzte. »Ich glaube, ich schwebe. Dein Neffe ist einfach großartig. Und seine Frau auch.« Sie klopfte auf das Bett und sagte verschmitzt: »Schalte doch mal das Radio ein, Liebes.« Das war ihr Ritual. Auch wenn sie allein zu Hause waren, »schalteten sie das Radio ein«.

»Ich brauche eine Dusche«, sagte Bonnie.

»Brauchst du nicht.« Clara drehte den Kopf zur Seite und musterte sie aufmerksam. »Du riechst gut. Ein bißchen nach Wein.«

Bonnie setzte sich auf das Bett und begann ihre Sandalen aufzuschnallen. Sie sah die geschwollenen Venen auf ihren Handrücken, ihre Knöchel, die knotig waren von der Arthritis. Sie dachte an Alyssas Hände, an die Hände der Figuren im Museum.

»An was denkst du?« fragte Clara, und Bonnie zuckte zusammen. Sie merkte, daß sie ihre Sandalen immer noch anhatte. Sie beeilte sich mit dem linken Schuh und machte sich dann an dem rechten zu schaffen. Clara wartete.

»Oh, ich ...« Sie zuckte mit den Achseln. »Alle hier sind so ... freundlich, findest du nicht auch? Alyssa ist so reizend. Und hübsch genug, um auch in dem Museum ausgestellt zu werden.«

»Knackiger Hintern«, sagte Clara und kicherte vor sich hin. Normalerweise sprachen sie nicht so über andere Frauen. »Fest wie Wachs«, sagte sie.

»Ja.« Sie hätten eher hierher kommen sollen, dachte Bonnie grimmig. Gleich, nachdem sie einander kennengelernt hatten, hätten sie wie Hexen auf dem Besen, Göttinnen des Windes, hierherfliegen sollen. Sie Ende Dreißig, Clara jenseits der Vierzig – sie wären immer noch jung genug gewesen für Los Angeles. Vielleicht wären sie Schauspielerinnen geworden oder hätten eine Kunstgalerie eröffnet. Irgend etwas Aufregendes wäre ihnen schon eingefallen.

Clara setzte sich auf und schaltete das Radio ein. Ein Sender mit eingängigen Musikstücken; gerade lief der Titelsong zu einem Film, den sie sich zu Hause ausgeliehen hatten. Bonnie hatte den Namen des Films vergessen, doch sie hatten beide eine Menge heißer Tränen vergossen, als sie ihn angeschaut hatten.

Dann streckte Clara die Hand nach Bonnie aus und murmelte: »Komm doch mal her, meine Süße«, und zog sie auf das Bett. Bonnie begann sich zu sträuben; sie war einfach nicht in der richtigen Stimmung. Sie war müde, und sie wollte eine Dusche nehmen. Nein, das war es nicht. Sie war alt, und sie dachte, sie *müßte* wohl eine Dusche nehmen. Sie konnte sich nicht vorstellen, daß Clara sie ausgerechnet in diesem Augenblick begehrte. All die Jahre, in denen sie sich geliebt hatten, waren mit einem Mal so weit entfernt, daß es ihr wie ein Traum vorkam; es war, als ob Clara nur eine gute Freundin wäre, die ein bißchen zuviel getrunken hatte.

Clara küßte ihr die Wangen, die Augen, die Stirn. Sie legte ihr einen Arm um die Schulter und streichelte mit einer Hand ihr Gesicht. Ihre Sanftheit lockerte Bonnies Muskeln; sie war so verspannt. Alles begann sich langsam zu entspannen, als Clara ihr beim Ausziehen half – eine unelegante Jacke, Bluse, Hose –, bis sie schließlich in der Unterwäsche in Claras Armen lag.

»Oh, Bon.« Clara küßte sie auf den Mund. Bonnie fühlte, wie ihre Lippen weicher wurden; ihr wurde warm und wohlig, sie fühlte sich ganz träge. Alles begann ihr zu entgleiten, wegzuschwimmen, wie erhitztes Wachs, als Clara ihren Körper sanft streichelte und massierte, ihre Brüste, ihren Bauch, die Spalte zwischen ihren Beinen.

Sie hatten sich schon häufiger gefragt, was passieren würde, wenn eine von ihnen das Bedürfnis nach einem Mann verspüren sollte. Nach einem Penis, um genau zu sein. Verschämt hatten sie sich etwas gekauft, das man in jenen Tagen eine ›Liebeshilfe‹ nannte. Heutzutage sagte man Dildo dazu, ein ziemlich scheußliches Wort. Bonnie und Clara hatten nie irgendwelche Probleme mit Männern gehabt; sie hatten einfach nur immer Frauen bevorzugt.

Nun waren Claras Finger ein Penis, der sanft in Bonnie hineinglitt, und ihre Vagina wurde weich. Weich und geschmeidig, golden und wohlig, durchsichtiges Wachs, perlend, fließend. Bilder schwirrten ihr durch den Kopf – was hätte passieren können, was aus ihnen hätte werden können.

New York und schwarze Rollkragenpullover.

Französische Lesben.

Lesbische Schauspielerinnen mit riesigen Brüsten.

Sie preßte sich an Clara und flüsterte: »Mach mit mir, was du willst«, mit einer Eindringlichkeit, die ihr selbst fremd war. Sie wiederholte ihren Namen: »Clara Clara Clara Clara«, als ob sie ihn nie zuvor ausgesprochen hätte. Sie machte ihn zu dem Namen einer berühmten Frau, einer schrillen Frau, dem größten Sex-Idol der Welt, Clara Bardot Clara. Bonnie ließ die Hände über Claras Gesicht gleiten, umfaßte ihre Brüste, während Clara sich mit der einen Hand auszog und mit den Fingern der anderen Hand tiefer in Bonnies Vagina eindrang und ihre Schamlippen dabei sanft liebkoste. »Clara Clara Clara Clara.«

Und Claras Antwort, »Bonnie«, war voller Begehren und Liebe und Verlangen, aber auch voller Fragen. Bonnie verdrängte, daß sie Fragen hatte; sie verdrängte, daß sie aus einer kleinen Stadt in Texas kam. Sie erinnerte sich allein daran, daß sie nun mit der Frau, die sie liebte, in Los Angeles war. Sie setzte sich auf und beugte sich über Clara, öffnete ihr die Beine und küßte sie zärtlich, wie Clara es liebte. Ihre Geliebte, ihre so sehr Geliebte, die überall ein wenig nach Wein roch und, ja, nach Wachs; sie schmolz langsam dahin unter Bonnies glühender Verehrung.

In köstlichem Vergessen schwebten sie dahin, durch Gefühle und Empfindungen, die sich langsam verdichteten und immer stärker und stärker an ihnen zogen; Clara näherte sich dem Höhepunkt, und Bonnie krallte sich fest in ihren Hintern, damit sie besser kommen konnte. Als ob sie sich schämte, drückte Clara Bonnies Schultern hinunter; das machte sie immer. Es war wie ein kleiner Kampf, bei dem Bonnie sie zum Sieg zwang.

Dann war Bonnie an der Reihe, doch sie schüttelte den Kopf und schmiegte sich einfach eng an Clara. Sie liebte es, das Verlangen ihres Körpers nach Befriedigung zu spüren, und zugleich genoß sie es, dieses unbefriedigte Gefühl so lang wie möglich auszukosten. Clara keuchte, und das war so sexy und wunderbar; und Bonnie wünschte sich nichts mehr, als ganz eng mit ihr zusammenzusein. Normalerweise tauchte Bonnie in irgendwelche Fantasien ab, bevor sie kam, mit einem Gefühl der Distanz zu der Frau, die sie liebte. Als würde sie sich einen Film anschauen, ganz allein. In diesem Moment mit Clara zusammenzubleiben, die diese Gedanken nicht kannte und im Bett alles tat, wonach Bonnie verlangte, das war soviel schöner, als jetzt sofort zu kommen.

Bonnies Körper kam langsam zur Ruhe, entspannte sich. Die Wirklichkeit holte sie allmählich wieder ein, brachte sie zurück – zu ihrem Alltag in Texas, zu den gewohnten Dingen wie Stricken und Bridge und den ehrenamtlichen Tätigkeiten in der Gemeinde. Die Dinge, die sie hätten haben können, und die, die sie tatsächlich hatten.

Sie lag so reglos da, daß Clara vorsichtig flüsterte: »Bon, bist du müde?«

Tränen liefen Bonnie die Wangen hinunter; sie gab keine Antwort. Clara küßte sie auf das Haar und begab sich in eine etwas bequemere Stellung. Nach ein paar Minuten sagte Bonnie: »Ich bin nicht müde.«

»Möchtest du kommen?«

Bonnie zögerte. »Ich . . . ich möchte so gern . . .« Sie holte tief Luft und stieß sie dann wieder aus. »Ich möchte morgen einmal etwas ganz Verrücktes tun.«

Clara streichelte über ihre Brüste. »Was denn zum Beispiel?«

»Nichts, was mit Sex zu tun hat. Ich möchte . . .« Sie riß die Augen auf, und Clara sah Tränen darin stehen. Sie war völlig überrascht und auch ein wenig besorgt. Sie wollte etwas sagen.

Bonnie seufzte tief; hätte sie es nicht besser gewußt, so würde sie ihren Hormonen die Schuld geben. »Ich möchte . . .«

Clara schaute sie an. »Was ist los, Bon-bon?«

»Ich möchte mir gern ein Tattoo machen lassen. Oder irgend etwas anderes.« Bonnie zuckte zusammen. Das war alles falsch. Das war es nicht, was sie wollte. Nun würde Clara etwas sagen wie: »Na gut, meinetwegen!«, und das würde sie erst recht deprimieren.

»Irgend etwas anderes?« Clara küßte ihre Brüste. »Was denn?«

»Ich möchte . . .« Bonnie legte ihren Arm um Claras Nacken. So viele Jahre Bettgeflüster! Die Tränen rannen ihr weiter die Wangen hinunter.

Clara stand auf. »Los, komm.« Sie griff nach Bonnies Hand und zog sie hoch. »Komm schon.« Auf die Füße.

Clara drängte sie zur Tür. Sie öffnete sie und lief in den Flur. Schaute in die Richtung von Alyssas und Jays Schlafzimmer, drückte kurz Bonnies Hand und sauste ins Wohnzimmer.

»Clara!« flüsterte Bonnie völlig schockiert.

Clara kicherte kindisch. Ihre Füße machten tapsende Geräusche auf dem Teppich, während sie durch das Wohnzimmer lief. Clara schnappte sich die Amarettoflasche und machte dann wieder kehrt, um in Richtung Hinterhof zu gehen.

Sie öffnete die Tür zur Terrasse. Hand in Hand standen sie nackt in der angenehm kühlen Luft. Beide waren sie leicht außer Atem.

Unter ihnen breiteten sich die Lichter von Los Angeles in alle Richtungen aus, ein funkelndes, üppiges Wunderland. Autos rasten über die Straßen; der Mond war nur eine der vielen Energiequellen und erfüllte das Land mit seinem schimmernden Licht.

Das Zirpen der Heuschrecken erhob sich über das Summen des Straßenverkehrs. Von irgendwoher war der Ruf einer Eule zu vernehmen.

Im Mondlicht war Clara eine glänzende, blasse Figur, ein

perfektes Wesen von unbeschreiblicher Schönheit. Ihr herabhängendes Bäuchlein, die schweren Brüste, die rundlichen Oberschenkel: prachtvoll und wunderbar. Sie war die Schutzgöttin von Los Angeles.

Clara nahm einen Schluck Amaretto und reichte dann Bonnie die Flasche. Sie sagte: »Komm, wir gehen in ihren Whirlpool«, und zeigte auf die Holzkonstruktion rechts neben dem Haus, die auf der einen Seite von einer Reihe von Oleandersträuchern umsäumt war.

»Jetzt?«

Clara ließ Bonnies Hand fallen und fand die Schalter. Rote Lichter leuchteten neben der Oberfläche; schon bald fing das Wasser an zu blubbern und zu rumoren. Clara ging die beiden Stufen hinauf bis an den Rand des Beckens und stieg hinein. Sie setzte sich hin und seufzte genießerisch. »Oh, du wirst dahinschmelzen«, schwärmte sie.

Bonnie tat es ihr nach. Sie steckte vorsichtig einen Fuß ins Wasser, dann den anderen. Was würden sie tun, wenn Jay plötzlich hier auftauchte?

Clara streckte die Hand nach ihr aus, rosig und runzlig und aus einer kleinen Stadt in Texas stammend. Bonnie kam zu ihr: zwei nackte ältere Damen – Frauen! – in der heißen Wanne, die eine Flasche Likör miteinander teilten.

»Ist das *etwas ganz Verrücktes*?« Claras Hände waren überall, ihr Mund überall; Bonnie wurde immer erregter und fand sich doch direkt neben Clara, sie verschwand nicht; der Platz neben Clara, in Clara, es waren alles wunderschöne Stellen, traumhaft und magisch, Stellen, wohin Clara sie bislang nie mitgenommen hatte. Was nur alte Pärchen kennen und verstehen, vielleicht nicht einmal bewußt wissen. Doch das macht es alles nur noch interessanter für neue Chancen, für einen weiteren Besuch, und noch einen, ein ganzes Leben lang: Ungeahnte Möglichkeiten. Bis ans äußerste ausgeschöpft.

Ergriffene Gelegenheit.

Sollte Jay auftauchen, würden sie einfach anfangen zu lachen.

»Ja«, flüsterte Bonnie dankbar, als ihre Vagina zu pulsieren begann und sich zusammenzog.

»Ich bin so froh, meine Liebste. Es war ein langer Tag.«

Das war es nicht. Oder vielleicht doch? Bonnie küßte Clara, ihre Lippen verschmolzen miteinander, als sie durch die Lichter und Träume von Los Angeles wirbelten, in dem heißen, fließenden Becken voller wächserner, reiner Liebe, voller Texas und Bridge, voll von *ihnen*.

Für Dixie Barnum-Scrivener und Alan Scrivener, die mir das Wachsfigurenkabinett zeigten. Und für Claudia O'Keefe, die mir den Weg wies.

Als gebürtige Kalifornierin gehöre ich zu den Menschen, die Los Angeles lieben, mit all seinen ungewöhnlichen und unwirklichen Träumen, die dort gesponnen werden. Mein eigener Traum ist es, daß mein Verlangen nach sinnlichen und erotischen Freuden wie bei Bonnie und Clara ein Leben lang andauern möge.

Originaltitel: Love in the Wax Museum
Ins Deutsche übertragen von Iris Schmidt

JENNY DISKI

Claraminda Griselda

Für den Verlauf dieser Geschichte ist mein Name nicht weiter wichtig. Ich war immer nur die Tochter eines Müllers und später dann die Frau des Königs, also die Königin. Auch wenn die Schöpfer dieser Figur anderer Ansicht sind, so haben Müllerstöchter doch Namen, die sich nicht von denen anderer Menschen unterscheiden. Dies gilt auch für diese Geschichte, in der es letztlich um Namen geht.

Nun gut, natürlich hatte auch ich einen verdammten Namen und habe auch heute noch einen. Entschuldigen Sie die rauhe Sprache, die gar nicht so recht zu einer Königin passen will, aber wenn Sie meine Meinung dazu hören wollen: einmal Müllerstochter, immer verdammte Müllerstochter. Meinen Namen kann ich hier ruhig nennen: Claraminda Griselda. Die Wahl des ersten Namens deutete schon darauf hin, welch blumige und große Hoffnungen mein Vater in mich und meine Zukunft setzte. Er hoffte seine eigene Stellung im Leben durch mich zu verbessern (überraschenderweise wurden diese Hoffnungen nicht enttäuscht, denn als Vater der Königin wurde er in den Grafenstand erhoben). Zu meinem Zweitnamen kam ich, weil er in einer Geschichte auftauchte, die mein Vater einmal in der Dorfkneipe gehört hatte. Irgendein Buchhalter namens Chaser, Chooser, Chancer oder so ähnlich, der sich für etwas Besseres als einen normalen Steuereintreiber hielt, hatte in einer Geschichte den Namen Griselda erwähnt. Mein Vater, der seit kurzem Graf ist, erzählte mir, daß ihm der Klang des Namens gefallen habe und daß die Trägerin dieses Namens eine vielversprechende Zukunft erwartete. Und trotz einiger Schwierigkeiten hat sich diese Weissagung ja auch schließlich erfüllt.

Durch seine merkwürdigen Träumereien und sein hochtrabendes Verhalten hatte mein Vater es sich schon mit den meisten Nachbarn verscherzt. Um nicht auch noch die übrigen Dorfkinder gegen mich aufzubringen, nannte ich mich einfach Clary. Und noch heute wünscht der König, obwohl er alles andere als ein Müller ist, daß ich Staatsdokumente mit meinem vollen Namen unterschreibe. Trotzdem sehe ich mich eher als Königin Clary.

Meine Kindheit verbrachte ich in einer Wolke aus Mehlstaub. Egal wie häufig meine Mutter, solange sie noch lebte, auch wischte und putzte, ich konnte immer meinen Namen auf die mit Staub bedeckten Flächen schreiben. Für meinen Vater war es normal, sonst aber eher ungewöhnlich, daß er mich in die Dorfschule schickte, damit ich dort lesen lernte. Während also die meisten meiner Altersgenossen im elterlichen Haushalt mithalfen, saß ich in der Schule und lernte. Manche schleppten Wasser, andere kämmten Wolle, und wieder andere betätigten den Blasebalg. In der Schule saß ich zusammen mit den Kindern der wohlhabenderen Familien, die sonst nie mit einer einfachen Müllerstochter gesprochen hätten. Ich konnte mir auch nicht vorstellen, welchen Sinn solch langwieriges Lernen haben sollte, wenn man davon absieht, daß ich meinen Namen auf die staubigen Stühle, Tische und Fensterbänke schreiben konnte.

Natürlich schlugen sich die außergewöhnlich hohen Kosten meiner Ausbildung in den Mehlpreisen meines Vaters nieder. Auch deshalb waren wir im Dorf nicht sehr beliebt. Viele Leute zogen durch unser Dorf und erzählten, wie billig ein Sack Mehl nur ein paar Meilen weiter sei. Ich spreche hier zwar nur von Meilen, aber den meisten Dorfbewohnern, die, wenn ihnen das Glück hold gewesen war, einen alten Gaul und einen wackligen Wagen ihr eigen nennen konnten, erschien die nächste Mühle so weit weg wie ein fremder Kontinent. Daran läßt sich erkennen, wie sich die Dinge ändern können, wenn man einen neuen Lebensabschnitt beginnt. Heute würde mich eine Entfernung von einem Dutzend Meilen nicht schrecken, weil ich auf eine große Auswahl von Pferden und luxuriösen Kutschen zurückgreifen kann. All dies steht zu meiner Verfügung, obwohl ich wegen der Räuber und Diebe keinen Gebrauch davon mache. Ich kann mich wirklich glücklich schätzen.

So wuchs ich denn in einem ewig pudrig weißen Haus auf, wo sogar unsere Augenlider ständig mit gemahlenem Weizen oder Roggen bedeckt waren. Und den hochtrabenden Vorstellungen meines Vaters folgend, lernte ich lesen und schreiben. Noch heute erinnere ich mich genau daran, wie sein grölender Bariton die Luft zwischen der Mühle und unserem Haus erfüllte.

Ich kümmere mich um niemanden
Nein, ich bestimmt nicht
Und keiner kümmert sich um mich.

Das waren die wahrsten Worte, die ich je von einem Mann gehört habe.

Wir waren keine beliebte Familie, und so kam es, daß ich viel Zeit allein verbrachte. Häufig saß ich in einer Ecke und sah meinem Vater bei der Arbeit zu. Nicht, weil ich ihn bewunderte, sondern wegen der großen Faszination, die der Mahlprozeß auf mich ausübte. Die beiden großen Mahlsteine aus Granit wurden von vier Eseln bewegt, die ihre Arbeit paarweise an den gegenüberliegenden Seiten der Mahlsteine verrichteten. Im dumpfen, langsamen Trott gingen sie immerzu im Kreis. Es machte den Eindruck, als ob sie einst versucht hätten, sich gegenseitig einzuholen, aber mittlerweile müde wären und erkannt hätten, daß sie es doch nie schaffen würden. In Wirklichkeit waren es immer wieder andere Esel, da sie nicht lange durchhielten. Was das Futter anging, war mein Vater geizig, im Gegensatz zu den großzügig bemessenen Arbeitszeiten. Ich hatte nie größeres Interesse für sie gehegt, sie machten einen so entmutigten Eindruck. Was mich viel mehr interessierte, war der Prozeß, den sie in Gang setzten und hielten.

Mein Vater füllte Korn in den Trichter, das genauso nach unten rutschte wie der Sand in der Sanduhr im Kontor meines Mannes, des Königs. Zwischen den großen Steinen, die sich dank der willenlosen Esel drehten, wurde das Korn zu grobem Mehl vermahlen. Ich glaube, daß es die Endlosigkeit dieses Prozesses war, die mich so faszinierte. Die Steine drehten sich immer weiter, oben wurde Korn nachgefüllt, das unten als Mehl wieder herauskam. Ein nicht enden wollender Vorgang, um den fortwährenden Wunsch der Dorfbevölkerung nach Brot zu befriedigen. Und diese Mahlsteine hatten sie alle in ihre Herzen geschlossen. Ob es ihnen nun gefiel oder nicht, die Dorfbewohner brauchten meinen Vater und seine Mühle. Niemand konnte auf Brot verzichten, und jene, denen es schlecht ging, mußten zu meinem Vater gehen und ihn bitten, das Mehl, das sie unbedingt benötigten, anzuschreiben.

Er fühlte sich immer dazu verpflichtet, war dabei aber nicht sehr entgegenkommend. Menschen, die in deiner Schuld stehen, kannst du auf zweierlei Art behandeln. Du kannst die ganze Sache locker und souverän angehen. Dann behandelst du deine Schuldner, als ob sie so wie du wären, sich lediglich in einer etwas schwierigeren Situation befänden. Sobald es ihnen wieder besser geht, schlachten sie ein Huhn, und der Gläubiger kann sich zusammen mit ihnen an ihrem neuen Glück erfreuen. Daneben gibt es noch eine andere Art, nämlich die meines Vaters. Jeder im Dorf schuldete ihm irgendwann einmal Geld, und er ließ diese Schuld nie in Vergessenheit geraten. Er notierte die Namen derjenigen, die nicht zahlen konnten, mit übertriebener Sorgfalt auf einer Schieferplatte und genoß die quietschenden Töne, die dabei entstanden. Das Unglück anderer Leute gab ihm das Gefühl, reicher zu sein. Das lag jedoch nicht nur an den Schulden, die sie bei ihm hatten, sondern an irgendwelchen seltsamen Gründen, die ihm das Gefühl gaben, daß er in seiner eigenen Wertschätzung um so höher stieg, je schlechter es einem Dorfbewohner ging. Mit ungeheurer Selbstzufriedenheit sagte er in solchen Situationen: »Sie brauchen mich.« Dann stimmte er wieder in seinen Lieblingsrefrain ein.

Ich kümmere mich um niemanden
Nein, ich bestimmt nicht
Und keiner kümmert sich um mich.

Es war ein Lied des Triumphes. Und obwohl die letzte Zeile bittere Wirklichkeit war, war er nicht beunruhigt. Auf eine merkwürdige Art gab ihm die Gewißheit, daß sich niemand, noch nicht einmal seine Tochter, um ihn kümmerte, ein Gefühl von Größe und Bedeutung.

Ich verbrachte nie viel Zeit mit meinem Vater, und in den wenigen Jahren, in denen ich meine Mutter kannte, war sie hauptsächlich mit ihrer Plackerei beschäftigt und zugleich darum bemüht, nicht den Zorn meines Vaters auf sich zu ziehen und so ihr Los gänzlich unerträglich zu machen. Sie starb in aller Stille, offensichtlich nur, weil ihr der Wille zum Leben fehlte. Sie schwand dahin, als ob ihr jeder Tag nur wieder aufs neue gezeigt hätte, daß es immer weniger gab, für das es sich zu leben gelohnt hätte.

So wurde ich zu einer Einzelgängerin. Ich betrachtete die Mahlsteine und lauschte den Geräuschen und den Rhythmen, die entstanden, wenn die Erhebungen und Vertiefungen der Steine aufeinandertrafen. *Strraaggaa graast, scrumm, scrumm. Strraaggaa graast, scrumm, scrumm.* Dieser Rhythmus setzte sich auch in meinen Träumen fest und wurde genauso zu einem Teil meines Ichs wie der Rhythmus meiner Herzschläge. Trotz meiner lieblosen Umwelt war ich zufrieden. Irgendwie erinnerte mich die ständige Bewegung der Steine an die Form und Bewegung der Erde. Das Dorf, Brot, Arbeit, die Kinder, alles schien nach einem Muster aufgebaut zu sein, das ich kannte. Auch das ewige Auf und Ab des Schicksals folgte einem bestimmten Muster. Ich war davon überzeugt, daß all dies seine Richtigkeit hatte. Überall berührten sich die einzelnen Kreise des Lebens und griffen ineinander. Jede Familie führte ihr Leben in einer Dorfgemeinschaft, und die Geräusche der Mahlsteine gaben ihrem Leben einen Rhythmus. Trotz seines pompösen Gehabes und seiner seltsamen Vorstellungen konnte mein Vater nicht umhin, diesen Rhythmus vorzugeben. Denn schließlich drehten sich alle Kreise des Lebens um das Getreide.

Nur einmal in meiner Jugend traf meine Ansicht, daß sich das ganze Leben in Kreisen abspielte, nicht zu. In einem Jahr war die Ernte, wer weiß weshalb, von Braunfäule befallen, und für eine Zeitlang standen die Mahlsteine still. Es gab einfach kein Getreide, das gemahlen werden konnte. Als sich diese bedrohliche Stille breit machte, hatte ich das Gefühl, daß mein Herz stehenblieb. Damals handelte es sich nur um einen regionalen Ernteausfall. Kurze Zeit später wurde aus anderen Regionen Getreide angeliefert, und die Mahlsteine begannen wieder ihre Geräusche von sich zu geben. *Strraaggaa graast, scrumm, scrumm.* Für mich war es eine Warnung, denn die Vorstellung, daß der Kreis alles in Bewegung hielt, hatte sich als nicht immer richtig erwiesen. Es war eine wichtige Erfahrung, zu lernen, daß Kreise auch angehalten werden konnten.

Natürlich ließ sich der König in diesen Zeiten der Not nirgendwo sehen. Es war nicht seine Art, sich unter sein Volk zu mischen, wenn er sich seiner Loyalität und Zuneigung nicht sicher sein konnte. Und niemand im Dorf zweifelte daran, daß der König genug Getreide beiseite geschafft hatte, um schwierige Zeiten überstehen zu können. Eines Tages zog der König in einer Art Triumphzug durch unser Dorf, als ob er das Leben wieder zurückbringen wollte. Er sah großartig aus auf seinem weißen Pferd, das über und über mit Kostbarkeiten und Gobelins geschmückt war. Die Menschen hoben ihre Köpfe und machten einen Knicks oder eine kurze Verbeugung, während er sie mit einem angedeuteten Nicken bedachte. Keiner machte übermäßiges Aufhebens vom Besuch des Königs, denn wenn man von den Steuern einmal absieht, gehörte der König nicht zum Dorfleben. Niemand haßte ihn, denn dafür war er normalerweise zu weit weg. Sie sahen in ihm lediglich ein Fabelwesen, das zufällig ihren Weg kreuzte.

Das galt natürlich nicht für meinen Vater. Er verbeugte sich so eifrig, daß der König ihn für seinen treuesten Untertan hielt und sogar von seinem Pferd stieg. Er wünschte eine Führung durch die Mühle meines Vaters.

Mein Vater verhielt sich so unterwürfig, daß ich befürchtete, mich übergeben zu müssen. Vermutlich war die ihm erwiesene Ehre zuviel für sein einfaches Gemüt. Auf jeden Fall soll das nur der Versuch einer Erklärung für all dies sein, was dann folgte. Als der König meinem Vater seine herablassende Aufmerksamkeit zuteil werden ließ, verlor dieser gänzlich die Kontrolle über sich selbst. Es war nicht so, daß er sich um *niemanden* kümmerte. An den Reichen und Mächtigen zeigte er durchaus Interesse, ein großes Interesse sogar, mit dem er seine Gesundheit und unser Wohlergehen aufs Spiel setzte.

Während er mit dem König plauderte, zischte mir mein Vater

aus dem Mundwinkel zu, ich solle zu ihm kommen. Seine Majestät stand schon im Begriff, wieder sein Pferd zu besteigen und zu seinem angenehm warmen und luxuriösen Schloß zurückzukehren.

»Majestät, Majestät«, wandte er sich mit einer Verbeugung an den König. Dann rief er mich: »Wo bist du, Kind? Komm her! Komm *her!*«

»Majestät, darf ich Euch ... Sie kommt gerade ... in einem Augenblick wird sie da sein ... ja, hier ist sie ... – Streich dein Kleid gerade, Kind! – ... meine Tochter vorstellen. Majestät, meine Tochter Claraminda Griselda.«

Mein Vater hielt mich an meinen Schultern vor seinem Körper fest. Vor lauter Aufregung zwickte er mich in die Rippen. Der König schaute mich an und zeigte ein leichtes, königliches Lächeln. Offen gesagt gehörte ich nicht gerade zu den schönsten Frauen, die dem König bisher unter die Augen gekommen waren. Nicht *abstoßend,* Sie verstehen schon, aber auch nichts wirklich Besonderes. Bei meinem Anblick hatte mein Vater ein Glänzen in den Augen des Königs erwartet. Als das jedoch ausblieb und der König erneut Anstalten machte, sich abzuwenden und aufzubrechen, gab mein Vater einen erstickten Ton von sich, der sich anhörte wie das Quietschen auf seiner Schiefertafel, wenn er den Namen eines Schuldners dort vermerkte.

»Eure *Majestät* ...«

Der König drehte sich noch einmal wegen der Eindringlichkeit um, mit der mein Vater zu ihm sprach. Mein Vater mußte sich schnell überlegen, wie er den angefangenen Satz zu Ende bringen wollte. Allerdings ist Nachdenken nicht das richtige Wort für das, was mein Vater tat.

»Eure Majestät, dies ist keine normale Frau. Sie ist nicht nur die einfache Tochter eines Müllers, Herr. Sie ist eine bemerkenswerte Frau. Nicht nur pflichtbewußt und geschickt, sondern darüber hinaus noch vieles mehr.«

Wir alle waren gespannt darauf, wie mein Vater seinen Wortschwall zu Ende bringen würde. Wahnsinn und unstillbare Habsucht halfen ihm dabei.

»Dieses Kind, diese junge Frau, Eure Majestät ... verfügt über eine außerordentliche Begabung ... wie sie sonst niemand besitzt. Sehen Sie, Eure Majestät, sie kann ... es ist eine gottgegebene Gabe ... sie kann ... Stroh ... zu Gold spinnen.«

Mein Vater starrte in dieser erstaunlichen Stille den König an. Seine Augen traten weit hervor und fielen fast aus den Höhlen, als er sich bewußt wurde, welch groteske Geschichte er gerade erzählt hatte. Alle schauten ihn an: der König, ich und das gesamte Gefolge. Einen Augenblick dachte ich, der König würde meinen Vater wegen dieses Blödsinns einsperren lassen, doch als ich die Augen von meinem verrückten Erzeuger zum König schwenken ließ, wußte ich, daß das nicht geschehen würde. Das Gesagte hatte einen ungläubigen Ausdruck in seine Augen gezaubert. Dann schien ihn ein Gefühl der Erhabenheit und der Macht zu überkommen, wie mein Vater es erlebte, wenn jemand kam, um sich hoch bei ihm zu verschulden. Beim Gedanken an unermeßlichen Reichtum und Macht erstrahlten die Augen des Königs in hellem Glanz.

»Eure Majestät«, setzte ich an und suchte krampfhaft nach einer Entschuldigung für das Verhalten meines Vaters, die ihn davor bewahren würde, in den Kerker geworfen zu werden und dort den Rest seines Lebens zu verbringen. Zwar liebte ich meinen Vater nicht gerade innig, aber die Blutsbande zwischen uns waren doch stark genug, daß ich wenigstens versuchen wollte, sein Leben zu retten.

»Schweig, Kind«, herrschte mich mein Vater an, obwohl er sich diesbezüglich keine Sorgen hätte machen müssen. Mir fiel einfach nichts ein, was den Blödsinn hätte mildern können, den mein Vater erzählt hatte.

Der König wandte mir seinen Blick zu, und seine anfänglich gleichgültige Haltung der Tochter eines einfachen Müllers gegenüber hatte sich mit einem Mal völlig gewandelt. Er betrachtete mich nun, als wäre ich durch einen Zauber zur hübschesten Frau im ganzen Reich geworden. Augenblicklich war ich mir meiner Situation bewußt, und ein Gefühl der Verzweiflung ergriff mich. Ich war wie gebannt durch die Blicke zweier habgieriger Männer, die mich beide nur als Mittel ansahen, ihre eigene Position zu verbessern. Konnte ich überhaupt noch Hoffnung haben bei den gierigen Blicken, die mir mein Vater und der König zuwarfen? Ich hatte das Gefühl, daß mein Todesurteil schon ausgesprochen war, bevor der König auch nur ein Wort gesagt hatte.

Ohne den Blick von mir abzuwenden, fragte der König: »Ist das wahr, Müller? Aus Stroh wird Gold?«

Ein Anflug von Furcht huschte über das Gesicht meines Vaters, als er sich zum ersten Mal bewußt machte, was mit ihm geschähe, wenn sich seine Geschichte als Lüge herausstellte (mein Schicksal kümmerte ihn dabei wenig).

»Eure Maj . . .«, setzte er an, aber was hätte er sagen können, um die Situation noch zu retten? Die Wörter waren aus seinem Mund gesprudelt, und nichts konnte sie ungesagt machen.

Es war schon komisch, daß der König mich nicht nach meiner ungewöhnlichen Begabung fragte. Niemand kam auf die Idee, mich irgend etwas zu fragen. Es war offensichtlich, daß der König hin- und hergerissen war. Sollte die Geschichte wahr sein, so wäre er der Nutznießer und könnte einen unermeßlichen Schatz sein eigen nennen, der sogar die kühnsten Träume eines Königs übertraf. Sollte die Geschichte jedoch nicht wahr sein, hätte er einen großen Narren aus sich machen lassen. Nichts war ihm so verhaßt, wie als Narr dazustehen. Allein der Gedanke daran machte ihn zu allem fähig. Man konnte förmlich sehen, wie er herauszufinden versuchte, ob er meinem Vater Glauben schenken konnte oder nicht. Sie werden vielleicht sagen, daß die Geschichte meines Vaters so absurd war, daß niemand auch nur einen Augenblick lang daran glauben konnte. Aber dann würde man die Macht der Habgier unterschätzen. Sowohl meine als auch die Zukunft meines Vaters hingen in diesen Sekunden in der Luft. Unser beider Leben hingen davon ab, ob der König ein genauso gieriger und habsüchtiger Idiot war wie mein Vater. Das war unsere einzige Hoffnung.

Der König warf meinem Vater einen beängstigenden Blick zu, als er von neuem sprach.

»Nun gut, Müller, wir werden sehen, zu welchen Wundern deine Tochter fähig ist. Ich werde sie mit in mein Schloß nehmen, und wenn sie wirklich Stroh zu Gold spinnen kann, werde ich sie heiraten. Wenn nicht, werdet ihr beide sterben, damit die Welt weiß, daß ich ein König bin, den man nicht ungestraft zum Narren hält.«

Nun, vielleicht mögen Sie überlegt haben, daß es für ein junges Mädchen eine äußerst merkwürdige Sache ist, zur Braut des Königs auserkoren zu werden, nur weil sie Stroh zu Gold spinnen kann. Sie könnte doch viel eher seine Bank werden. Warum also gleich seine Frau? Natürlich hat das mit den besonderen Beziehungen zu tun, in die wir alle verstrickt sind. Bei der Geschichte handelt es sich nun einmal um ein Märchen, und die Belohnung dafür, das Unmögliche möglich zu machen, ist die Hochzeit mit dem König. Darüber beklage ich mich gar nicht. Auch gefiel mir die Idee durchaus, diesen König zu meinem Ehemann zu nehmen, genauso wie ich es begrüßte, daß mein Vater mein Vater war. Aber Personen wie wir haben keine Wahl. Auch wenn ich nur wenig Achtung für den König empfinde, wäre es doch undenkbar für mich, in seinem Schloß zu sitzen und mit einem müden Gesichtsausdruck abzulehnen, sein Stroh zu Gold zu spinnen (vorausgesetzt, ich wäre dazu fähig gewesen, was Ihr Menschenverstand als unmöglich ansehen dürfte) und lieber zu sterben, als das öde Leben einer Königin zu führen.

Mein Vater warf mir einen verzweifelten Blick zu, als ich auf dem Rücken irgendeines Pferdes davonritt, als ob er mich bitten wollte, ihn jetzt, wo sein Leben ganz allein in meinen Händen lag, nicht zu vergessen. Genial. Das einzige, was ich tun müßte, um uns beide am Leben zu erhalten, war, Stroh zu Gold zu spinnen. Hätte er sich nicht irgend etwas *wirklich* Schwieriges ausdenken können? Tatsächlich erschien es mir eine relativ einfache Aufgabe zu sein, Stroh zu Gold zu spinnen. Ich mußte mich lediglich unter die Magier und Alchemisten mischen und ein bißchen mit dieser oder jener Substanz herumexperimentieren. Vielleicht würde es mir ja irgendwann in meinem Leben gelingen. Und wenn ich das gesamte Glück dieser und der nächsten Welt hätte und mein gesamtes Leben diesem Ziel widmete, würde ich vielleicht den Stein der Weisen finden und so das Wort meines Vaters halten können und die Träume des Königs wahr werden lassen. Aber die eigentliche Schwierigkeit, mit der ich fertig werden mußte, war von grundlegender Art. Ich hatte keine Ahnung vom Spinnen. Der Besuch der Schule war die Voraussetzung für meinen sozialen Aufstieg und nahm mich so in Beschlag, daß mir keine Zeit mehr blieb, um nützliche Dinge wie beispielsweise das Spinnen zu erlernen. Offen gesagt, hatte ich zwei linke Hände.

Ich wurde in einen Raum im äußersten Winkel des Schlosses gebracht. Eine schier endlose Wendeltreppe führte hinauf in die Dachkammer eines Eckturms. Da es sich um einen runden Turm handelte, hatte ich einen beeindruckenden Blick über die gesamte Gegend. In diesem Augenblick sah ich auf die Welt hinab, zu der ich bislang gehört hatte. Wahrscheinlich war dies die Vorstellung, die mein Vater von meinem Leben hatte. Aber ehrlich gesagt, beschäftigten mich im Augenblick andere Dinge als diese Aussicht.

Der halbrunde Turm war zur Hälfte mit Stroh bedeckt. In der anderen Hälfte stand lediglich ein Spinnrad, das ich mit skeptischem Blick ins Auge gefaßt hatte. Es war abgesprochen, daß ich das gesamte Stroh bis zum nächsten Morgen zu Gold versponnen haben sollte. Welch eine Absprache. Ich kannte mich ganz gut in dieser Art von Geschichten aus und wußte, welche Rolle von mir erwartet wurde. Wie alle anderen Menschen wußte auch ich, was es mit der Zahl Drei auf sich hatte. In Märchen wie diesen reicht es nie aus, das, was von einem erwartet wird, nur einmal zu vollbringen. Ich war mir ganz sicher, daß ich das Wunder dreimal vorführen mußte. Letztlich war das in diesem Fall nicht weiter schlimm, weil ich die Erwartungen, die man in mich setzte, nicht ein einziges Mal erfüllen konnte. Aber generell ist diese Dreierregel eine reichlich ernüchternde Angelegenheit. Wenn man von Anfang an weiß, daß man alles dreimal machen muß, verliert man den Willen dazu, bevor man überhaupt richtig angefangen hat. Wenn man etwas zum ersten Mal macht, das Mut oder Geschick erfordert oder als unmöglich gilt, kann es sehr faszinierend sein. Aber wenn man daran denkt, daß man das Ganze noch zweimal wiederholen muß, ist die Zufriedenheit über die eigene Leistung wie weggeblasen. Auch die Sache mit den drei Wünschen, die man manchmal frei hat, verliert dadurch ihren besonderen Reiz. Man kann sicher sein, daß einer nicht so in Erfüllung geht, wie man es sich erhofft hat, und daß einem von den beiden anderen schließlich auch nichts bleibt.

Das waren die rein theoretischen Gedanken, die mir durch den Kopf gingen, als ich in der Turmkammer stand und das Spinnrad anstarrte, von dem ich nicht im entferntesten wußte, wie es funktionierte. Ich versichere Ihnen, daß es unter psychologischen Gesichtspunkten eine interessante Konstellation war, in der ich mich befand: Ich machte mir Sorgen, wie dieses Spinnrad wohl funktionierte, als ob das meine einzige Sorge wäre und sonst alles zum besten stünde. Aber wenn man dem Tod ins Auge blickt, kann man sich nur auf einen einzigen Grund konzentrieren. Der Umstand, nicht zu wissen, wie man Stroh zu Gold spann, erschien mir ein so absurder Grund zum Sterben zu sein, daß ich das Ganze auf das eigentliche Spinnen reduzierte. Ich konnte mich eher mit dem Gedanken anfreunden, sterben zu müssen, weil ich die einfachste und grundlegendste Sache nicht beherrschte, als dafür zu sterben, daß mir etwas wirklich Schwieriges nicht gelang.

Der Gedanke, der mich die ganze Zeit über beschäftigte, war: Würde es mir wirklich etwas ausmachen, mich von dieser Welt zu verabschieden, in der einen Väter und Könige (und nicht zu vergessen, unfähige Mütter) in solch ein Dilemma bringen. So gesehen, erschien mir mein Schicksal ein wenig erträglicher. Aber unabhängig davon war ich mit gerade einmal vierzehn Jahren noch jung und hatte in meinem bisherigen Leben nicht soviel Schlimmes erlebt, daß ich mir nicht noch einen gewissen Optimismus hinsichtlich der vor mir liegenden Jahre bewahrt hätte. Ganz ehrlich gesagt, hatte ich mich also noch nicht gänzlich mit meinem bevorstehenden Schicksal abgefunden.

Ich setzte mich also auf den Holzschemel, der neben dem Spinnrad stand, und erkannte das Ding, das vor mir aufragte, als Spindel. Aber das ist eben des Problem mit der Erziehung: Ich wußte, daß dieses Ding Spindel genannt wurde, aber nicht, wozu und wie man es gebrauchte. Lustlos gab ich dem Rad einen Schubs und lauschte mit wachsendem Interesse dem Geräusch, das es von sich gab. In gewisser Weise war es mir vertraut, weil es mich an die Mahlsteine meines Vaters erinnerte. Diese Erkenntnis kam nicht wirklich überraschend, denn beide waren rund und drehten sich in einem fort. Der Rhythmus wirkte beruhigend auf mich, und bis zum nächsten Morgen, an dem ich sterben würde, konnte er mir Trost spenden.

Ich habe keine Ahnung, wie lange ich so dagesessen und das Spinnrad gedreht hatte, als ich plötzlich eine kratzige hohe Stimme hinter meinem Rücken vernahm.

»Du steckst ziemlich in der Klemme, oder?«

Und wer sonst außer einem kleinen dürren Männchen mit einem faltigen und unsympathischen Gesicht, das von einem hämischen Grinsen überzogen war, hätte das sein können. Ich muß Ihnen wahrscheinlich nicht erzählen, daß er mir sagte, er könne mir helfen, wenn ich ihm etwas dafür gäbe. Ich fragte, was er von meinem Ring hielt, und er war einverstanden. Er machte sich sofort an die Arbeit.

Manchmal ist es ein Fluch, Bescheid zu wissen. Wie sollte ich mich darüber freuen, die erste Nacht mit Hilfe dieses kleinen Mannes überstanden zu haben, wo ich doch genau wußte, daß ich in der nächsten Nacht vor derselben Aufgabe sitzen würde. Und in der dritten Nacht hätte ich keinen Schmuck mehr, den ich ihm als Gegenleistung hätte bieten können. Ich fragte mich, ob ich jetzt, wo der ganze Raum mit Gold statt Stroh gefüllt war, überhaupt besser dran war. Im besten Falle würde mich der König zu seiner Königin machen, aber wäre das eine Entschädigung für das Leid und die Angst? Wenn ich es richtig anstellte, wären Reichtum und Macht mein Lohn dafür. Ich hätte schöne Kleider und Diener, die sich um alles kümmern würden, aber ich hatte das Gefühl, daß diese Dinge irgendwann ihren Reiz verlieren würden. Und wäre dieser Zeitpunkt dann erreicht, wäre ich immer noch mit diesem Mistkerl verheiratet, den ich fast noch mehr verabscheute als meinen Vater.

In der dritten Nacht mußte ich ihm mein erstes Kind versprechen, denn diese Geschichten folgen einem unerschütterlichen Muster. Ich dachte nur noch, daß sich die Dinge fügen würden, wie sie es immer tun. Und ich kam zu dem Schluß, daß es, insgesamt betrachtet, doch besser war zu leben, als tot zu sein. Schließlich hatte ich so doch mehr Möglichkeiten.

Und dann kam es zur Hochzeitsfeier und zur anschließenden Hochzeitsnacht, und mein Vater wurde in den Grafenstand erhoben. Jedes dieser Ereignisse erfüllte mich mit Abscheu, ganz besonders die Hochzeitsnacht. Ich lasse es einfach mal so stehen. Es wird ausreichen, wenn ich Ihnen sage, daß Könige ihr königliches Benehmen nicht unbedingt mit ins Schlafzimmer nehmen. Sobald die Pelze und die feinen Kleider auf dem Boden lagen, stürzte der König sich auf mich. Der Schafhirte aus unserem Dorf hätte es nicht schlechter machen können. Tatsächlich vermißte ich den Schafhirten sehr, mit dem ich es vor meiner königlichen Karriere mehrmals getrieben hatte, und das nicht nur in dieser Nacht, sondern auch später noch.

Was seine Liebeskünste betraf, so war dieser Schafhirte alles andere als eine Niete. Er hatte mich in einigen Feinheiten unterwiesen, doch weil mich der König nicht im entferntesten reizte, konnte ich nichts von dem Gelernten anwenden. Ich lag schlaff auf dem Bett und hatte lediglich meine Hände zu Fäusten geballt. Schließlich verlor der König die Lust an mir und begab sich zu den etwas hübscheren Mädchen aus dem Dorf, um sich mit ihnen zu vergnügen. (An dieser Stelle muß gesagt werden, daß auch ihr Wissen von jenem wundervollen jungen Schafhirten stammte. Wo er diese Fähigkeiten erworben hatte, vermag ich nicht zu sagen, aber ich vermute, daß seine Schafe, sofern sie reden könnten, bestimmt die eine oder andere Anekdote dazu hätten beitragen können.)

Und da Märchen nun einmal Märchen sind, gebar ich genau neun Monate später einen Sohn, den Thronfolger. Es wurde ein riesiges Fest veranstaltet, und der kleine verhutzelte Mann erschien wieder. Ehrlich gesagt, bedeutete mir mein Sohn nicht allzuviel, und wenn es nach mir gegangen wäre, hätte ich ihn auch weggegeben. Ich sah ihn fast nie, weil er in einem anderen Flügel des Schlosses von Kindermädchen und einer Amme betreut wurde. Ich hatte keine Lust, dem König zu erzählen, daß ich seinen Sohn gegen einen Haufen alten Strohs eingetauscht hatte. Auch wenn seine Habsucht daran schuld war.

»Nun gut«, sagte der kleine alte Mann, und wie erwartet, fuhr er fort: »Ich gebe dir noch eine Chance. Wenn du meinen Namen innerhalb von drei Tagen ...«

»Bitte«, unterbrach ich ihn, »geht dir dieser Blödsinn nicht auch langsam auf die Nerven? Rate doch meinen Namen. Drei Tage. Abgesehen davon, was willst du überhaupt mit einem Baby anfangen? Hör zu, ich mache dir ein anderes Angebot.«

Er war ein wenig beleidigt, weil ich ihn bei seinen Ausführungen unterbrochen hatte. Er starrte mich mit offenem Mund an, und ich wette, daß er einfach fortfahren wollte, ohne weiter auf das, was ich gesagt hatte, einzugehen. Also redete ich weiter, bevor er sich wieder fassen konnte.

»Ich habe eine bessere Idee, die für uns beide interessanter sein wird. Wie wäre es, wenn ich dich innerhalb von drei Tagen so weit bringen muß, daß du nicht mehr weißt, wie du heißt?«

Er war vollkommen verblüfft, und in seinem Gesicht war nichts als Verwirrung zu lesen, als er versuchte, die alte Geschichte aus diesem neuen Blickwinkel zu betrachten.

»Aber . . .«, stotterte er, »so geht das doch nicht. Du mußt meinen Namen erraten. Es geht um Namen.«

»Aber das ist doch wirklich nicht sehr schwierig, oder? Ich brauchte doch nur meine Diener auszuschicken, die überall herumwühlen und sich umhören würden, und schließlich, kurz vor Ablauf der Frist, würde dich einer von ihnen im Wald beobachten, wie du in deiner maßlosen Selbstüberschätzung deinen Namen vor dich hinsagen würdest, und damit wäre das Spiel gelaufen. Was ist denn daran intelligent und lustig? Eine reiche und mächtige Frau schickt ihre Diener aus, damit diese etwas für sie herausfinden. Eine wirklich aufregende Sache. Was ich dir nun vorschlage, ist etwas komplett anderes. Stell dir nur mal vor, wie schwierig es ist, jemanden dazu zu bringen, seinen Namen zu vergessen. Besonders wenn es sich um einen so seltenen und interessanten Namen handelt, wie du ihn zu haben scheinst.«

Noch immer verwirrt, kratzte er sich am Kopf.

»Und wie willst du das anstellen?«

Ich lächelte ihn an.

Ich sollte vielleicht noch etwas zu meiner Person sagen. Genausowenig wie ich Ihren Vorstellungen von einer schönen Müllerstochter entspreche, sehne ich mich nach hübschen Prinzen mit blondem Haar, wie dies sonst für Müllerstöchter üblich ist. Fragen Sie mich nicht, warum. Wahrscheinlich ist es mein persönlicher Geschmack. Ein Prinz, der so hübsch ist, wie es die alten Märchen verlangen, interessiert mich nicht mehr, sobald er kein Frosch mehr ist. Ich fühlte mich schon immer zum – nun, wie soll ich es sagen? – Außergewöhnlichen hingezogen. Jener junge Schafhirte war keineswegs ein Adonis.

Sein Gesicht war übersät mit den Narben von Windpocken, und seinen Körperbau konnte man bestenfalls als schmächtig bezeichnen. Aber sobald er mit dem angefangen hatte, was er besonders gut konnte, begann ich jeden einzelnen Krater auf seinen bleichen Wangen zu lieben, und abends lag ich häufig in meinem Bett und streichelte mich, während ich vor meinem geistigen Auge seine dünnen Schenkel und diese unmännlichen, schmalen Schultern sah. Es ist sonderbar, wie sich das menschliche Verlangen auf alles mögliche richten kann, wenn einmal die Richtung feststeht. Schönheit, ein muskulöser Körper, Größe und eine wallende Haarmähne – das sprach mich einfach nicht an. So war es eben. Abgesehen von dem narbigen Schafhirten hatte ich ein weiteres Verhältnis mit dem Mädchen von der Molkerei. Sie war eine schlampige Person mit einer Knollennase und roten Wangen und genauso einfältig wie ihre Schützlinge. Lebensfroh und lüstern, war sie genau die Art von Geschöpf, die jeder gerne morgens beim Melken im Kuhstall vorfinden würde. Ich wüßte nicht, wie man das, was wir jeden Morgen im Heu machten, bezeichnen sollte, aber ich genoß es sehr. Unsere Erlebnisse waren eine perfekte Ergänzung zu den Raffinessen, die ich von meinem Schafhirten gelernt hatte. Da ich in meinem Geschmack sehr offen war, hatte ich keine Schwierigkeiten, Objekte meines Verlangens zu finden. Ich ließ keine Gelegenheit für einen lüsternen Moment des Glücks aus, auch wenn die betreffende Person nicht dem in Märchen geltenden Schönheitsideal entsprach.

Der kleine Mann war so dürr wie ein frisch geborenes Fohlen und etwa halb so groß wie ich. Es faszinierte mich, daß die Falten seines Gesichts ihrerseits wiederum von Falten durchzogen waren. Seine Lippen waren sehr schmal, und seine kornblumenblauen Augen blickten mich durchdringend an. Er war voller Energie und sprang ständig von einem Fuß auf den anderen. Jeder hat etwas, das man anziehend finden kann.

»Komm her«, sagte ich, »ich möchte dir etwas zeigen.«

Während der vereinbarten drei Tage kam er jede Nacht in mein Schlafgemach, und ich zeigte ihm Dinge, die er sich nicht hätte träumen lassen. Jeden Morgen schwankte er aus den königlichen Gemächern und murmelte etwas vor sich hin, als ob er versuchte, die Erlebnisse der Nacht in seinem Kopf unterzubringen. Alles, was ich während der schönen Zeiten mit dem Schafhirten und dem Mädchen aus der Molkerei gelernt hatte, kam jetzt zum Einsatz. Und der dürre Mann zitterte nach jeder Nacht und jammerte ob meiner Erfahrung. Jeden Morgen, wenn er mit seinen verdrehten und zerschundenen Muskeln davonhinkte, hielt ich ihn einen Moment zurück und fragte ihn: »Wie heißt du, kleiner Mann?«

Am ersten Morgen unterbrach er sein Gemurmel, drehte sich mit schmerzverzerrtem Gesicht um und starrte mich mit wildem Blick an. Nach einem Moment enormer Anstrengung erhob er schließlich seine Stimme so weit, daß ich verstehen konnte, was er sagte.

»Ich heiße ...« krächzte er, »ich heiße ... Rumpelstilz ...«

Dann wurde sein Blick unsicher, als ob etwas in der Tiefe seines verwirrten Geistes verschwände. Ich lächelte daraufhin und beteuerte ihm, wie sehr ich mich auf die nächste Nacht freute.

Am zweiten Morgen fragte ich ihn wieder das gleiche, als er gehen wollte. Wie am Tag zuvor drehte er sich um, aber diesmal dauerte es wesentlich länger, bis er die einzelnen Worte herausgebracht hatte.

»Ich heiße ... ich ... heiße ... ich heiße Rumpel ...«

Er verstummte, und ich wünschte ihm einen guten Tag.

Am dritten Morgen war er kaum noch in der Lage, die Strecke bis zur Tür zurückzulegen, weil seine dürren Beine so stark zitterten. Bei jedem einzelnen Schritt atmete er schwer, und immer wenn sein Fuß den Boden berührte, durchzuckte ihn die Erinnerung an Glück und Qual seiner Erlebnisse.

Mit sanfter Stimme fragte ich ihn: »Wie heißt du, kleiner Mann?«

Ein merkwürdiger Laut stieg aus seinem Inneren empor und

blieb ihm im Halse stecken. Sein Mund bewegte sich, seine Augen rollten wild hin und her, und er zitterte am ganzen Körper, als ob er mit jeder Faser seines Körpers zu verstehen versuchte, was ich mit meinen Worten gemeint haben könnte. Aber es kam nichts.

»Wie heißt du, kleiner Mann?« wiederholte ich.

Aber der kleine Mann hatte aufgegeben und schüttelte aus Verwirrung und Verwunderung bloß den Kopf, als er wie ein Schatten unter der Tür aus meinem Zimmer verschwand.

Und so führe ich nun das Leben, das mein Vater sich für mich erträumte. Ich bin eine reiche und mächtige Frau, eben die Königin. Ich werde geachtet und ob meiner Weisheit und meiner gründlich durchdachten Entscheidungen verehrt. Der König ist derzeit zu sehr beschäftigt, um sich den Staatsangelegenheiten zu widmen. So kümmere ich mich darum, daß alles läuft und es den Menschen gut geht. Mein Vater, der *Emporkömmling,* gibt sich zusammen mit dem König endlosen Vergnügungen hin, weshalb auch er kaum Zeit für seine Tochter, die Königin, oder seine Mühle hat. Die Mühle habe ich deshalb in die sicheren und talentierten Hände des Schafhirten gelegt. Er sagt, es sei eine willkommene Abwechslung zum Schafehüten. Und damit das alles so bleibt, sorge ich dafür, daß die Turmkammer jeden Tag mit zu Gold versponnenem Stroh gefüllt wird. (Ich selber kann noch immer nicht mit dem Spinnrad umgehen. Man bedenke nur einmal, wie gefährlich es wäre, sich den Finger an der Spindel zu stechen.)

Der König hält sich, zusammen mit meinem Vater, die meiste Zeit in seinem Lagerhaus auf und verbringt die Zeit damit, sein Geld zu zählen. Ich befürchte, daß sie niemals damit fertig werden. Und während sie derartig beschäftigt sind, regiere ich das Land, spreche Recht und sorge dafür, daß sich die Mahlsteine und alle anderen wichtigen Dinge drehen. Und meine Ablenkung?

Zu meiner Unterhaltung habe ich die Milch, die jeden Morgen frisch angeliefert wird, und in den Nächten erholt sich mein kleiner Mann vom Goldspinnen, und wieder und wieder lasse ich ihn seinen Namen vergessen.

Diese Geschichte handelt von Kreisen und Drehungen mit einem Mittelpunkt aus ungewöhnlichem Verlangen.

Originaltitel: Yarn
Ins Deutsche übertragen von Christopher Gehrmann

KAY KEMP

Eine göttliche Speise

Als meine Mutter englische Literatur studierte und Feministin wurde, machte ich gerade eine schwierige Phase durch. Ich war sechzehn und andauernd verliebt. Sie jedoch besuchte Seminare, wurde eine unermüdliche Anhängerin der feministischen Literaturkritik und kam überschäumend vor Wut nach Hause: »Sieh dir nur mal an, wie alle Dichter die Frauen in Nahrungsmittel verwandelt haben! Wer braucht diese ›göttliche Speise‹? Es ist immer dasselbe: ihre *milchweiße* Haut, ihre *kirschroten* Lippen, ihr *zartes* Fleisch. Offensichtlich werden wir von diesen Burschen zerkaut. Und das hier: ›Pfefferminz-Mädchen mit den Wrigley-Augen‹. Uh, friß oder du wirst gefressen, sage ich.«

Sie war eine gute Köchin, obwohl es keine leichte Übung für sie war. Ihr Mund war weder eine Honigwabe noch glatt wie Öl, wenn sie am Herd stand und beim Rühren der Schokoladensauce die Sekunden zählte. Sie verfluchte den Teig, wenn er am Nudelholz klebte. Nichts ging ihr leicht von der Hand. Sie wog alles ab, machte nie etwas nach Gefühl. Sie probierte nie, und sie experimentierte nicht. Immer tobte sie über ihrer Arbeit und nagte an ihrer Unterlippe, die Augen dunkel vor Verachtung.

Ihre Bravourstücke fielen in sich zusammen, sobald sie meinem Vater auftat. Das Roastbeef mochte dieselbe gelbbraune Farbe wie immer haben, aber manchmal winkte er einfach ab.

»Wie oft habe ich dir gesagt, daß ich gern einen flachen Teller hätte! Ich kann auf diesem hier nicht schneiden, weil er gewölbt ist!«

Wir aßen keine Kartoffeln, weil mein Vater sie für Schweinefutter hielt, aber es gab immer drei Gemüsesorten: Broccoli, Karotten oder Blumenkohl, sowie einige Blätter grünen Salat mit transparenten Rettichscheiben und etwas Rotkohl. Er wurde in gebogenen Holzschalen serviert, die von einer Reise nach Hawaii stammten. Als Dessert gab es Eis mit heißer Schokoladensauce oder gar nichts.

Wenn meine Mutter das schaffte, ohne etwas auf der Herdplatte zu verschütten, den Ofen anzubrennen oder eine der Pfannen aus rostfreiem Stahl anzusengen, war sie erlöst. Meine Eltern haßten Küchengerüche. Sie setzte sich zum Essen hin, aber ihr Gesicht blieb angespannt.

Ich war wahrscheinlich gerade nach Hause gekommen von einer kleinen Fummelei auf dem Vordersitz eines Autos, die beinahe den kritischen Punkt erreicht hatte: die Hosen heruntergelassen, den BH aufgehakt, mein Freund über mir in einer Haltung, die Bereitschaft signalisierte, sein Schwanz an meinen Bauch gedrückt, beide tropfend und keuchend: »Wir dürfen nicht, wir dürfen nicht!« Bestimmt war ich im Auto heimgefahren, das Gesicht in seinem Schoß vergraben. Ich sah also meine Eltern an und versuchte, sie mir beim Sex vorzustellen.

Wie schwierig muß das für sie beide gewesen sein! Ich konnte mir einfach nicht denken, daß meine Mutter all das Fingereintauchen und Lecken, all die intensiven Gerüche, den Dampf und die Hitze genoß. Und man wußte ja nie, wie es enden würde. Und mein Vater! Wenn nicht alles flach serviert wurde, ging er in die Luft. Das war sicherlich überhaupt kein Spaß.

Wie es der Zufall wollte, heiratete ich einen Nudisten. Kein irgendwo eingetragenes Mitglied, bloß ein Mann, der gerne nackt im Haus herumläuft. Er war dafür bekannt, nackt aus der Tür zu gehen und die Zeitung von der Veranda hereinzuholen, was ein gewisses Problem darstellte, als wir noch in der Stadt lebten. Jetzt haben wir keine unmittelbaren Nachbarn mehr. Wir sind in unser kleines Landhaus umgezogen, wo ich Erdbeeren züchte.

Es ist jetzt August, und die Erdbeerzeit ist vorbei. Mein Mann kommt Freitag abend von der Stadt hierher. Er kauft gern frühmorgens auf dem Markt ein. Er geht in seiner Geschäftskleidung von Stand zu Stand, hört, wie die Farmer mit ihren Erzeugnissen prahlen und sie zärtlich streicheln. Er lädt all das in Tüten verpackte Essen in seinen Wagen und geht bis mittags arbeiten (er ist in der Gastronomie tätig). Um drei steigt er in das mit warmen Auberginen, weichgewordenem Brie, Baguette und neuen Kartoffeln gefüllte Auto.

Wenn ich ihn am Hafen abhole, haben die Nahrungsmittel den kritischen Punkt erreicht. Wir fahren mit Vollgas im Boot zum Haus und eilen den Anlegesteg entlang mit all dem Salat, den grünen, roten und gelben Paprika, den Croissants in der butterfleckigen Tüte, den noch schnurrbärtigen Maiskolben, den frischen Äpfeln, die beim ersten Biß förmlich explodieren, und den zitternden braunen Eiern. Wir verstauen alles in der

Kühltruhe, im Eisschrank und in den Körben, die zum Schutz vor Mäusen an Haken von der Decke hängen.

Danach bereiten wir uns Drinks und sitzen beim Sonnenuntergang auf der geschützten Veranda. Gestern habe ich aus einer Avocado, die die Woche überlebt hatte, Guacamole gemacht. Wir tauchten unsere Tortilla-Chips in den weichen, grünen Brei und leckten sie ab. Ich esse niemals auf diese Weise, wenn er nicht da ist. Das Essen schmeckt mir besser, wenn ich diesen Mann dabei ansehe. Er ist groß und massig, und die Menge an Nahrung, die er zu sich nimmt, ist alles andere als gering.

Wir schleckten die Schüssel mit unseren Fingern leer. Er tat unschuldig, als ich seine Hand nahm und ihn in unser kleines Schlafzimmer führte, das gerade groß genug ist für ein Bett, ein paar Bücher und einige Haken für Kleidung. Wir brauchen uns einfach nur auf das Bett fallen zu lassen. Ein sanfter Wind wehte, und die Gardinen aus verblichenem Chintz flogen über uns wie ein Regen aus Blütenblättern.

Zuerst küßten wir uns gierig, wie wir es immer tun. Sein Mund ist weit geöffnet. Er saugt, als ob er mich verschlucken wollte. Dann setze ich mich auf ihn und umschließe seine Lippen mit meinen. Ich liebe es, wie sie gegen seine Zähne stoßen, aus denen die Feuchte seines Mundes zu strömen scheint. Er hat heute diese Trauben gekauft, die man zur Weinherstellung verwendet. Seine Lippen sind genau wie sie; samtig, fest, ein wenig säuerlich. Sie färben sich purpurrot, wenn man sie drückt.

Beim Küssen versuchen wir, uns auf dem großen, weichen, alten Bett so eng wie nur möglich aneinander zu schmiegen und dem letzten intensiven Sonnenlicht zu entkommen, das durch das Westfenster glüht. Er zieht mich auf sich. Ich lasse meine Hände über seinen Rücken gleiten, seinen Hals, seinen Kopf und seine Schenkel. Sobald ich es zulassen kann, ohne allzu gierig zu erscheinen, suchen meine Hände nach seinem Gürtel. Ich liebe es, ihn zu öffnen und meine Hand in seine Hose zu stecken.

Unterdessen – es hat eine Weile gedauert – sind wir genug herumgerollt, und er ist hart geworden, ganz verheddert in der Öffnung seiner Shorts. Meine Hand ist in seiner Hose und findet dieses große, warme, glatte, sich sträubende Wurzelgewächs, das pulsiert. Vielleicht ist es eine dieser Yamswurzeln mit Augen und Haaren, ein so reichhaltiges Gemüse, daß ich es unbedingt kosten möchte, so fiebrig, daß ich es kühlen möchte. Ich weiß eine Menge Stellen, zu denen ich es führen will, aber das hebe ich mir für später auf.

Ich fahre mit der Hand seine Länge entlang und spüre die harten säuerlichen Pflaumen in ihrer pelzigen Umhüllung. Ich berühre sie nur zart. Das ist besser, solange sie noch kühl sind. Später werden sie weich und heiß sein.

Ich genieße die eher unangenehme Aufgabe, uns unserer Kleidung zu entledigen. Jetzt sehen wir endlich, was wir gekauft haben – ohne klebriges Plastik, ohne Markierungen von Menschenhand – und können es im Licht unseres eigenen Heims betrachten und befühlen. Manchmal behalten wir auch noch etwas an, sind dann so angespannt, daß wir anfangen, ohne vollständig entkleidet zu sein.

Hemden werden über den Kopf gezogen, Hosen über die Knöchel gestreift. Jetzt kann ich meine Beine spreizen und über ihm knien, während ich meinen BH ausziehe und meine Brüste wie reife Äpfel über seinem Gesicht schwellen lasse. Sie gleichen der Sorte ›Kaiserin‹, am schmackhaftesten roh, rosig auf der Außenseite und mit sehr weißem Fleisch. Er greift nach ihnen, nimmt soviel wie er kann in seinen Mund. Seine Lippen nehmen dabei die schwärzliche Farbe von Auberginen an, sein Hals rötet sich, seine Hände werden weiß und sein Schwanz purpurrot von Blut. Unter seiner Haut kann man all die Säfte seines Körpers fließen sehen.

Fast einen ganzen Apfel umschließt er mit seinem Mund und gibt vor, hineinbeißen zu wollen. Er tut es jedoch nicht, sondern läßt ihn wieder los und knabbert statt dessen sachte an meiner Brustwarze. Er bewegt sich auf und nieder, zieht sich wieder zurück. Wir spielen ein Spiel. Auch ich bewege mich wie das Wasser, fließe hin und her und necke so seine Lippen. Er versucht, zuzubeißen, Halt an mir zu finden. Dabei spüre ich seine Wurzel hart gegen meinen Bauch und meine Schenkel klopfen.

Ich kann nicht länger an mich halten, rolle von ihm hinunter, drehe mich um und nehme die Yamswurzel in meine Hände. Ich rolle sie langsam und berühre die Spitze mit meinen Lippen. Jetzt ist er über mir, legt seine Hände an meine Hüften. Mein Bauch wölbt sich, als er die beiden vorstehenden Knochen fest drückt und mein Becken wie eine Schale hochhebt, aus der er die süße, warme und helle Milch meiner Lenden trinken kann.

Aber er trinkt nicht, noch nicht. Seine Lippen knabbern an der Innenseite meiner Oberschenkel, an diesen geraden, weißen Stielen. Er nippt da und dort und bewegt sich aufwärts, fast als wolle er einen Maiskolben essen. Ich kann jetzt nicht mehr warten und nehme ihn in den Mund, lasse meine Zunge kleine Kreise beschreiben. Ich führe ihn zärtlich hinein und heraus, bis er reagiert und sich etwas heftiger bewegt. Ich weiß, er ist nun zu sehr abgelenkt, um noch mehr Mais zu essen.

Mein Durstgefühl ist überwältigend, und ich trinke jetzt seinen Wein. Auch er hat mittlerweile die schmale Öffnung des Bechers gefunden, der in den kleinen Falten verborgen ist. Das beste Essen der Welt ist eben nichts ohne Wein.

Wir sind ruhiger geworden und wenden einander unsere Gesichter zu, um in Ruhe das Festmahl betrachten zu können. Hinter den Fenstern sinkt die Sonne. Bevor sie ganz untergeht, überzieht sie unsere Wangen und geschwollenen Lippen mit einem Hauch von Rosa.

Ohne Musik schmeckt gutes Essen nicht. Ich halte ihn wie ein Cello vor mich, das über meine Schulter ragt. Aber dieses Cello ist umgedreht, seine Saiten sind mir zugewandt. Sie laufen durch mich hindurch, von meiner Spalte bis zum Schlüsselbein. Ich habe die Arme um den Hals des Instruments geschlungen, und meine Hände spielen auf der Rundung seiner Hüften. Er bewegt sich seitwärts hin und her. Nicht meine oder seine, sondern unser beider Töne sind nun zu hören.

Ich liege da, halte den Rücken dieses Mannes und folge mit meinem Körper seinen wellenförmigen Bewegungen. Ich finde die Kluft zwischen den beiden hellen Brotlaiben und auch die Pflaumen, die ich mir vorher aufgespart hatte. Sie sind jetzt ganz anders, weicher und bewegen sich so warm wie das Leben in ihrer Umhüllung. Meine Hand bewegt sich von seinem Hals – sein Gesicht ist irgendwo dort in den Kissen vergraben – das Rückgrat entlang, bis hin zu seinen Beinen. Ich spüre die Anspannung darin, und mein Mund sehnt sich nach mehr. Ich beiße mich in seiner Schulter fest, koste sein Fleisch, fühle die Muskeln unter der Haut arbeiten.

Du bist meine Nahrung, mein Essen, sage ich.

Dann ist es vorbei. Die Spuren unseres Festmahls sind einsam über dem Bett verstreut. Die Ruhe der Erfüllung ist so weich wie das Dämmerlicht.

Schon denke ich darüber nach, was es zum Abendessen geben soll. In Kürze wird er aufstehen und nackt, wie er ist, den Grill anzünden. Dann steht er auf der Veranda, und die ganze Bucht könnte ihn so sehen, vorausgesetzt, sie hätte Augen. Wenn wir seine Einkäufe verzehren, wird es bereits dunkel sein. Zum Nachtisch gibt es dann meine Erdbeeren. Sie sind so reif und süß, daß man sie ohne Zucker genießen kann.

Hunger und körperliches Verlangen – von beiden Sinneseindrücken ist letzterer der vergänglichere. In unserer Zeit hören wir allzuoft von den Durststrecken im Leben, in denen das sexuelle Verlangen ausgelöscht ist und wir das Bizarre und die Gefahr suchen müssen, um dieses Verlangen wieder aufzuwecken, das in Wirklichkeit doch immer vorhanden war. Ich wollte über die Art von Sehnsucht schreiben, die ebenso leicht und natürlich zu entfachen ist wie die Leidenschaft für gutes Essen. ›Den Mund wäßrig machen‹, diese Redensart möchte ich mit meiner Geschichte assoziiert wissen.

Originaltitel: A dish for the Gods
Ins Deutsche übertragen von Anke Schäfer

JACQUELINE ARIAIL

Der letzte Tango in Genf

Es war 1973. Genf. Unsere Flitterwochen – auch wenn wir nicht so sentimental waren, sie so zu nennen. Es waren Arbeitsflitterwochen, zumindest für Barry. Er hatte eine Konferenz in Neapel, und in Genf mußte er ein Institut besuchen. Einige Städte streuten wir nur wegen des Vergnügens ein: Genf, Florenz, danach Paris. Aber am besten erinnere ich mich an Genf.

Wir logierten in einem Gasthaus in der Commune de Carouge, einem Vorort von Genf, das auf einem Hügel gelegen war. Wir hatten ein eigenes Schlafzimmer, mußten uns aber Küche und Bad mit einem anderen Gast teilen. Die verbissene

Madame Vicquerat war unsere Vermieterin: eine kleine Frau mit perfekt frisiertem schwarzem Haar, die geblümte Alt-Frauen-Kleider trug, obwohl sie nicht alt war. Sie war immer sehr kurz angebunden, fast unhöflich, und Barry und ich wunderten uns laut, warum sie sich überhaupt die Mühe machte, Gäste aufzunehmen, außer natürlich wegen des Geldes.

Ihr Haus jedoch war peinlich sauber. Überall waren Schilder angebracht, die Madame geschrieben hatte. In der Küche über dem Tresen hingen zwei Haken, und über jedem Haken ein kleines, handgeschriebenes Schild: *essuie-mains:* Handtuch; *torchon:* Geschirrtuch. Im Badezimmer signalisierte über der Toilettenschüssel ein Schild: *Prière de tirer la chasse d'eau:* Bitte Spülung betätigen. Über dem Lichtschalter in unserem Zimmer verkündete ein Schild: *Prière d'éteindre les lumières:* Bitte das Licht löschen. Und in jedem Zimmer, einschließlich des großen Flurs im oberen Stockwerk, von dem die Gästezimmer abgingen, hingen Schilder, die das Rauchen untersagten. *Défense de fumer.*

Unser Zimmer lag auf der Rückseite des Hauses. Es hatte eine Schiebetür, die auf einen winzigen Balkon führte, von dem aus man den Garten überblicken konnte. Der andere Pensionsgast – ein rothaariger Mann, Amerikaner – hatte das Zimmer auf der gegenüberliegenden Seite des Flurs. Ich beobachtete ihn an dem Nachmittag, an dem wir ankamen, versteckt hinter dem Spitzenvorhang, der vor der Schiebetür hing. Ich war gerade dabei, unsere Sachen einzuräumen – Barry war unterwegs, Lebensmittel zu besorgen –, als ich von draußen Stimmen hörte. Ich öffnete die Tür ein wenig und sah den Pensionsgast aus dem Wald kommen. Er trat durch das Törchen in Madame Vicquerats Garten. Sein Bart war auch rot und sehr kurz gestutzt. Es war Madame, die schrie, als er auf das Haus zuging. Sie kam mit rudernden Armen in Sichtweite, und ich brauchte eine Minute, bis ich begriff, was sie sagte: *»Et le jardin – interdit – aux pensionaires.«* Das Betreten des Gartens war den Pensionsgästen untersagt. Er blieb stehen und starrte sie an. Der Mann war groß und schlank, nahm seine Brille ab und rieb sich gereizt die Augen – er wirkte verwirrt und sagte dann ruhig etwas auf französisch. Madame Vicquerat war jedoch nicht zufrieden. Sie deutete auf die Pforte hinter ihm und dann auf den Pfad, der außerhalb des Zauns um den Garten herumführte. Er drehte sich um und schritt durch das Törchen hinaus. Ich beobachtete ihn, wie er den ganzen Weg mit einem mißbilligenden Lächeln zurücklegte. Er ging zum Vordereingang des Hauses. Die Tür schloß sich hinter ihm, und ich hörte seine Schritte auf der Treppe.

Ich steckte meinen Kopf durch die Tür, als er den Treppenabsatz erreichte. »*Liberté; égalité, et le jardin*«, sagte ich.

»*Mais oui*«, antwortete er und ging in sein Zimmer.

Die Europäer, so schien es, hatten eine Vorliebe für Einzelbetten, selbst in Zimmern, die für Paare gedacht waren. Manchmal standen sie dreißig Zentimeter auseinander; gelegentlich waren sie zusammengeschoben; doch immer gab es einen Spalt dort, wo sich die Rahmen trafen, nicht aber die Matratzen. Unsere Betten in Madame Vicquerats Zimmer bildeten da keine Ausnahme. Sie standen so weit auseinander, daß sich zwischen ihnen eine Art Korridor bildete. Also würde Barry mich besuchen, aber ohne diese sexuelle Energie, die ein einzelnes, schmales Bett erzeugte. Unser Sex in diesem Sommer war nicht anders als der, den wir in meinem Studentenwohnheim oder in Barrys Apartment gehabt hatten: zu schnell, zu hart, zu hastig. Ehe ich mich's versah, war er schon wieder zurück in sein eigenes, schmales Bett gegangen und eingeschlafen. Mir fehlten die richtigen Worte, um zu protestieren. Und ich wußte nicht, wie ich mehr verlangen sollte. Ich war jung damals und er soviel älter.

Stillschweigend ärgerte ich mich darüber, daß er nicht die ganze Nacht in meinem Bett verbrachte, daß er nicht zu mir kam und bis zum Morgen bei mir blieb. Er stand früh auf. Ich erwachte immer von den Geräuschen, die er machte, wenn er für uns beide in der Küche unten Kaffee zubereitete. Der andere Pensionsgast – der Eindringling aus dem Garten – schien immer lange zu schlafen. Wir trafen ihn nie in der Küche. Ich hörte Barrys morgendliches Geklapper, stand auf, zog mich an und ging – ganz pflichtbewußte Ehefrau – hinunter, um Kaffee und Brot in Madame Vicquerats makellos sauberer Küche mit ihm zu teilen. Wenn er wegging, winkte ich ihm von der Tür aus zu und ging dann wieder hinauf, um Henry Miller zu lesen. Ich hatte diesen Sommer den *Wendekreis des Krebses* mitgenommen. Den *Wendekreis des Krebses* und George Elliots *Daniel Deronda* – zwei unglaubliche Bettgenossen. Ich sollte eigentlich Notizen für meine Dissertation machen, was ich auch tatsächlich an einigen Vormittagen tat, nach einem weiteren Rendezvous mit Miller. Ich saß an einem kleinen Schreibtisch gegenüber von unseren getrennten Betten. An der Wand hinter dem Tisch hing – von der Decke bis zum Boden – eine enorm lange Schlangenhaut. Ich konnte sie mit den Füßen berühren, wenn ich meine Beine ausstreckte. Ich glaube, es war die einer Boa Constrictor. Die breiteste Stelle, ungefähr in Augenhöhe, betrug etwa zwanzig Zentimeter. Ich saß an dem Tisch und versuchte, Notizen zu machen. Doch ich ertappte mich dabei, wie ich immer wieder diese getrocknete, gefleckte Haut anstarrte. Das trieb mich jeden Morgen hinaus in die ruhigen Straßen von Carouge. Wir wohnten an einem Waldrand. Madames umzäunter Garten grenzte an ein dichtes Unterholz. Nahezu jedes andere Haus hatte irgendeine Art von Vorderzaun – eine hohe Steinmauer oder Draht zwischen schweren runden Pfählen, der sich abweisend wölbte. Hunde bellten, wenn man vorbeiging. Tauben gurrten traurig. Es erinnerte mich an zu Hause.

Ich ging in diesem Sommer viel spazieren. Das tat ich in jeder Stadt, die wir besuchten. Ich war immerzu unterwegs, machte halt in Geschäften, in Museen. Manchmal aß ich in einem Café eine Kleinigkeit zu Mittag. Ich redete mir ein, daß es ein Abenteuer wäre, aber in Wahrheit war ich einsam und gelangweilt. Ich brauchte Gesellschaft, und ich sehnte mich nach Zärtlichkeit. Zum Trost kaufte ich Kuchen oder Früchte, und nach meinen nachmittäglichen Arbeitssitzungen vor der Schlangenhaut setzte ich mir einen Kaffee auf und machte es mir gemütlich. Ich hatte Bett und Tisch den Rücken zugedreht und die spitzenverhangenen Balkontüren weit zum Garten und dem Wald hin geöffnet.

An einem dieser planlosen Tage streifte ich über die Promenade des Bastions mit ihren grimmigen Standbildern der Protestantischen Reformer und überquerte die Rue de la Cité. Dort waren Menschen, viele Menschen. Über ihnen sah ich die Anzeigentafel eines Kinos und darauf den Titel: *Der letzte Tango in Paris*. Ich betrat das kühle, dunkle Kino und sah zu, wie Marlon Brando Maria Schneider vögelte. Beobachtete, wie die Schneider ihre Jeans öffnete und es sich selbst machte, wobei sie sich wollüstig auf dem Holzfußboden hin- und herwälzte. Plötzlich fiel es mir wie Schuppen von den Augen: wenn Barry mir kein Vergnügen bereiten konnte, wenn ich ihm nicht erklären konnte, wie er es tun sollte, dann mußte ich es mir eben selbst machen.

Ich trat aus der Dunkelheit in das grelle Licht des Nachmittags und dachte: ›Wie konnte sie ihn nur erschießen?‹ Dann beschloß ich, mit der Straßenbahn zurück nach Carouge zu fahren. Ich war mit Barry erst gegen sieben in einem Restaurant in der Nähe von Capelle verabredet. Der Nachmittag lag einladend vor mir. Bevor ich in die Straßenbahn einstieg, machte ich einen Abstecher über einen kleinen Markt und kaufte köstliche rote Erdbeeren. Sie dufteten so gut. In Madame Vicquerats Küche wusch ich sie, ließ die Stiele daran und legte sie auf eine flache, weiße Porzellanschale. Ich nahm sie mit nach oben und stellte sie auf den Schreibtisch. Dann öffnete ich die Schiebetüren zum Garten. Es war ein heißer Nachmittag, kein Lüftchen regte sich. Das ganze Zimmer duftete nach Erdbeeren. Sie schienen den Raum zum Leben zu erwecken und ließen die Schlangenhaut weniger unheilvoll wirken. Sie waren einfach herrlich.

Dann ging ich zum Bett, legte die Kissen gegen das Kopfende und lehnte mich dagegen. Ich zog meine Bluse aus der Jeans, strich mit einer Hand darunter, umfaßte meine Brüste und massierte sie leicht. Es war das Neue daran, was mich erregte – diese Möglichkeit, mir selbst Freude zu bereiten. Ich öffnete den Reißverschluß meiner Jeans und steckte die Hand hinein. Es war immer noch zu eng, also wand ich meine Hüften hinaus. Ich konnte es kaum erwarten, mich zu berühren. Das sanfte Tasten meiner Finger über meine geschwollenen Schamlippen war wunderbar. Ich nahm meine Hand fort. Es war zu gut, um es schnell vorbeisein zu lassen. Ich zog meine Bluse aus, öffnete meinen BH und ließ ihn von meinen Schultern gleiten. Ich benetzte einen Finger mit Speichel und umkreiste meine Brustwarzen, erst die eine, dann die andere, während das Verlangen immer stärker wurde. Ich rollte mich auf den Bauch und zog die Knie an, drückte das Kissen herunter und rieb nur die Spitzen meiner Brüste an der kühlen Baumwolle. Mit den Fingern rieb ich meine Stelle – ich brauchte jetzt keinen Speichel mehr – behutsam zuerst, dann fester, immer fester. Meine Hüften bewegten sich, wie sie sich zusammen mit Barry nie hatten bewegen wollen, in einer langsamen Wellenbewegung, vor und zurück, während meine Brüste sich an dem Kissen rieben, bis sich mit jedem Zucken der Lust, mit jeder schaukelnden Bewegung meine Beine öffneten und weiter spreizten, bis mein Schoß das Laken berührte und ich stöhnend kam, heruntersank und mich genüßlich auf dem Bett ausstreckte.

An diesem Abend neckte ich Barry, daß er zuviel arbeitete. Aber er war nicht in der Stimmung für Neckereien.

»Ich habe den ganzen Tag versucht, die Zusammensetzung dieses Virus zu begreifen. Nichts.« Er warf beide Hände in die Luft. »Absolut nichts.«

Ich murmelte etwas Mitfühlendes.

»Bei dir ist das etwas anderes«, erklärte er mir. »Du kannst den ganzen Tag mit Schreiben verbringen und erreichst wirklich etwas.«

»Ja«, sagte ich. »Ich glaube, das kann ich.«

Wir gingen schweigend von dem Restaurant nach Hause. Unterwegs knurrten uns verschiedene Hunde an. Ein Deutscher Schäferhund sprang gegen den Maschendraht des Zauns, den sein Herrchen gezogen hatte.

»Ich habe Erdbeeren gekauft«, erzählte ich Barry, als wir die Tür aufschlossen. »Und sie für dich aufbewahrt. Sie sind im Kühlschrank. Du glaubst nicht, wie wunderschön sie sind und wie gut sie riechen.«

»Nein danke. Ich bin fertig. Ich will ins Bett. Du kannst gern welche essen.«

»Das habe ich schon.«

Das Licht ging in dem Moment aus, als wir oben auf dem Treppenabsatz ankamen. Ich bemerkte den hellen Streifen unter der Tür des rothaarigen Pensionsgastes. Nachdem wir unsere Tür geschlossen hatten, hörte ich, wie seine geöffnet wurde, vernahm seine Schritte auf der Treppe. Ich saß auf meinem Bett und war aus irgendeinem Grund nervös, während Barry sich auszog. Er sah gut aus und war behaart. Ich liebte es, mit den Händen durch das dichte lockige Haar zu fahren, das seinen Rücken und seine Brust bedeckte. Nachdem er ins Bett gegangen war, beugte ich mich über die Kluft, die unsere Betten trennte, und küßte seine Stirn. »Ich gehe hinunter«, sagte ich.

Als ich in die Küche kam, stand der rothaarige Pensionsgast an dem geöffneten Kühlschrank und bewunderte meine Erdbeeren.

»Nur zu, nehmen Sie sich welche.«

Erschrocken drehte er sich um, doch dann lächelte er. »Sie sehen wirklich köstlich aus.«

»Wie heißen Sie?«

»Alan. Und Sie?«

»Laura. Zu schade, daß wir keine Sahne haben.«

»Oh, wir haben welche.« Er griff in den Kühlschrank und zauberte einen kleinen Pappkarton hervor, nahm die Schüssel mit den Erdbeeren und stellte sie zwischen uns auf den Tisch. Dann goß er die Sahne darüber. Ich holte Löffel aus der Schublade.

»Ich glaube nicht, daß wir die brauchen«, meinte er. Er hielt eine von Sahne glänzende Erdbeere an meine Lippen. Wir saßen an dem Tisch und fütterten uns gegenseitig mit Erdbeeren, als wären wir ein altes Liebespaar. Als wir sie schließlich aufgegessen hatten, stand er auf und stellte die weiße Schale mit den übriggebliebenen Stielen in die Spüle. »Das lassen wir für Madame übrig, ja?«

»Ich habe Ihr Gefecht mit ihr von meinem Fenster aus miterlebt. Der Garten ist verboten«, sagte ich lachend. Irgendwie war ich albern. »Sie waren sehr gnädig.«

Er lehnte sich an die Spüle. »Und Sie haben einen guten Geschmack«, erklärte er.

Ich trat an das Becken, um meine Hände zu reinigen, als er gerade zur Tür ging. Unsere Arme berührten sich. Es war wie eine Entladung von Elektrizität an einem kalten Wintertag – nur viel aufregender. Mein Magen schien Karussell zu fahren.

Er stand in der Tür und lehnte sich an den Rahmen. »Also dann, gute Nacht«, sagte er. Wäre ich nicht eine frischverheiratete Frau gewesen, ich wäre ihm in sein Zimmer gefolgt.

Als ich am nächsten Morgen vom Kaffeeduft in die Küche gelockt wurde, teilte mir Barry mit, er wolle über Nacht in Luzern bleiben. Er mußte in ein Labor, wo jemand mit seinem Virus weitergekommen war. Er schaute mich verlegen an. »Ich habe gestern abend vergessen, es dir zu sagen. Jurg nimmt mich mit. Er meint, es wäre besser, wenn wir über Nacht dablieben. Willst du mitkommen? In Luzern gibt es eine wundervolle Brücke. Eine überdachte Brücke mit Gemälden darin.«

»Nein. Geh du nur. Ich habe hier meinen Rhythmus gefunden. Spazierengehen und arbeiten. Ich komme ganz gut zurecht.«

»Am Nachmittag bin ich wieder zurück. Wir könnten ins Kino gehen.«

Nachdem Barry gefahren war, wußte ich nicht, was ich wollte: Lesen, einen Spaziergang machen, ins Bett gehen. Ich entschied mich für meinen gewohnten Tagesablauf, allerdings ohne Henry Miller: den wollte ich mir für den Nachmittag aufheben. Ich ging in die Stadt und beschloß, mir ein Kleid zu kaufen. Vor einigen Tagen war mir ein Geschäft aufgefallen, das ein wunderschön dekoriertes Schaufenster hatte – besonders ein kastanienbraunes Kleid mit einem wundervollen Batikmuster hatte es mir angetan. Ich ging hinein und fragte, ob ich es anprobieren dürfe. Ich verliebte mich sofort in das Kleid. Es hatte schmale Träger und ein tiefes, gerafftes Dekolleté, das die Schultern freiließ. Vorn war es durchgehend geknöpft, von dem enganliegenden Oberteil bis hinunter zu dem langen Rock.

»Ich nehme es«, sagte ich zu der lächelnden Verkäuferin. »Darf ich es gleich anbehalten?«

»*Mais oui.*« Sie entfernte die Etiketten und das Preisschild und steckte meine Bluse und die Jeans in eine Tüte.

Ich ging beschwingt hinaus und schlenderte über den Markt, auf dem ich schon am Tag zuvor gewesen war. Heute entschied ich mich für wunderschöne große Himbeeren und appetitlich aussehende purpurne Pflaumen.

Als ich in unsere Straße einbog, sah ich schon von weitem eine kleine Gruppe von Menschen vor Madame Vicquerats Haus stehen, hörte Geschrei und das Kläffen eines Hundes. Ein Wagen mit Blinklicht parkte in der Kurve. Sie waren alle an der breiten Steintreppe vor dem Haupteingang zum Haus versammelt. Alan war ebenfalls da, sein rotes Haar glänzte hell in der Nachmittagssonne. Und er sah nicht besonders glücklich aus. Er bückte sich, als ich näher kam, und preßte eine Hand auf seine nackte Wade. Madame Vicquerats Stimme erhob sich über die der anderen. Zwei Polizisten waren da und ein Mann mit einem Schäferhund, der an der Leine zerrte.

Als ich sie erreichte, lachten die Polizisten, und Madame stritt aufgebracht auf französisch mit dem Hundebesitzer.

»Was ist passiert?« fragte ich Alan.

»Ich bin gebissen worden.«

»Lassen Sie mich mal sehen.«

Ich erkannte, daß er bisher ein zerknülltes, blutiges Taschentuch auf die Bißwunde gedrückt hatte.

Jetzt nahm er es fort, und ich zuckte beim Anblick der Wunde zusammen. Sie war tief und wahrscheinlich sehr schmerzhaft.

»Worüber streiten sie?«

»Ob der Hund eingesperrt werden soll. Die Polizei hält mich für einen Idioten, weil ich sie gerufen habe.«

»Sollen sie doch streiten«, meinte ich. »Ich kümmere mich um Ihre Wunde.«

Ich führte ihn hinein, die Treppe hinauf und in mein Zimmer. Ich schloß die Tür hinter uns. Barrys Socken, die ich am Tag zuvor gewaschen hatte, hingen noch über der Heizung neben der Schiebetür. Ich dirigierte Alan zu meinem Bett, damit er sich dort hinsetzte.

»Ich weiß gar nicht, warum ich zittere«, erklärte Alan.

»Ich schon. Das würde ich auch tun, wenn ich von so einem Hund gebissen worden wäre.«

»Ich habe ihn wirklich nicht kommen sehen. Es klingt komisch, ich weiß. Aber ich hörte ihn bellen und dachte, er wäre innerhalb des Zauns. Sie wissen schon, welchen ich meine, diesen Maschendrahtzaun.«

Ich nickte. »Strecken Sie Ihr Bein aus.«

Er trug khakifarbene Shorts, die gerade bis zu seinen Knien reichten. »Auch in einer langen Hose wäre es Ihnen nicht viel besser ergangen«, sagte ich.

»Ich weiß.«

»Hier haben Sie ein sauberes Taschentuch. Drücken Sie es

dagegen. Ich hole Wasser und Seife.« Ich stopfte ihm die beiden Kopfkissen unserer Betten in den Rücken.

Er lehnte sich zurück und streckte das Bein auf dem Bett aus. »Ich werde die verdammte Tagesdecke vollbluten«, erklärte er.

»Das werden Sie, ja.«

Als ich mit einer kleinen Schüssel Wasser, Seife und einem sauberen Handtuch zurückkam, lächelte er.

»Sie kümmern sich wirklich furchtbar nett um mich.«

Ich erwiderte sein Lächeln. »Das mache ich gern. Es wird nicht besonders lustig werden«, fügte ich hinzu.

Die Wunde blutete immer noch. Ich schob das Taschentuch beiseite, tunkte das Handtuch in das warme Wasser, wrang es aus und preßte es dann gegen den Biß. Dort hielt ich es lange fest und strich mit der anderen Hand über die vordere Seite seines Beins, um ihn abzulenken. Er hatte weiche Haut und dünnes, leicht rötliches Haar auf den Beinen.

»Das fühlt sich gut an.«

»Eine Entschädigung für das, was jetzt kommt. Vermutlich wird sich das nicht so gut anfühlen. Ich muß jetzt nämlich die Wunde säubern.«

Er nickte. »Nur zu.«

Ich rieb etwas Seife auf das Handtuch und tupfte die Wunde aus, so behutsam, wie es ging.

Er spannte die Muskeln an.

»Vielleicht muß es sogar genäht werden.«

»O nein«, meinte er. »Kein Arzt. Kein Krankenhaus. Ich habe genug von den Schweizer Behörden. Wir werden einfach Pflaster nehmen, wenn es sein muß.«

»Ich bin fast fertig.«

Mit der freien Hand faßte ich die Rückseite seines Beins direkt unter dem Knie, während ich die Wunde mit dem Handtuch reinigte. »Joggen Sie?« wollte ich wissen.

»Ja. Warum? Sie auch?«

»Eins nach dem anderen, bitte. Ich muß mich hierauf konzentrieren. Weil Sie wunderschön feste Waden haben. Und ja, ich jogge auch.«

»Hier in Genf?«

»Nein. Hier gibt es zu viele Hunde.«

Wir lachten beide.

»Ich habe Jod in meiner Reiseapotheke, aber leider keinen Verband. Mal sehen, was Madame zu bieten hat.«

Er lag mit leicht gespreizten Beinen auf dem Bett, als ich mit dem Verband zurückkam. Seine Augen waren geschlossen, sein Haar war ein wenig zerzaust. Er sah sehr attraktiv aus.

»Das wird brennen«, sagte ich ruhig. Er setzte sich auf und öffnete die Augen. Er drehte das Bein zu mir herüber, und ich konnte die glatte, weiße Innenseite seines Schenkels sehen. Ich träufelte das Jod auf.

»Das tut weh.«

Das Jod sickerte tief in die Wunde ein und lief in kleinen Rinnsalen bis zu seinem Knöchel hinab. Ich trocknete seine Haut mit dem Handtuch und legte ihm den Verband an.

Als ich fertig war, zitterten meine Hände.

Er sah es und nahm sie in die seinen. Dann schaute er mich an, und ich bemerkte, daß er die Schlangenhaut hinter mir an der Wand erblickte.

»Was zum Teufel ist das?«

»Sie meinen, Sie haben keine dort hängen? Ich dachte, Madame Vicquerat wollte damit vielleicht ihre Gäste daran erinnern, daß dies hier eine protestantische Stadt ist. Knox, Calvin, Erbsünde. Ich hasse sie.«

»Lassen Sie sie uns herunternehmen«, schlug er vor. »Ab in den Wandschrank damit.«

»Hier gibt es keinen Wandschrank.«

»Dann in den Kleiderschrank.«

»Warum bin ich nur selbst nie auf diese Idee gekommen?«

»Weil Sie ein viel zu gutmütiger Gast sind«, meinte er und wollte aufstehen.

»Nicht«, sagte ich. »Ich mache das schon.« Ich stieg von dem

Stuhl auf den Tisch und nahm die Haut von der Wand. Allein sie anzufassen verringerte ihre bedrohliche Wirkung erheblich. Ich rollte sie vorsichtig auf und legte sie auf Barrys Koffer in den Kleiderschrank.

»Besser?« wollte er wissen.

»Viel besser.«

Ich setzte mich ans Fußende des Bettes. »Ach, übrigens wird der Hund eingesperrt. Deshalb war der Besitzer so wütend. Madame Vicquerat sagte, daß die Polizei noch einmal mit Ihnen sprechen will, aber ich habe ihr erklärt, daß das heute nacht nicht geht. Ich habe einfach behauptet, Sie wollten niemanden mehr sehen.«

»Danke, das haben Sie gut gemacht.«

»Gern geschehen.« Ich schaute ihn einen Moment an, neigte dann meinen Kopf zu seinem Bein und küßte ihn vorsichtig auf seine frisch verbundene Wunde. Als ich den Kopf wieder hob, um ihn anzuschauen, nahm er seine Brille mit einem ungeduldigen Ruck ab, der mein Verlangen nach ihm entzündete. Dann griff er nach mir und zog mich zu sich aufs Bett, zwischen seine gespreizten Beine.

Er küßte meine Hände, zuerst die eine, dann die andere. »Wie kann ich dir nur danken?« wollte er wissen.

»Das hast du schon«, erklärte ich. »Du tust es gerade.«

Er streichelte mein Haar und liebkoste mein Gesicht, und ich legte eine Hand in seinen Nacken, direkt unter seinen Haaransatz. Sein Haar war dicht und ein wenig drahtig. Ich konnte meine Finger hineinschieben.

Dann küßten wir uns – es war ein langer, intensiver, forschender Kuß, der uns beide entspannte.

»Wo ist dein Mann?« fragte er.

»Über Nacht in Luzern.«

»Gut«, meinte er und küßte mich erneut.

Dann rückte er ein wenig von mir ab und betrachtete mich. »Ist es das, was du willst?«

»Ja.«

»Sag es mir«, forderte er mich auf. »Sag mir, was du gerne magst.«

»Ich möchte, daß du mein Kleid aufknöpfst.« Ich rutschte auf die Knie und zog das Kleid unter mir heraus. Er setzte sich auf und lehnte sich gegen das Kopfende. Erst küßte er mein Gesicht, dann meinen Nacken und die Haut über meinen Brüsten.

»Wirklich ein hübsches Kleid«, stellte er fest, als er begann, es aufzuknöpfen. Er küßte mich bei jedem Knopf, den er öffnete.

Es war wundervoll zu spüren, wie das Kleid sich öffnete, wie ich mich ihm allmählich öffnete. Ich trug keinen BH. Als er die Knöpfe bis zu meiner Taille geöffnet hatte und meine Brüste hervorschauten, legte er den Kopf daran und leckte sie.

»Mach weiter«, sagte ich.

Er öffnete jeden Knopf mit der gleichen maßvollen Ruhe und leckte sich langsam an meinem Körper hinunter. Ich knöpfte derweil sein Hemd auf, schob es ihm über die Schultern und die Arme hinunter. Als mein Kleid vollständig offen war, streifte er es ab und lächelte mich an. Ich fühlte mich, wie ich mich noch nie in meinem Leben gefühlt hatte. Ich spürte mein eigenes Verlangen und zugleich das wunderbare Gefühl, selbst begehrt zu sein.

Ich legte mich auf den Rücken. Er liebkoste meinen Körper mit seinen sanften Händen, streichelte meine Arme, meine Brüste, glitt über meinen Bauch, bis er mein Höschen behutsam herunterzog.

»Woher hast du diese schöne weiche Haut?« fragte er.

»Sie ist ein Geschenk der Götter«, erklärte ich. »Genauso wie du.«

Dann öffnete ich den Reißverschluß seiner Hose und streifte sie ihm behutsam über das verletzte Bein.

Unter *seiner* Unterwäsche war er bereits hart und voller Erwartung. Ich berührte ihn, legte meine Hand auf seinen Schlitz, spürte seinen harten Penis, seine weichen Hoden. Dann griff ich in seine Unterhose und streichelte ihn zärtlich, während er sie auszog. Jetzt lagen wir beide nackt nebeneinander auf dem schmalen Bett.

»Das will ich«, sagte ich.

Es dämmerte. Das letzte Licht des Tages drang gefiltert durch die Spitzenvorhänge. Wir schoben die zusammengeknüllte Tagesdecke unter uns weg. Sie fiel auf den Boden.

Er kniete sich über mich, liebkoste meine Brüste mit seinen Händen, küßte sie erneut. Mit den Fingern berührte er mich dort, wo ich so feucht und bereit war.

Ich griff nach seinem Penis, aber er schob sanft meine Hand weg. »Noch nicht«, meinte er. »Erst bist du dran.«

Er fuhr mit der Zunge über meinen Bauch, spreizte dann meine Beine, legte seinen Mund über meine heißen, feuchten Lippen und leckte mich dort. Er ließ seine Zunge vorwärts und rückwärts schnellen, bis ich es nicht mehr aushielt.

»Aufhören! Bitte hör auf! Und komm, nimm mich. Das möchte ich. Ich will es. Ich will, daß du mich nimmst!«

Ich zog ihn hoch. Er legte sich über mich, und nun war ich an der Reihe. Ich streichelte seine Brust, als er sich auf die Ellbogen stützte. Ich konnte meine Arme um ihn legen und seinen festen Hintern spüren, meine Finger in die tiefen Höhlen neben seinen Hüftknochen graben. Ich dirigierte seinen Penis zu mir hinein, und das Gefühl, wie er allmählich eindrang und sich lustvoll in mir bewegte – nicht tief, noch nicht – war das Wundervollste, was ich jemals erlebt hatte.

»Jetzt«, sagte ich. »Komm jetzt.« Und das tat er, ganz und gar. Wir bewegten uns zusammen, langsam und intensiv und dann schneller, immer schneller, in raschen, ungestümen Wellenbewegungen, bis wir beide schließlich befreit, erschöpft und ausgelaugt waren.

»Beweg dich nicht«, sagte ich. »Und bleib, wo du bist.« Ich nahm meine Hände von seinem Rücken und tastete über das Laken neben uns. Wir lagen genau in der Mitte von Madame Vicquerats schmalem Bett. Ich lächelte.

»Jetzt kannst du dich bewegen«, sagte ich. Und dann glitt er neben mich, schob seinen Arm unter meinen Kopf und zog mich an sich.

»Ich möchte gern so einschlafen«, sagte ich.

»Ich auch.«

Mit seiner freien Hand angelte er sich die Überdecke vom Boden und zog sie über uns.

»Ich will nicht an morgen denken.«

»Dann tu es auch nicht«, empfahl er. »Schlaf einfach ein.«

Das tat ich auch. Ich erinnere mich daran, daß wir im ersten Licht des nächsten Morgens schweigend auf dem schmalen Bett lagen und dem klagenden Gurren der Tauben in dem verbotenen Garten zuhörten.

Ich habe angefangen, diese Geschichte zu schreiben, ohne dem Mann und der Frau einen Namen zu geben. Ich nannte sie nur ›Er‹ und ›Sie‹. Dann wurde mir klar, daß sie schon lange in mir waren. Genaugenommen sind sie die Hauptfiguren des Romans, den ich gerade schreibe. Nur Alan, der Mann, der vom Hund gebissen wird, ist neu – ebenso neu wie das sexuelle Erwachen der Frau.

Originaltitel: Last Tango in Geneva
Ins Deutsche übertragen von Wolfgang Thon

NAZNEEN SHEIKH

Das Ritual

Sie sind meinetwegen gekommen. Zwei Frauen mit stoffbedeckten Weidenkörben und einem kleinen Kohlenbecken. Meine Mutter und meine Schwestern sind fort. Alles, was meine Mutter zu mir sagte, war: »Laß dich von ihnen vorbereiten.« Diese sanft vorgetragene Bitte paßte so gar nicht zu den normalerweise strengen mütterlichen Anordnungen. Ihre Augen bekommen einen zärtlichen Ausdruck, als sie mir die Haarsträhnen aus der Stirn streicht. Ich bin erstaunt, denn in den schimmernden Tiefen ihrer braunen Augen sticht die Iris heraus, als ob sie etwas Schwelendes, sich gerade Entfaltendes enthielte. Niemals vorher habe ich diesen Ausdruck in den Augen meiner Mutter gesehen. Ich rücke näher zu ihr, aber sie hat sich bereits abgewandt und geht in Richtung der Tür. Nun bin ich allein mit den beiden Frauen, die bereits die Tür zu dem Badezimmer im Haus meiner Ahnen großmütterlicherseits geschlossen haben.

Die Hochzeit findet erst in fünf Stunden statt, und Lahore glüht unter der Julisonne. Hier in diesem verputzten und gefliesten Raum, mit Wasserhähnen über einer gekachelten Badewanne ausgestattet, ist es jedoch angenehm kühl. Ich habe seit meiner Kindheit über dieses Badezimmer erzählen hören. Alle Frauen der Familie sind vor ihrer Hochzeit hierhergekommen, um ›vorbereitet‹ zu werden. Wenn man sie viele Stunden später als Bräute wiedersah, glühten sie durch ein nahezu unheimliches Strahlen, das offenbar nichts mit Make-up zu tun hat. Niemand spricht je über dieses Geheimnis. Jetzt bin ich an der Reihe, und ich kann es kaum erwarten. Ich bin nicht wie die anderen Frauen. Ich bin die ungeratene Tochter, die im Westen gelebt hat und keine Jungfrau mehr ist. Der Mann, den ich mir ausgewählt habe, ist sehr viel älter als ich und Hispanoamerikaner. Ich habe ihn in das Haus meines Vaters gebracht, damit wir eine traditionelle Hochzeit feiern können. Dies ist das Land sanfter Frauen mit hartem und unverwüstlichem Geist. Ich bin also nicht hier, weil ich meiner Mutter nachgebe, sondern um meine Neugierde zu befriedigen. Meine Lieblingstante hat mich entlarvt. Sie sah mich an, wobei der Diamant in ihren Nasenflügeln aufblitzte, und bemerkte: »Der Westen kann dich die Geheimnisse des Ostens nicht lehren.« Ihr Kommentar war eigentlich ein überkommenes Klischee, aber ich fühlte mich trotzdem ertappt. Ich wuchs auf, umgeben von Frauen, deren Ehemänner für sie ausgewählt worden waren. Gebildete Frauen, die mit ihren Ehemännern unschätzbar wertvolle Reisen ins Ausland unternahmen, auf denen sie sich in Paris eine Dauerwelle machen ließen und in Rom Schuhe kauften. Ihre Unterhaltungen waren gespickt mit Anekdoten über ihre Männer, Kinder, Schneider und Dienerinnen. Einige von ihnen hielten politische Reden und praktizierten auf einzigartige Weise intellektuelle Freiheit, doch sie sprachen niemals über Sex oder über Lust, geschweige denn über Orgasmen oder sexuelle Phantasien. Ich beschloß, daß das ihre Sache war und nichts mit mir zu tun hatte. Ich ließ mir die Haare bei Vidal Sassoon schneiden, kleidete mich in Jeans und schenkte meinen Körper Männern, die ich begehrte. Allein meine angeborene weibliche Eitelkeit hieß mich, mich in Rosenduft zu hüllen.

Die zwei Frauen sind damit beschäftigt, Gegenstände aus ihren Körben zu holen. Die Ältere bewegt sich langsam und gibt der untersetzten und unaufhörlich kichernden Jüngeren Anweisungen. Sie sind Professionelle im Ritual ihres Handwerks, das von Mutter zu Tochter weitergegeben wird. Die verwendeten Ingredienzen sind einheimischen Ursprungs und natürlich gewachsen. Sie werden getrocknet, mit primitiven Mörsern und Stößeln zermahlen und in zierlichen irdenen Krügen aufbewahrt. Mir wird befohlen, meine Kleider auszuziehen. Die ältere Frau äußert diese Forderung so leichthin, als ob sie sich nach der Uhrzeit erkundigen würde. Die Jüngere holt eine *charpai*, ein Bett aus geflochtenem Hanf mit vier hölzernen Beinen, zierlich geschnitzt und grell bemalt, das gegen eine Wand gelehnt ist. Als ich meine Kleider ablege, bedeckt die Jüngere das Bett mit einem weißen Baumwollaken. Ich stehe nackt vor zwei anderen Frauen, die vollständig angezogen sind. Die Ältere betrachtet mit einem Lächeln auf ihren Lippen meinen Körper und macht offenbar eine Art Bestandsaufnahme. Dann legt sie eine Hand auf meine Schulter und dreht mich einmal um meine eigene Achse. Fast stolpere ich, aber sie faßt mich fest um die Taille. Ihre Handflächen sind weich, und es fühlt sich an, als ob eine seidene Schärpe mich an meinem Platz hält. Sie steht jetzt hinter mir und scheint meine Rückseite zu untersuchen, ohne mich dabei zu berühren. Sie tritt wieder hinter mir vor und führt mich zu dem Bett. In diesem Moment wird mir klar, daß eine Verwandlung meines Körpers unmittel-

bar bevorsteht, und ich vertraue meinen Wohltäterinnen blind.
»Seide«, sagt sie, über mich gebeugt, als ich angespannt vor Erwartung auf dem Bett liege. »Seide ist immer in Tabakblätter gewickelt. Aber wenn wir sie auspacken, ist es Seide. Ich kann dich in einen Fluß aus Seide verwandeln, den er niemals wird überqueren wollen. Ich werde aus dir das weißliche Innere der grünen Mandel machen, das er für immer in seinem Mund behalten möchte, ohne es jemals hinunterzuschlucken. Ich kann ganz ohne Maschinen das tun, was in Amerika nie vollbracht werden könnte.« Belustigt schaue ich zu ihr hoch und nicke. Rasch fügt sie hinzu: »Es kann allerdings etwas weh tun.« Die unbeholfene und kichernde Safia reicht ihr Streifen aus Musselin, getränkt mit heißem braunen Zucker und Zitronensaft: Der primitive Enthaarungsprozeß beginnt an meinen Knöcheln. Die klebrig-warme Umarmung des Tuches, das rasche Erstarren auf der Haut und ein scharfer Ruck. Ein dreiteiliger Vorgang, während dem ich einen fast tänzerischen Wechsel von Anspannung und Entspannung erlebe. Das Unbehagen ist minimal. »Seide und Perlen«, murmelt die Frau leise, während sie sich aufwärts zu meinen Knien bewegt, meine Haut entblättert, mich vollständig entkleidet. Entlauben, entblättern, entkleiden. Wie eine Dichterin summt sie Allegorien und Metaphern. Dann nimmt sie meine Hand und streicht mit den Fingerspitzen über den Oberschenkel. »Das ist seine Hand«, flüstert sie, »das sind seine Finger. Du mußt in seine Augen schauen, und du wirst deine eigene Haut spüren.« Unwillkürlich sehe ich die schwerlidrigen Blicke orientalischer Männer auf alten Portraits vor mir. Reflektierten all diese glühenden Augen die schimmernde Haut ihrer haarlosen Frauen? War das vielleicht der Grund, weshalb Frauen versteckt, verschleiert und verschlossen wurden vor den Blicken der Männer? Wie rasch würden die kriegerischen Instinkte der Männer aufbrechen vor diesen Bildern des Verlangens? All diese Mughal-Frauen mit ihren birnenförmigen Figuren und dem Teint wie aus gelblicher Sahne hatten das Geheimnis verborgen

gehalten. Aber ich kehre nun wieder in dieses Jahrhundert und in diesen Raum zurück, und ich bin, obgleich jetzt ein neuer Teil des Rituals beginnen wird, nicht sicher, ob mein dunkeläugiger Geliebter mit dem sinnlichen Lächeln heute abend wirklich die Geheimnisse des Ostens in den Armen halten wird.

»Diese Stelle hier«, sagt sie und tätschelt dabei meinen Schamhügel, »ist wie ein Wollknäuel. Was wird er wohl sagen, wenn er dorthin gelangt?« Ich kann ihr nicht sagen, daß mein zukünftiger Ehemann normalerweise mit beinahe chirurgischer Sorgfalt dieses Wollknäuel entwirrt. Daß die Herauszögerung des Moments, in dem er die Knospe meiner Klitoris findet, zu den spannendsten Aspekten unseres Liebesspiels zählt. »Du keuchst wie ein kleines Tier«, pflegt er lachend zu bemerken. Ich antworte: »Nimm mich auf Band auf.« Ich will sie hören, diese Atemzüge meines urzeitlichen Selbst, wo ich weder Mensch noch Tier bin, sondern nur eine außerordentliche Empfindsamkeit spüre. Aber ein Musselinstreifen wird bereits an seinen Platz gelegt, und der darauf folgende Ruck bringt einen stechenden Schmerz mit sich, der mich verstummen läßt. Dreimal muß der Vorgang wiederholt werden. Als es vorbei ist, entdecke ich an meinem Körper neue Sinnesorgane. »Jetzt«, sagt die Frau und hilft mir, mich aufzusetzen, »werden wir deine Haut polieren.« Ich schaue an mir herab und erblicke die durchgehende Linie meiner Haut, das hellere Gewebe des Schamhügels, das sich in einer nie gesehenen Kontur deutlich abhebt. Ich wünsche mir einen großen Spiegel herbei, vor dem ich für eine Weile wie die breithüftigen Frauen von Botticelli und Tizian posieren kann.

Das Gekicher der unbeholfenen Safia gluckst leise durch den Raum. Die anerkennenden Blicke der älteren Frau veranlassen mich, langsam aufzustehen. Mechanisch bewege ich mich auf die Badewanne zu. Ich gehe aufrecht, wie Kleopatra, Nofretete oder die Mughal-Kaiserin Nur Jehan, die Tiger jagte und den Attar of Rose schuf. Ich sitze auf einem hölzernen Schemel in einem tiefergelegenen Bereich der Badezone nahe bei den Wasserhähnen. Als ich nach diesen greifen will, hält mich jemand am Handgelenk fest. Es ist die Ältere. Sie trägt ein Tongefäß in der Armbeuge. Mir wird befohlen, die Arme auszustrecken und stillzusitzen. Die Zeremonie ist noch nicht beendet. Eine hellgelbe Paste wird auf meinen Körper aufgetragen und gründlich einmassiert. Ihre Grundlage ist Kurkuma, wie man mir sagt. Die anderen Bestandteile haben Namen, die ich noch nicht einmal aussprechen kann. Ihre geschmeidigen Finger beschreiben kreisende Bewegungen. Beide Frauen bearbeiten meinen Körper, als ob sie Metall polieren. Zum ersten Mal fühle ich bewußt, wie sich die Haut über meinen Ellbogen faltet und wie sie in einem Grübchen hinter meinem Knie verschwindet. Wie die Magengrube auf beiden Seiten durch die Druckkraft meiner Hüftknochen gehalten wird. Wo das Gewicht meiner Brüste die Taille einkerbt und wie tief mein Nabel in den Bauch eingebettet ist. Jeder Vorsprung, jede Einkerbung wird ertastet und mit Sorgfalt bearbeitet.

Safia dreht nun den Wasserhahn auf und gießt das Wasser aus einem Eimer über meinen Körper. Die ältere Frau entfernt die Paste mit einem rauhen Luffaschwamm. Jeder Teil meines gereinigten Körpers entlockt ihr ein zufriedenes Raunen. Und ich, eingehüllt in diese polierte und prickelnde Haut, bin überwältigt von dem Bedürfnis, mich gleich einer Katze an einem Vorhang, einem Stuhlbein oder am allerliebsten an dem leise knisternden Haar auf der Brust meines Geliebten zu reiben. Meine Brustwarzen richten sich auf, und ich bin nicht sicher, ob die Flüssigkeit zwischen meinen Beinen Wasser oder meine eigene Feuchte ist. Ein Gefühl von Schwere, fast schon Trägheit, hält mich auf dem Schemel fest. Als meine Füße hochgehoben und mit einer anderen, grobkörnigen Paste abgerieben werden, verspüre ich den Wunsch, daß seine Zunge jeden Zentimeter dieser glitzernden Nacktheit meines Körpers würdigt. Am Ende der Prozedur möchte ich in ein Auto springen und zu dem Hotel fahren, wo er auf den Beginn seiner fremdländischen Hochzeit wartet. Ich will nicht in das Kleid aus steifem Goldstoff gehüllt werden, das für mich angefertigt wurde. Ich will nicht, daß der schwere ziselierte Goldschmuck meinen Hals und meine Ohrläppchen zwickt. Ich will, daß er meine Brustwarzen leckt, bis sie wie harte Kugeln sind, und daß sein köstlich harter Schwanz tief in mir ist. Ich will, daß die Frauen nun verschwinden.

Die ältere Frau reibt mir mein amerikanisches Shampoo in die nassen Haare. Sie schnuppert zuerst aus Neugier, dann mit offensichtlicher Verachtung an der Flasche. Als sie jedoch meinen warnenden Blick sieht, fährt sie mit der Haarwäsche fort. Nachdem Safia meine Haare mehrmals mit dem kühlen Brunnenwasser gespült hat, nehme ich ein zischendes Geräusch und einen langsam sich entfaltenden Duft wahr. Er kommt aus dem kleinen eisernen Kohlenbecken, das an dem einen Ende des Bettes steht. Ich inhaliere tief, so wie man es mit Marihuana tut. Es ist Sandelholz, und sein betäubend süßer Rauch kringelt sich durch das Badezimmer. Ich werde zum Bett geführt und soll mich dort niederlegen. »Jetzt«, sagt die Ältere, »werde ich deinen Körper mit Öl einreiben. Du wirst seinen Duft durch die erste Nacht in die zweite tragen.« Ich muß mich so auf das Bett legen, daß meine Haare über die Kante hängen. Safia steht hinter mir und treibt mit einem Fächer den heißen, duftenden Rauch durch mein schulterlanges Haar. Ihre Finger teilen es in Strähnen, die sie umeinanderzwirbelt. Mein Kopf fühlt sich gleichzeitig warm und kalt an. Ich möchte das Sandelholz riechen, es inhalieren, aber ich kann nicht. Die Ältere massiert meine Füße mit vom Öl glitschigen Händen. »Jasminöl«, sagt sie. »Es ist das leichteste und delikateste Blütenöl. Es entfaltet sich besser bei Wärme. Wenn du erhitzt bist, wird sogar dein Schweiß duften.«

Wo ist mein Geliebter, schreit meine parfümierte Haut. Ich will, daß er mich in der Hitze von Lahore reitet wie ein Zentaur, daß er seine Lenden gegen meine hämmert, mich feucht macht mit duftendem Schweiß. »Du wirst es selbst zwischen deinen Beinen verteilen«, bittet sie höflich, diese Hohepriesterin des Fleisches, die Glätterin meiner Haut. Sie gießt etwas von dem

Öl, das klar ist wie Wasser, in meine gewölbte Hand. Ich tupfe es zwischen meine Beine, um die Schamlippen herum, vorsichtig hin zu meiner Knospe und den weicheren Stellen. Ich kann nicht fortfahren, denn in meinem Kopf hämmert es vor lauter Sehnsucht. Ich möchte diesen Raum verlassen und diese in die Länge gezogene erotische Übung, während der ich die Kraft meiner Weiblichkeit gefiltert durch das Ritual exquisiter Schönheitspflege erlebt habe, nun beenden. Diese Zeremonie, mit der meine Mutter das Chaos meiner ost-westlichen Hochzeit noch vergrößert hatte, war nur durchgeführt worden, um mich an die Würde des Liebesaktes zu erinnern. Jetzt aber haben die Legionen orientalischer Frauen, beschränkt durch verdummende Konventionen, eine neue Aura für mich. Ihr Schweigen wird verständlich, denn sie haben das grundlegende Handbuch des Sex memoriert; allerdings nicht mit Hilfe von Beschreibungen oder Illustrationen, sondern durch die bewußte Prüfung ihrer eigenen Körper.

»Du möchtest vielleicht etwas trinken?« fragt die ältere Frau, während sie meine Ohrläppchen mit Jasminöl einreibt. »Wir geben es für gewöhnlich den jüngeren Bräuten.« Diese Glätterin der Haut, diese Erregerin der Nervenenden hat erraten, daß ich aus dem Land der freien Frauen gekommen bin. Ich bin interessiert, in der Regel sehe ich mir die Dinge bis zum Ende an. Ich sitze auf dem Bett wie eine Statue aus Duft. Haare aus Sandelholz und Körper aus Jasmin, bereit, das Trankopfer anzunehmen. Die kichernde Safia bringt es in einem Metallbecher. Ich trinke Milch mit zerstoßenen Mandeln, gewürzt mit einer Prise Kardamom. Es ist kalt und hat einen leichten Nachgeschmack. Nichts Ungewöhnliches. Die Ältere schaut mich aufmerksam an. Ich leere den Becher und frage mich, wieviel Zeit wohl vergangen sein mag. Wird irgend jemand daran denken, mich hier abzuholen? Safia reicht mir einen Stapel frischer Kleidung für meinen Heimweg. Ich ziehe mich langsam an und bemerke dabei, daß mein Körper scheinbar den Kontakt mit der Realität verloren hat. Ich fühle mich wie schwebend, die Gliedmaßen ohne Substanz, doch eine Serie winziger Explosionen entsteht aus der unterschwelligen Spannung, die mich die ganze Zeit beherrscht hat.

»Du erwartest diesen Augenblick jetzt nicht mehr«, flüstert die Ältere, als sie mich zur Tür geleitet, »du befindest dich bereits ganz darin. Was du getrunken hast, wird ihn weiter steigern, so daß er nicht enden wird, selbst wenn er vorbei ist.«

Viel später kühlt ein monsunähnlicher Regen die Nacht, und wir liegen in dem blumenbestreuten großen weißen Bett. Ich bin bedeckt von seinen Gliedern, und er sagt leise: »Du bist in meiner Nase, in meinem Haar... aah, das Gefühl, wenn ich dich berühre...« Ich höre, wie die ältere Frau mit einem Gesicht wie das Iqbals rezitiert:

> Man muß sie kennen, diese Welt voller Duft und Glanz,
> sie müssen gepflückt werden, diese Rosen in der Höhle;
> aber verschließe nicht deine Augen vor dem Selbst,
> es liegt Erkenntnis in deiner Seele.

Ich habe diese Geschichte verfaßt, weil ich die Frauen des Ostens und des Westens zusammen in ein großes weißes Bett stecken wollte. Wenn das Gesicht einer marokkanischen Frau oder einer Bengalin aus einem Schleier hervorblickt, bestürmen ihre Schwestern in Boston oder Toronto Bilder der Entbehrung und der Unterdrückung. Aber man muß das Kaleidoskop drehen, damit das Lob der erotischen Ausstrahlung nicht nur durch die Geographie allein bestimmt wird. In der Kultur, in der ich aufgewachsen bin, wird der physische Liebesakt mit Achtung und Verehrung betrachtet, und die glänzendsten und wertvollsten Gaben auf seinem Altar sind unsere Körper.

Originaltitel: Polishing my skin
Ins Deutsche übertragen von Anke Schäfer

SUSAN MUSGRAVE

Valentinstag im Gefängnis

Westwind, wann wirst du wehen?
Leichter Regen darf fallen.
Danke, Christus, daß ich meinen Liebsten
in den Armen halten durfte.
Nun liege ich wieder allein in meinem Bett. Anonym

Der Bus setzte mich im Stadtzentrum ab, direkt gegenüber einem Bestattungsunternehmen. Im Fenster hing ein Schild mit der Aufschrift VORÜBERGEHEND GESCHLOSSEN.

»In dieser Zeit sterben wohl nicht viele Menschen, wie?« fragte ich den Taxifahrer, der mich den Rest der Strecke zum Gefängnis fuhr.

»Zumindest in dieser Gegend nicht«, antwortete er und fragte mich, ob ich etwas dagegen hätte, wenn er rauchte.

Bevor ich ihm irgendeine Antwort geben konnte, hatte er sich auch schon eine Zigarette angesteckt und blies nun den Rauch aus dem geöffneten Fenster. Ich saß auf der hinteren Sitzbank und sah zu, wie der Regen gegen die Windschutzscheibe prasselte, als er mit seinen Ausführungen über das Rechtssystem anfing. Seiner Meinung nach sollten ›kranke Kreaturen wie Drogendealer‹ erschossen werden, um so das Geld der Steuerzahler einzusparen. Offensichtlich war er davon ausgegangen, daß ich im Gefängnis arbeitete, denn er sah ständig in den Rückspiegel und wartete darauf, daß ich ihm zustimmte. Ich erklärte ihm, daß ich einen Kolumbianer besuchen wollte, der wegen Marihuanaschmuggels zu ›lebenslänglich‹ verurteilt worden war, und daß ich ihn vielleicht sogar liebte. Er entschuldigte sich und sagte, er hätte besser seine Klappe halten sollen. Er setzte hinzu, daß es demnach im Gefängnis einen richtigen Glückspilz geben müsse, der auf mich wartete. Er selbst sei schon lange auf der Suche nach einem netten Mädchen, mit dem er zusammenleben wollte, aber bislang sei er immer nur enttäuscht worden.

Ich blickte auf die Berge, die sich über der weit entfernten Stadt Hope erhoben. Die schneebedeckten Gipfel waren bisher nur von wenigen bestiegen worden. Ich überlegte, was Angel, der Glückspilz, wohl gerade in diesem Augenblick machte. Ich stellte mir vor, daß er jetzt auf seiner Pritsche lag und die Decke anstarrte, die in diesem dämlichen Grün gestrichen war, wie man es oft in Behörden vorfindet. Dort gab es keine Ritzen oder Spalten, an denen sich die Augen orientieren konnten.

»Und wann sind die Flitterwochen?« fragte der Mann neugierig. Das Fenster war unterdessen beschlagen, und er wischte mit der Hand eine kleine Stelle frei. »Werden Sie fliehen? Und dann an irgendein tropisches Fleckchen fahren, mit Schwimmbad, Palmen, Hula-hula und so? Würde Ihnen das nicht gefallen?«

Wir waren am nördlichen Ende des Tals angekommen, und nach der nächsten Kurve kam das Toombs-Gefängnis in Sicht, das durch einen Friedhof von dem Frauengefängnis getrennt wurde. Beide Gefängnisse waren vom Rest der Welt durch hohe Berge abgetrennt. Berge, die so hoch waren, daß ihre Westseite immer im Schatten lag.

Ich hatte Angel getroffen, als ich vor einem Jahr beide Gefängnisse und den Friedhof besucht hatte. Ich hatte gerade meine Karriere als selbständige Publizistin begonnen und gehofft, Material für einen Artikel über die hohen Selbstmordraten bei Gefängnisinsassen während der Weihnachtszeit zu finden. Ein Angestellter hatte damals zu mir gesagt: »Solange sie leben, kümmert sich das Gesetz um sie, und dann gibt es *niemanden* mehr, der sich ihrer annimmt.« Dabei deutete er auf das trostlose, verwilderte Stückchen Land, wo die Leichname der Lebenslänglichen, die keiner mehr haben wollte, zu ihrer letzten Ruhe gebettet waren. Jene, bei denen man Fluchtabsichten vermutete, wurden sogar in Fußketten beerdigt.

Der Fahrer setzte mich auf dem Parkplatz ab, der etwa hundert Meter vom Haupteingang entfernt lag, und wünschte mir viel Glück. »Wissen Sie«, sagte er, »ich beneide Sie wirklich sehr. Sie werden jetzt da rein gehen und ziemlich verliebt sein, während ich weiter meine Arbeit machen muß.« Ich bezahlte und folgte dem wegfahrenden Wagen einen Moment lang mit den Augen, bevor ich mich zum Gefängnis umwandte.

Die schwere goldene Uhr an meinem Handgelenk sagte mir, daß es Viertel vor eins war. Ich mußte draußen im Regen warten, bis die große Uhr im Inneren des Gefängnisses zur vollen Stunde einen einzelnen Gongschlag in den Himmel schickte. Dann drückte der Wächter den Türöffner, und ich trat ein. Ich mußte mich weiter gedulden, weil der Gefängniswärter meine Handtasche durchsuchte, den Füller zerlegte und sich dabei die Hände völlig mit Tinte verschmierte. Mascara und Lippenstift durfte ich mit hineinnehmen, nicht aber die Lutschpastillen, die ein Kolumnist von *Penthouse* als Einstimmung für Oralsex empfohlen hatte.

»Lassen Sie die bitte hier«, sagte er zu mir und zeigte auf einen Metallspind. »Und den hier auch.« Er hielt einen Tampon hoch, den er tief unten in meiner Handtasche gefunden hatte. »Reine Sicherheitsmaßnahme«, erklärte er dazu. »Ein Insasse könnte Selbstmord begehen, indem er einen runterschluckt und daran erstickt.«

Er packte den Rest in meine Handtasche und sagte, man würde mir einen Ersatztampon geben, falls ich einen benötigte. »Als nächstes müssen Sie zur Oberin«, fuhr er fort und deutete auf eine Tür, auf der stand: KEIN AUSGANG. Von der anderen Seite der Tür hörte ich eine Frau, die sich lautstark beschwerte.

Ich saß auf einem harten Stuhl und wartete. Angels Schwester kam herausgeschossen, gefolgt von der Oberin, Miss Horis, die einen hochroten Kopf hatte. Consuelo hatte mir versichert, ich sollte ihr vertrauen, denn sie könnte *alles* verstecken. Warum hätte ich einer Frau, der es gelungen war, illegal einzureisen und drei Kilo Kokain zu schmuggeln, damit sie die Kosten der Gerichtsverhandlung bezahlen und in der Nähe ihres Bruders sein konnte, nicht vertrauen sollen? Angel hatte mir auch erzählt, daß sie einmal eine Granate in ihrer Vagina in das Bella-Vista-Gefängnis in Kolumbien geschmuggelt hatte. Das Kondom, das sie heute für mich hereinschmuggeln sollte, nahm sich dagegen aus wie Kleinkram.

»Geht es Ihnen jetzt besser da draußen?« fragte Miss Horis. Sie atmete tief durch, als sie mich in das Zimmer, an dem KEIN AUSGANG stand, führte. Dann bat sie mich, meinen Mantel, mein Kleid, meine Bluse meine Unterwäsche und ›alle anderen persönlichen Gegenstände‹ auszuziehen. Anschließend sollte ich mich nackt mit beiden Füßen auf einen Spiegel stellen.

»Bitte stellen Sie sich mit gespreizten Beinen über den Spiegel. Genau so. Nun entspannen Sie sich, und husten Sie zweimal.«

Ich hustete, und Miss Horis starrte in den Spiegel. Dann mußte ich meine Brüste einzeln hochheben, bevor ich schließlich den Mund öffnen sollte, damit sie unter meiner Zunge nachsehen konnte. Als ich mich wieder anzog, verabschiedete sie sich mit einem »Ich wünsche Ihnen einen schönen Valentinstag«.

Die Uhr war ihr nicht aufgefallen, obwohl sie ganz offensichtlich für das Handgelenk eines Mannes gedacht war. Als ich mich wieder anzog, steckte sie ihren Kopf einen Moment später noch einmal durch die Tür und bot mir eine Binde als Ersatz für den beschlagnahmten Tampon an. Mit einem Kopfschütteln lehnte ich ab. Offensichtlich hatte noch keiner der Insassen versucht, sich mit einer Binde umzubringen.

Sobald ich den Besuchsraum betreten hatte, ging ich zur Toilette, wo ich Consuelo traf, die gerade ihr Haar richtete. Auf einem großen Schild, das über dem Kondomautomaten hing, wurden die Besucher darüber informiert, was während des Besuchs alles verboten war: Küssen, Streicheln, Schmusen, Umarmungen, Kitzeln, Ohrfeigen, Kneifen und Beißen (das Vorspiel dürfte demnach verboten sein, aber die Existenz dieses Automaten deutete darauf hin, daß Vögeln zumindest explizit nicht verboten war). Doch an diesem Tag hielt der Automat eine Überraschung für die Besucher bereit: ›Leider außer Betrieb‹. Das Wort ›Leider‹ war jedoch durchgestrichen.

Ich wandte mich Consuelo zu und wartete darauf, daß sie mir das Kondom geben würde, das sie für mich hereinschmuggeln sollte, aber sie zeigte mir ihre leeren Hände. »Ich mußte es runterschlucken«, fügte sie erklärend hinzu. »Diese Frau wollte mir in den Mund schauen.« Sie schlug vor, daß Angel und ich heiraten sollten, damit man uns private Besuche erlaubte. Aber Angel und ich wollten nicht auf diese Erlaubnis warten. Heute standen wir ganz oben auf einer geheimen Liste ganz spezieller privater Besuche – Besuche nicht sanktionierter Art nämlich. Ich lieh mir Consuelos Kamm und zog ihn durch meine strähnigen und feuchten Haare.

Um halb zwei führte uns Herr Saygrover, der für Besucher und Kommunikation zuständig war, durch einen Flur, der in demselben Avocadogrün gestrichen war wie die Fassade des Gebäudes. Er nickte dem jungen Wärter zu, der für das erste Eisentor zuständig war, das unseren Weg versperrte, und das schwere Eisentor glitt auf Rollen zur Seite. Auf dem Weg zur Sporthalle mußten wir insgesamt fünf solcher Tore passieren.

Ich konnte die Männer schon sehen, die ihren Besuch erwarteten und sich gegen das letzte Tor preßten. Alle trugen die gleiche Kleidung: T-Shirts und enge Hosen, die ebenso grün waren wie die Wände des Gefängnisses. An dem Ritual hatte sich nichts geändert, seitdem ich Angel zum ersten Mal besucht hatte. Die Männer standen hinter der Absperrung, warteten und winkten. Und die Frauen schauten sich beim Näherkommen unsicher an, als ob sie nach einem Halt suchten. Je näher wir kamen, desto länger schienen die Wärter zu brauchen, um die Tore zu öffnen. Eine Wärterin mit Schweißflecken unter den Ärmeln ihrer Uniform öffnete das letzte Tor. Die Stimme von Janis Joplin ertönte aus zwei großen Lautsprecherboxen, die unter der Decke der Sporthalle angebracht waren. Hier mußte sie keinem sagen, daß Freiheit nur ein anderes Wort für die Tatsache ist, nichts mehr zu verlieren zu haben.

Die Turnhalle war mit roten Luftballons und weißen Luftschlangen geschmückt. Die Luftschlangen waren wohl schon am Abend zuvor zwischen den Ecken aufgespannt worden, hatten aber unterdessen etwas an Spannung verloren. Ein Künstler aus dem Gefängnis hatte ein rotes Herz aus Papiermaché gebastelt, das, mit Stacheldraht umwickelt, neben dem Cola-Automaten ausgestellt worden war, der übrigens auch ›Außer Betrieb‹ war.

Die Besucher konnten sich irgendwo an der großen Tafel hinsetzen. Auf jedem Tisch fand sich das, was nach Auffassung der Gefängnisleitung unter Appetithäppchen zu verstehen war: gebratenes Fleisch auf Zahnstochern, zusammengerollte Aufschnittscheiben, Radieschen, die wie Rosenblüten aussahen, die sich vor dem Öffnen fürchten, Pyramiden von Fleischbrötchen und Platten, auf denen sich herzförmige Kekse befanden, die die Häftlinge selbst gebacken hatten. Meine Augen wanderten suchend von Tisch zu Tisch. Angel saß kerzengerade mit vor der Brust verschränkten Armen auf einem Metallstuhl. Unsere Blicke trafen sich, und er erhob sich.

Nichts hatte sich verändert. Er wollte und ich konnte nicht sprechen. Sein sehnsüchtiges Lächeln wäre die richtige Medizin für Menschen mit gebrochenen Herzen gewesen. Seine Lippen warteten auf eine Zunge, die sie berührte, obwohl sein Schnurrbart es beinahe verhinderte, daß man nahe genug herankam. Und er hatte traurige Augen, die so schwarz waren wie die Nacht. Sein glattes, schwarzes Haar trug er heute zu einem Pferdeschwanz nach hinten gekämmt. In meinem letzten Brief hatte ich ihm geschrieben: »Binde dein Haar zurück, damit es nicht stört. Ich möchte meinen Saft auf deinem ganzen Gesicht sehen.«

Angel stellte zwei Stühle voreinander auf, damit wir uns einander gegenüber hinsetzen konnten. Er lehnte sich vor, umschloß mit seinen Händen meinen Nacken und unterbrach die Stille, indem er sagte: »Ich habe immer Angst davor, daß ich dich nie mehr wiedersehe, daß du nicht zurückkommst. Ich befürchte, daß du mich als – zu verfügbar empfindest.«

Ich lachte, als ich sein dunkelhäutiges Gesicht in meine Hände nahm. »Ich würde keinen Mann, der hinter Gittern lebt, als *zu verfügbar* bezeichnen.« Sein Schnurrbart, den er bei jedem meiner Besuche mit rotem Zimt bestrich, damit sein Atem nicht nur den Geruch des dunklen Tabaks hatte, kratzte an meiner Oberlippe. Ich glaube, bei unserem ersten Treffen war es der Geruch, der mich am stärksten anzog, nicht seine Augen und auch nicht sein Lächeln. Genauso wie die Luft vor einem Sturm, die sein Herannahen ankündigt, obwohl noch nichts zu sehen ist.

Ich lehnte mich in meinem Stuhl zurück und sagte: »Du bist dünn geworden. Bekommst du hier auch alles, was du brauchst?« Angel lehnte sich ebenfalls zurück, strich das Bettlaken glatt, das hier als Tischdecke diente, nahm eine Orange und begann sie zu schälen.

»Jeden Tag bekomme ich Briefe von dir, und jetzt bist du hier. Was brauche ich sonst noch?« Er küßte mich, aber ich zog meinen Kopf zurück. »Und wie sieht es bei dir aus?« fragte er zurück.

Ich hätte jetzt etwas Privatsphäre brauchen können. Ich wollte mit Angel allein sein. Wir hatten bisher nur einmal, nämlich während der Weihnachtsfeier, die Gelegenheit, für fünf Minuten in der Kabine auf der Männertoilette zu verschwinden. Aber jetzt brauchte ich mehr Zeit, um ihn zu küssen, zu streicheln, mit ihm zu schmusen, ihn zu umarmen, zu kitzeln, zu ohrfeigen, zu kneifen und zu beißen. Seitdem ich ihn kannte, kreisten meine Gedanken um nichts anderes. Ich stellte ihn mir vor, wie er jede Nacht mit erigiertem, glänzendem Schwanz in seiner Zelle saß, traurig wie die Girlanden bei einer Party, zu der niemand gekommen ist. Wenn wir zusammen waren, war ich mir bewußt, wie nahe er sich neben mir aufhielt und welche Schauer bei jeder Berührung durch meinen ganzen Körper jagten. Ich zitterte vor Sehnsucht, ein Gefühl, das ich einst in der fünften Klasse für einen braunäugigen Jungen empfunden hatte. Das war das letzte schmerzvolle Erlebnis, bevor ich erwachsen wurde.

Ich erzählte Angel, daß auch ich Angst hatte. Angst, ›zu weit gegangen zu sein‹. In meinem letzten Brief hatte ich Kurt Vonnegut zitiert, der einmal gesagt hatte, die einzige wirkliche Aufgabe für einen Schriftsteller des zwanzigsten Jahrhunderts sei es, kunstvoll zu beschreiben, wie eine Frau es einem Mann mit dem Mund besorgt. Ich schrieb Angel, daß ich ihm das lieber *zeigen* als darüber schreiben wollte. Später erläuterte ich ihm noch den Nährwert von Sperma (ein Schluck bestand aus zweiunddreißig verschiedenen chemischen Inhaltsstoffen, darunter auch Vitamin C, Vitamin B12, Fruchtzucker, Schwefel, Zink, Kupfer, Kalium, Kalzium und andere gesunde Dinge). Außerdem berichtete ich ihm, daß ich jeden Tag eine Multivitamintablette nahm, allerdings hätte ich auch ausgerechnet, daß ich darauf verzichten könnte, wenn er täglich Lust auf Oralsex hätte.

Angel sagte mir, daß ein Ort, der ›weit‹ genug weg sei, der einzige sei, wohin es sich zu gehen lohnte. Er küßte mich erneut, aber diesmal wehrte ich mich nicht. Er rutschte auf dem unbequemen Stuhl hin und her, damit sein harter Schwanz nicht die Hose zum Bersten brachte. Ich strich an dem warmen Metall entlang und preßte meine Knie zusammen. Meine ausgehungerte Möse war mittlerweile stark angeschwollen. Mir fielen zwei Wärter auf, die uns beobachteten. Ich gab Angel einen leichten Klaps, und wir ließen voneinander ab. Unter dem Tisch hielt Angel meine Hand und streichelte sie mit seinem Daumen. »Ich war heute noch nicht auf dem Hof«, sagte er nach einer Weile zu mir. Wir dachten beide genau das gleiche. Da draußen würden wir vielleicht allein sein. »Wie sieht es draußen aus? Wie ist das Wetter?«

»Naß«, sagte ich, nahm einen Herzkeks und brach ihn entzwei. Angel nahm die zweite Hälfte, und ich sah, wie sie unter seinem Schnurrbart verschwand. »Es regnet.«

»Gut«, sagte er. »Laß uns gehen.«

Wir hatten den Hof fast für uns allein. Zwei Wärter hielten mit ihrem Wagen an, um sich anzusehen, warum wir stehen geblieben waren. Ein trächtiges Reh äste außerhalb des Zaunes. Angel erzählte, daß die Wächter an dieser Stelle im Herbst eine fast blinde Bärin erschossen hätten. Sie hätten einige Warnschüsse abgefeuert, aber sie sei immer wieder zurückgekommen. Eine Handvoll gelbrosafarbener Patronenhülsen lag noch immer im feuchten Gras.

»Also sah sie so schlecht, daß sie sich auch nicht aus dem Staub machte, solange sie noch die Möglichkeit dazu hatte?« fragte ich.

»Nur wenige können so gut sehen«, antwortete Angel. Und als er mich jetzt ansah, konnte ich ein Schimmern in seinen dunklen Augen sehen, das von starkem Verlangen herrührte.

Wir gingen einen ausgetretenen Weg entlang, den Angel den Alarmpfad nannte. Während wir so daherschlenderten, legten wir unsere Köpfe in den Nacken und betrachteten die zweifachen Hochspannungsdrähte, achteten aber darauf, nicht jene Linie zu übertreten, hinter der jeder Gefangene erschossen wurde. Angel deutete auf eine Stelle, an der ein Mann von dem Wachtposten auf dem Turm erschossen worden war, »bevor er überhaupt den rasiermesserscharfen Stacheldraht mit seinen Händen berührt hatte«.

Durch den Regen hindurch blickte ich schräg nach oben, vorbei an dem Wachtturm in den Himmel. Angels Hände glitten unter meinen dünnen Mantel, umfaßten meine Brüste und massierten meine Brustwarzen zwischen Daumen und Zeigefinger. Ich spürte, wie der feuchte Seidenslip zwischen meinen Beinen klebte und bei jedem Schritt eine Stoffalte zwischen meinen Schamlippen entlangstrich. Immer wieder, vor und zurück. Aber Angel beobachtete weiterhin den Wachtturm und schien ganz mit der Betrachtung der Hochspannungsleitungen beschäftigt zu sein. Als wir der nächsten Biegung des Weges folgten, sagte Angel plötzlich, daß er eines Tages mit mir zusammen in die Anden fahren wollte, an einen Ort, der so hoch läge, daß noch nicht einmal die Götter auf uns herabschauen könnten.

»Du Träumer.« Ich verzog mein Gesicht zu einer Grimasse. Ich mußte es gar nicht laut aussprechen, denn Angel kannte meine Gedanken. »Du hast ›lebenslänglich‹.«

»Das Leben kann schneller vorbei sein, als man denkt«, entgegnete er mir. Dann sah er mir in die Augen und lächelte ein wenig.

Ich lächelte ihm ebenfalls zu und zog ihn näher an mich heran. Für den Augenblick genügte mir das.

Über Lautsprecher wurden wir aufgefordert, den Park zu verlassen. An der Tür mußten wir uns durch eine Traube von Wärtern drängeln, die uns von dort aus beobachtet hatten. In unseren nassen Klamotten saßen wir engumschlungen da und sahen einigen anderen Wärtern zu, die zwei Bettlaken an der Wand der Turnhalle befestigten. Das Komitee der Häftlinge hatte beschlossen, vor dem Essen den Film *Carmen* zu zeigen. Angel flüsterte mir ins Ohr, was er sich von mir wünschte, sobald das Licht aus wäre. Ohne das schützende Kondom und unter den Augen der Wärter, die überall herumstanden, wurde mir ganz unbehaglich zumute, und ich suchte nach einer Ausrede. Ich gab zu bedenken, daß wir so viel riskieren würden, daß uns vielleicht sogar unsere Besuche verboten werden könnten. Aber dann gingen die Lichter aus, und er schubste mich unter den Tisch.

In dieser kleinen Welt unter dem Tisch preßte ich die Knie an meine Brust und fühlte mich unwohl und allein. Das Komitee der Häftlinge war für jegliche Form von Unterhaltung verantwortlich und hatte unter dem Tisch eine Art Motelzimmer mit niedriger Decke eingerichtet. Ich erblickte eine Schaumstoffmatratze, zwei grüne Bettlaken und ein Kissen, auf dem eine langstielige Rose lag. Mein Mund war völlig ausgetrocknet. Wie sollte ich Angel mit einem trockenen Mund einen blasen? Ich mußte an den Redakteur von *Elle* denken, der sich vor einigen Monaten bei mir gemeldet hatte. Für die Valentinstagausgabe fragte er mich nach meinem ›peinlichsten Sexerlebnis an einem Valentinstag‹. Damals fiel mir nichts Passendes ein, aber jetzt nahm die Geschichte in meinem Kopf konkrete Formen an. Ich kam zu dem Schluß, daß einer der Wärter mich gesehen hatte und Angel abgeführt worden war. Ich hätte keine andere Wahl, als unter dem Tisch zu warten, bis sie die Zeit für reif erachteten, mich in aller Öffentlichkeit zu demütigen. Das wäre genau das richtige Ende eines peinlichen Sexerlebnisses, wie der Herausgeber von *Elle* es sich vorgestellt hatte.

Ich spürte, wie sich Hände über meine Augen legten. Dann begann Angel (sein Geruch!), mich am ganzen Kopf zu küssen. Er vergrub seine Nase in meinen Haaren und atmete tief ihren

Geruch ein. Als er die Hände von meinen Augen nahm, sah ich, daß er trockene Sachen anhatte.

»Ich war kurz in meiner Zelle, um mir trockene Sachen anzuziehen«, erklärte er mir mit einem breiten Grinsen und zog seine Jacke aus, um sie mir über die Schultern zu legen. »Dein Kleid ist völlig durchweicht«, sagte er. »Zieh das hier an.« Er knöpfte sein Hemd auf.

Er schlug das Bettlaken zurück, gab mir sein trockenes Hemd und zog mich unter die Decke. Ich erzählte ihm, daß er der erste Mann sei, der mich animierte, mehr *anzuziehen*, worauf er entgegnete, daß ich die erste Frau sei, die ihn gleichzeitig geil machen und zum Lachen bringen könne. Dann wollte er wissen, ob das bei allen kanadischen Frauen so sei, und ich antwortete ihm, daß es meines Wissens noch keine Befragungen diesbezüglich gegeben habe.

Wir sprachen sehr leise. In dem Raum war es auch sehr still geworden, als der Vorspann begonnen hatte. In flüsterndem Ton fragte ich ihn: »Sind wir hier wirklich sicher? Was ist, wenn uns ein Wärter gesehen hat?«

»Niemand hat uns gesehen«, antwortete er bestimmt und zog sein Unterhemd aus. Zum ersten Mal konnte ich die kleine Kuhle auf seiner Brust sehen. Es sah aus, als ob sie ihm das Herz herausgeschnitten hätten. Sie erinnerte mich an eine Ruine, die ich einmal im fernen Yucatan besucht hatte. Alles, was nur irgendwie von Wert war, hatte man herausgeholt und weggeschleppt. Das einzige, was blieb, war eine tiefe Grube, die im Laufe der Jahre wieder vom Dschungel in Besitz genommen wurde.

»Das habe ich schon seit meiner Geburt . . .« Er nahm meine Hand, formte eine Faust daraus und legte sie in die kleine Grube. »Meine Mutter sagte immer, daß sie irgendwann bis zum Rand mit den Tränen gefüllt sein würde, die sie im Laufe ihres Lebens wegen mir vergieße.«

Ich legte meinen Kopf auf das Kissen und wartete darauf, daß der Tisch über uns weggerissen würde. Es war nicht einfach, richtig in Stimmung zu kommen, wenn man die Unterseite eines Tisches vor seinen Augen hat, auf der EIGENTUM DER KANADISCHEN STRAFVOLLZUGSANSTALTEN / LEICHENSCHAUHAUS stand. Als Angel die Rosenblüte zerpflückte, schloß ich fest meine Augen, und er bedeckte meine Augenlider mit den kühlen, purpurfarbenen Blütenblättern.

»Du bist ganz anders als alle anderen Frauen, die ich jemals gekannt habe«, sagte er und vergrub seine Nase in meiner Achselhöhle, während er einen Finger unter den Verschluß meines BHs schob.

Ich schüttelte die Blütenblätter ab und fragte ihn: »Wie gefällt dir das?«

Außer ›Uuuummmmmmmm‹ sagte er nichts. Eigentlich wollte ich den Reißverschluß seiner Hose öffnen und seinen Schwanz in den Mund nehmen, aber irgend etwas ließ mich zögern. Die Erinnerung an mein erstes und vielleicht auch ›peinlichstes sexuelles Erlebnis‹ meines Lebens. Ich war damals zwölf, und Dick Wolfe (das ist nicht sein richtiger Name, aber so ähnlich) zeigte mir, wie man eine Banane anzündete und wie sie zu einer klebrigen Masse zerfloß, wenn man sich nur richtig anstellte. Dann ließ er seine Hose herunter, und ich kann mich noch gut daran erinnern, daß sein Pimmel harmlos und doch zugleich auch verheißungsvoll aussah, als er mich aufforderte: »Nimm ihn in den Mund«. Und als er dann kam, dachte ich zuerst, ich hätte ihn mit meinem schiefen Zahn verletzt. Ich glaubte, mein ganzer Mund wäre voller Blut, aber ich tat das – wie ich annahm – einzig richtige: Ich schluckte es hinunter. »Ich habe dich gebissen«, platzte es aus mir heraus. Ich war überzeugt davon, daß wir ins Krankenhaus fahren müßten, und überlegte schon krampfhaft, wie ich es erklären sollte, daß ich einen Jungen ›da unten‹ gebissen hatte. Doch dann sagte er mir mit weit aufgerissenen braunen Augen: »Das war kein Blut, meine Süße«.

»Es ist schon lange her«, sagte Angel. Ich lag ruhig da, träumte vor mich hin und hörte mit halbem Ohr jemandem zu, der neben unserem Tisch saß und eine Gitarre stimmte. Mein Arm schlief langsam ein, und ich legte mich anders hin. Der Film hatte angefangen, und der Mann, der seine Gitarre gestimmt hatte, begann so leidenschaftlich darauf zu spielen, daß an eine Unterhaltung nicht zu denken war. Dann ging plötzlich der Filmprojektor aus, und das Licht wurde eingeschaltet. Die Stimmen über uns wurden lauter, als ob es Proteste gäbe.

»Da ist irgend etwas los«, sagte Angel. »Wahrscheinlich stimmt etwas mit dem Projektor nicht.«

»Das Licht ist wieder an«, sagte ich. »Wie sollen wir hier rauskommen, ohne daß uns jemand sieht? Was werden die Leute von mir denken?«

»Dir wird niemand einen Vorwurf machen«, versuchte Angel mich zu beruhigen. »Die Wärter werden glauben, ich hätte dich dazu gezwungen. Sie glauben, daß alle Häftlinge Kriminelle sind.«

Er umarmte mich, als ob er mich dadurch in Sicherheit wiegen wollte. Dann fiel sein Blick auf die Uhr, die ich trug, und er fragte, ob sie ein Geschenk sei. Er fragte nicht: »Von einem anderen Mann?«, aber ich konnte am Ton seiner Frage erkennen, daß er genau das meinte. Ich streifte sie von meinem Handgelenk ab und sagte, daß sie ein Geschenk sei, für ihn. Sie sei garantiert schlagfest und würde nie stehenbleiben.

»Ich hatte noch nie eine Uhr, die nicht irgendwann kaputtging«, fügte er hinzu. »Ich glaube, Uhren werden nervös, wenn ich sie an meinem Handgelenk trage.«

Ich schob ihn weg von mir, damit ich das Kissen etwas vom Kopfende des Tisches wegziehen konnte, denn dort bedrohte ein Paar Knie unser Liebesnest.

»Diese Uhr hat eine Garantie auf Lebenszeit«, erläuterte ich ihm.

Angel legte sich wieder neben mich und pustete eine Strähne aus meinem Gesicht. Er wechselte noch einmal seine Position, bis sein Kinn auf meinem Schulterblatt lag. Der Besitzer der

Knie stampfte jetzt mit den Füßen auf die Erde und verlangte nach mehr Musik.

Langsam wurde es immer stickiger unter dem Tisch, und keiner von uns beiden hatte genug Platz, um seine Beine auszustrecken. Ich beschloß, daß ich jetzt lange genug gewartet hatte: Ich streifte die Arme aus meinem Kleid, zog ihn nahe zu mir heran und gab ihm einen langen Kuß. Die Welt über uns, in der Männer und Frauen heftig diskutierten und lachten, störte uns nicht. Wir waren allein hier in unserer eigenen Welt, in der es nur unsere Körper gab. Das zufällige Auftauchen eines Sportschuhs unter dem Tisch oder das Geräusch, wenn jemand mit der flachen Hand auf die Tischplatte schlug, empfanden wir nicht mehr länger als Störung.

Ich lächelte ihn an und fragte: »Wirst du mich auch nach dieser Sache noch achten?«

Er griff nach meiner Hand und führte sie zu seinem Schwanz. »Meine Achtung vor dir kennt keine Grenzen.«

Ich öffnete den Reißverschluß seiner Hose. Erotische Schriften aus dem alten Indien besagten, daß es eine Beziehung zwischen der Größe eines steifen Penis und dem Schicksal seines Besitzers gäbe. Männer mit dünnen Schwänzen hätten ein sehr glückliches Leben, solche mit langen wären arm, jene mit kurzen könnten Herrscher über das gesamte Land werden, und Männer mit dicken Schwänzen wären zu ewigem Unglück verdammt.

Im Moment war es mein Ziel, Angel glücklich zu machen. Ich begann an seiner Schwanzspitze zu lecken, die schon stark angeschwollen war. Ich befürchtete, sie würde explodieren, wenn ich sie weiter mit meiner Zunge reizte.

»Ich glaube, ich sterbe«, preßte Angel hervor. Als ich an seinem nußbraunen Körper entlang zu seinem Gesicht aufschaute, grinste er mich auffordernd an, und ich nahm seinen Schwanz in beide Hände. Ich konnte ihn kaum mit meinen Fingern umfassen. Seine Schwanzspitze hatte einen rötlichen Glanz und lachte mich förmlich an. Sie glänzte. Ich küßte sie und roch an ihr. Ich nahm seinen Schwanz, so weit ich konnte, in meinen Mund und saugte fest daran. Dann leckte ich ihn wieder. Das Saugen und das Lecken machten einen Heidenlärm.

»Wenn du so weitermachst, komme ich gleich«, stöhnte er.

Dann zog er mich nach oben, bis ich neben ihm lag, und fuhr mit seiner Hand in meinen Slip. Er flüsterte, meine Möse hätte sich so an seiner Hand gerieben wie das sanfte Maul eines Pferdes, wenn man ihm Zucker gab. Er rutschte hinab zwischen meine Beine und schob meinen Slip zur Seite. Er glitt mit einem Finger in die feuchte Öffnung meiner Möse, dann zog er ihn wieder heraus. Dann ließ er zwei Finger hinein- und wieder herausgleiten und versenkte schließlich drei Finger in mir. Ich wölbte meinen Rücken empor und spreizte meine Beine weiter auseinander, damit er mich besser streicheln konnte. Dann zog er ganz leicht an den Schamhaaren rund um meine Klitoris. Schließlich liebkoste er mich mit seiner Zunge, leckte mich langsam und reizte mich mit seinen Lippen und seiner Zunge in kleinen kreisenden Bewegungen. Ich hatte das Gefühl, daß seine Küsse leicht wie ein kaum spürbarer Regen in einem Zitronenhain auf mich herabfielen. Mein Leib preßte sich gegen sein Gesicht, und als er zu mir aufblickte, war seine Haut über und über mit meinen Säften bedeckt.

Ich richtete mich auf und zog ihn zu mir herauf.

»Ich habe kein Kondom«, sagte er zu mir.

Ich dachte bei mir, daß es im Leben einfach einige besondere Augenblicke gab, in denen wir uns nicht schützen sollten. Es schmerzte, als ich ihn in mir aufnahm. Niemals zuvor hatte ich einen so harten Schwanz in mir gespürt. Ich hielt die Luft an, als er mich zu stoßen begann. Wir atmeten und hielten dann die Luft an – immer unisono. Ich führte seine Hand zu meinem Mund, damit er mein Stöhnen und Schreien unterdrücken konnte. Ich saugte an seinen Fingern. Sie schmeckten nach Salz, nach meinem eigenen Schweiß und nach meinen Säften. »Saug daran«, sagte er zu mir und stieß mich noch härter als vorher, als ob er versuchte, in mir zu verschwinden und für immer in die samtweiche Dunkelheit meines Schoßes zu entfliehen. Als er kam, verzerrte sich sein Gesicht so stark, als bereite sein harter Schwanz ihm große Schmerzen. Nach einer kurzen Weile, in der wir ruhig nebeneinander lagen, fand seine Zunge wieder den Weg zwischen meine Beine. Er streichelte mich mit seinen Lippen, seiner Zunge und seinen Fingerspitzen. Als ich kam, schrie ich kurz auf und rollte mich zusammen. Dann wandte er sich meinen Füßen zu und bedeckte sie mit Küssen. Er küßte meinen ganzen Körper, von den Zehenspitzen über die Innenseite meiner Schenkel, meinen Bauch und meine Brüste bis hin zu meinem Gesicht, meinem Nacken und meinen Haaren. Dies seien die Küsse, mit denen er mich begrüßen und sich von mir verabschieden würde.

Später lagen wir zusammen auf einem Bett aus Blütenblättern, und ich leckte die kleinen Schweißperlen auf, die an seiner Brust heruntergelaufen waren und sich in der Grube über seinem Herzen gesammelt hatten. Angel sagte, in mir zu sein und zu kommen sei wie das Fahren auf samtbezogenen Schienen. Als wir später wieder unter dem Tisch hervorgekrochen waren und erneut allein im peitschenden Regen standen, küßten wir uns wild und leidenschaftlich. Wir küßten uns, als ob wir damit unser Schicksal besiegelten: ein Leben zu zweit, das noch nicht einmal angefangen hatte.

Vor vielen Jahren, auf einer Insel in den Tropen, lockte mich der schwere Duft von Vanille, der in der Luft hing, nachts aus meinem Bett. Ich stieß auf große Kakteenblüten, die wie Wasserkessel aussahen und sich im Mondlicht geöffnet hatten. Tausende kleiner Motten flogen von einer Blüte zur nächsten. Als ich am nächsten Morgen an die gleiche Stelle zurückkehrte, um sie einem Freund zu zeigen, waren alle Blüten verschwunden.

Den nächsten Besuchstermin konnte ich leider nicht wahrnehmen, weil ich eine Abgabefrist einhalten mußte (eine Geschichte über diese Kaktusblüten, die nur einmal im Jahr blühten, für ihre Fortpflanzung sorgten und am nächsten Morgen verschwunden waren). Der nächste Termin wurde gestrichen, weil das Gefängnis geschlossen war. Es war zu einer Messerstecherei und zu einer Geiselnahme gekommen, und es gab Gerüchte über einen Hungerstreik. Ich sorgte mich um Angels Gesundheit und schrieb ihm einen entsprechenden Brief. Er schrieb zurück, daß er sich um *meinen* Gesundheitszustand Sorgen machte. Er hoffte, daß ich nicht schwanger sei, obwohl ihm die Idee gefiel, daß dadurch wenigstens einem Teil von ihm die Flucht geglückt wäre. Aber er wollte nicht, daß ich unter einer solchen Belastung zu leiden hätte.

Angel mußte das im Gefühl gehabt haben, denn die Besuche bei ihm waren nicht das einzige, das ausblieb. Ich ließ mir einen Termin beim Arzt geben. Abends versuchte ich, Angel anzurufen, aber die einfache Tatsache, daß es eine gute Nachricht gab, war nicht Grund genug, um einen Häftling ans Telefon zu holen. Ich bat den Beamten um einen Sonderbesuch am folgenden Tag, aber er sagte mir, daß dies nur bei einem Todes- oder Trauerfall möglich wäre. Also mußte ich meine Neuigkeiten für mich behalten, bis ich Angel das nächste Mal im Besucherraum gegenübersitzen, sein Gesicht berühren und ihm meine Hand unter dem Tisch reichen könnte, die er dann wieder mit seinem Daumen streicheln würde.

Aber das nächste Mal sah ich Angel in den Nachrichten. Alles, was ich hörte, war: »Zwei Männer starben heute bei einem Fluchtversuch aus dem Toombs-Gefängnis.« Mein Herz schlug so schnell wie das abgehackte *Thwap-Thwap-Thwap* eines Polizeihubschraubers. Ich rückte näher an den Bildschirm heran und stellte den Ton lauter. »Am frühen Nachmittag versuchten zwei Kolumbianer einen Hubschrauber zu besteigen, der im Hof des Gefängnisses gelandet war ...« In der nächsten Einstellung sah man die Begrenzungslinie, an der Angel und ich entlanggegangen waren, und danach wurde sein Aktenfoto in Großaufnahme gezeigt.

»*Das Leben kann schneller vorbei sein, als man denkt.*« Consuelo und ich fuhren mit dem Bus durch den Regen zum Gefängnis. Sie sagte, Angel hätte es mir nicht anvertrauen wollen und mir nichts von seinen Fluchtplänen erzählen können, weil er so große Achtung vor mir hatte ... *Meine Achtung vor dir kennt keine Grenzen* ... Aber er hätte stets beteuert, daß er mich holen würde, sobald er in Sicherheit wäre. Meine gute Nachricht, nämlich die, daß ich nicht schwanger war, kam mir jetzt eher wie eine schlechte Nachricht vor. Er war nun für immer geflohen.

Herr Saygrover bat Consuelo, den Empfang von Angels persönlichen Sachen zu quittieren, die in einem grauen Plastikkoffer lagen. Consuelo warf einen Blick hinein und gab ihn dann mir. Sie sagte, es sei wohl in Angels Sinne, daß ich alles bekäme: ein zerfleddertes Wörterbuch *Pocket Oxford,* eine Schlüsselkette ohne Schlüssel, eine Zahnbürste, eine noch nicht angebrochene Tüte Chips und zwei Dollar siebenunddreißig in Kleingeld. Und außerdem hatte er mich hier zurückgelassen. Aus Achtung!

In der Gefängniskapelle fand eine kleine Messe statt. Eine Handvoll Häftlinge war gekommen, um ihm die letzte Ehre zu erweisen. Der Pfarrer murmelte ein paar Worte und forderte uns dann zum Gebet auf. Consuelo erzählte mir, daß Angel sicher keine Kirchengesänge gewollt hätte, und sang deshalb ein Lied aus ihrer Kindheit: *Si me han de matar, que me matan de una vez.* Wenn sie mich morgen umbringen wollen, können sie mich auch genauso gut gleich auf der Stelle töten.

Einen kurzen Moment lang hätte ich ihn und mich umbringen wollen, aber dann sah ich ihn unbewegt in dem Styroporsarg liegen. Ich versuchte seine Hand zu halten, was aber wegen der Handschellen schwierig war. Statt dessen streichelte ich einen seiner Daumen. Er trug die Uhr. Sie tickte.

Ich strich mit meinen Händen über Angels Körper und begrüßte ihn und verabschiedete mich von ihm, so wie er es bei mir getan hatte. Als ich die Kette an seinen Fußgelenken spürte, hätte ich am liebsten sein Hemd aufgerissen und meine Tränen in die kleine Kuhle über seinem Herzen laufen lassen.

Aber ich weinte nicht. Durch das vergitterte Fenster der Kapelle sah ich, wie der Regen langsam auf die mit Kunstpelz besetzten braunen Jacken der Wärter fiel. Ich mußte daran denken, wie allein Angel sein würde und wie verlassen und beengt er in der kalten Erde liegen würde. Ich wußte nun, daß es in dieser Welt unendlich viel Traurigkeit gab und daß in unseren Herzen immer noch ein klein wenig Raum dafür bleiben würde.

Romantische Liebe blüht immer dort auf, wo große Leidenschaft und nahezu unüberwindbare Hindernisse aufeinandertreffen, wo die Liebenden nicht zusammenkommen können. Bei körperlicher Liebe ist das sogar noch schlimmer. Diese Geschichte basiert zum Teil auf eigenen Erlebnissen in meiner Beziehung mit Stephen, meinem Lebensgefährten, den ich 1984 kennenlernte. Wegen eines Goldraubs wurde er zu einer Haftstrafe von einundzwanzig Jahren verurteilt. Im Gefängnis begann er an einem Roman zu arbeiten, den ich lesen sollte. Ich fing an, die Geschichte zu publizieren, und verliebte mich zuerst in die Hauptfigur des Romans und dann in Stephen.

Originaltitel: Valentine's day in jail
Ins Deutsche übertragen von Christopher Gehrmann

Über die Autorinnen

(Einige der Autorennamen sind Pseudonyme)

JACQUELINE ARIAIL lebt zusammen mit ihrer Tochter Hannah und ihren beiden Söhnen Isaac und Jacob in Durham, North Carolina. Sie arbeitet als Dozentin für Literaturwissenschaft an der North Carolina State University. Bisher veröffentlichte sie eine Reihe von Kurzgeschichten. Derzeit arbeitet sie an einem Roman über Barry und Laura.

I. BUGUISE ist Anthropologin und lebt in London. Sie ist in diesem Band mit ihrer zweiten Kurzgeschichte vertreten.

MARION CALLEN lebt in Petersborough in England. Dort leitet sie ein Programm zur Förderung von Lesen, Schreiben und Rechnen. Sie war fünf Jahre lang im Zusammenschluß der Schriftsteller Petersboroughs aktiv und wurde vor kurzem Mitglied des Autorinnenklubs in Cambridge.

ELIZABETH CLARKE ist eine Expertin in Sachen Erotik. Sie schreibt, tanzt, posiert und spielt sowohl für Frauen als auch für Männer. Sie gehört zum Peer Safer Sex Slut Team und unterrichtet lesbische und bisexuelle Frauen in Methoden des Safer Sex. *Queer* ist das erste Kapitel eines Buches, an dem sie zur Zeit arbeitet. Seit kurzem lebt sie in San Francisco.

SUSAN DOOLEY ist Schriftstellerin und lebt in einem kleinen Dorf in New England.

JENNY DISKI lebt und arbeitet im Norden Londons. Bisher veröffentlichte sie in England sechs Romane, den letzten davon, *Monkey's Uncle*, Anfang 1994.

FRANCINE FALK ist Schauspielerin, Dichterin und Autorin von Kurzgeschichten. Geboren im Staat Washington, lebte sie lange Zeit in Pennsylvania. Sie hat einen erwachsenen Sohn.

PHAEDRA GREENWOOD lebt als Schriftstellerin und Photographin in New Mexico. 1988 kam sie in die Endausscheidung für den Katherine Anne Porter Award.

LAUREL GROSS lebt in New York, wo sie als Kultur- und Fernsehredakteurin, als Kritikerin für die *New York Post* und als Redakteurin für *Variety* arbeitet.

NANCY HOLDER ging von der High-School ab, um Ballerina zu werden. Sie hat bislang achtzehn Romane und zahlreiche Kurzgeschichten veröffentlicht. Zwei ihrer erotischen Horrorromane, *Making Love* und *Witch-Light*, entstanden aus der Zusammenarbeit mit Melanie Tem. Mit ihrem Mann und drei Hunden lebt sie in San Diego.

KAY KEMP ist das Alter ego einer kanadischen Schriftstellerin, die Romane und Kurzgeschichten schreibt. Sie wurde in Edmonton, Alberta, geboren und lebte in Washington und London. Zusammen mit ihrem Mann und zwei Kindern wohnt sie jetzt in Toronto.

L. M. LIPPMAN lebt in Baltimore und arbeitet als Schriftstellerin und Journalistin.

SUSAN MUSGRAVE stammt aus Kalifornien und lebt jetzt auf Vancouver Island. Ihr elfter Gedichtband, *Forcing the Narcissus*, erschien im Frühjahr 1994 in Kanada, zusammen mit dem zweiten Band persönlicher Aufzeichnungen, *Musgrave Landing*.

LAWANDA POWELL lebt in Washington D. C. Die Mutter zweier erwachsener Töchter arbeitete früher als Sozialarbeiterin und als Verwaltungsangestellte.

FRANCESCA ROSS stammt aus dem amerikanischen Mittelwesten und schreibt Liebesromane, die im England des vergangenen Jahrhunderts spielen. Außerdem befaßt sie sich als Universitätsdozentin mit Literaturgeschichte und dem Schreiben von Romanen.

SUSAN ST. AUBIN lebt und arbeitet in einem Haus aus der Jahrhundertwende im Norden Kaliforniens. Ihre Kurzgeschichten erschienen bisher unter anderem in den drei Sammelbänden der Serie *Herotica* sowie in der gleichnamigen Zeitschrift und Anthologie *Yellow Silk*.

NAZNEEN SHEIKH stammt aus Srinagar in Indien. Ihre Ausbildung führte sie nach Pakistan und nach Texas. Mit ihrem Mann Gustavo und zwei Töchtern lebt sie in Toronto. Ihr zweiter Roman, *Chopin People*, erschien im Frühjahr 1994 in Kanada.

TOBY VALLANCE wurde in London geboren und studierte in Cambridge und London. Derzeit arbeitet sie an einer Sammlung von Kurzgeschichten und an einem Roman.

Copyright-Vermerk